Die Österreichische Schule der Nationalökonomie

Schriftenreihe der

Karl Popper Foundation

Klagenfurt

Herausgegeben von Reinhard Neck

Band 4

PETER LANG

Frankfurt am Main · Berlin · Bern · Bruxelles · New York · Oxford · Wien

Reinhard Neck (Hrsg.)

Die Österreichische Schule der Nationalökonomie

PETER LANG
Internationaler Verlag der Wissenschaften

Bibliografische Information der Deutschen Nationalbibliothek
Die Deutsche Nationalbibliothek verzeichnet diese Publikation in der Deutschen Nationalbibliografie; detaillierte bibliografische Daten sind im Internet über <http://www.d-nb.de> abrufbar.

ISSN 1610-479X
ISBN 978-3-631-54668-0

www.peterlang.de

Vorwort

Die Österreichische Schule der Nationalökonomie hat seit den 1970er Jahren international zunehmend Beachtung gefunden. Eine steigende Zahl von Wirtschaftswissenschaftern bekennt sich zu dieser Schule, und die Anzahl der Publikationen zu „Austrian Economics" wächst stetig an. Merkwürdigerweise ist diese Entwicklung zwar in zahlreichen Ländern des angelsächsischen Sprachbereichs (vor allem den USA, aber auch im Vereinigten Königreich) zu beobachten, aber nur wenig im Heimatland der Schule, in Österreich. Es scheint daher angebracht, auch hier (und allgemein im deutschen Sprachraum) die Auseinandersetzung mit Themen und Problemlösungsansätzen der Österreichischen Schule zu beleben.

Dies wurde in einem halbtägigen Symposium der Karl Popper Foundation Klagenfurt am 22. September 2003 und in mehreren Einzelvorträgen an der Alpen-Adria-Universität Klagenfurt unternommen. Dabei wurden ausgewählte zentrale Positionen und Themen der Österreichischen Schule der Nationalökonomie dargestellt und diskutiert, wobei wirtschaftspolitische Fragen im Vordergrund standen. Der vorliegende Sammelband beinhaltet die überarbeiteten Referate des Symposiums und ausgewählter weiterer Vorträge. Der Zusammenhang mit Karl Popper ist nicht nur durch die langjährige persönliche Freundschaft zwischen Popper und Hayek gegeben, sondern auch durch inhaltliche Konvergenz in einigen Positionen, insbesondere im Bereich der Methodologie.

Für materielle und ideelle Unterstützung ist zahlreichen Personen und Institutionen zu danken. Das österreichische Bundesministerium für Wissenschaft und Forschung, die Kärntner Landesregierung, die Stadt Klagenfurt und die Alpen-Adria-Universität Klagenfurt unterstützen dankenswerterweise die Karl Popper Foundation Klagenfurt durch Subventionen. Den Referenten und Autoren der einzelnen Beiträge gebührt Dank für die verständnisvolle Zusammenarbeit und für ihre Geduld angesichts unvorhergesehener Verzögerungen bis zum Erscheinen des Buches. Frau Gudrun Dichtl danken wir für die Unterstützung bei der Organisation der Veranstaltungen, Frau Anita Wachter und Frau Christina Kopetzky für ihre Unterstützung bei der Textverarbeitung und den Mitarbeiterinnen und Mitarbeitern des Verlags Peter Lang für die geduldige Kooperation bei der Herausgabe dieses Buchs.

Klagenfurt, im Sommer 2008 — Reinhard Neck

Inhaltsverzeichnis

Kapitel 1

Die Österreichische Schule der Nationalökonomie: Einleitung und Übersicht

Reinhard Neck

1.1 Entstehung und Entwicklung der Österreichischen Schule der Nationalökonomie

Im letzten Drittel des 19. und im ersten Drittel des 20. Jahrhunderts wurde von Carl Menger, Eugen von Böhm-Bawerk, Ludwig von Mises, Friedrich August von Hayek und zahlreichen anderen Wirtschaftswissenschaftern die Österreichische Schule der Nationalökonomie begründet, die auf die Entwicklung der Wirtschaftstheorie und der Theorie der Wirtschaftspolitik weltweit beträchtlichen Einfluss ausübte. In Österreich sind derzeit nur noch wenige Vertreter dieser Schule tätig; im angelsächsischen Sprachraum (insbesondere in den USA) sind die „Austrians" dagegen auch jetzt eine aktive Gruppe, die nicht nur eine spezielle Richtung „unorthodoxer" Wirtschaftswissenschaft vertritt, sondern in ihrer betont marktwirtschaftlichen Ausrichtung auch eine unverwechselbare und in der aktuellen Diskussion relevante wirtschaftspolitische Position einnimmt.[1] Auch österreichische, deutsche und mittel- und osteuropäische Politiker haben neuerdings bei der Begründung marktwirtschaftlich orientierter Reformvorschläge gelegentlich auf die Österreichische Schule der Nationalökonomie Bezug genommen.

Zwar können Vorläufer der Österreichischen Schule bis ins 18. Jahrhundert zu den Kameralisten (in Österreich insbesondere Joseph von Sonnenfels) zurückverfolgt werden, doch wird allgemein die Geburtsstunde der Österreichischen Schule der Nationalökonomie im Jahr 1871 mit dem Erscheinen des ersten Bandes von Carl Mengers *Grundsätzen der Volkswirthschaftslehre*[2] angesetzt. In diesem Werk, dessen zweiter Band nie erschienen ist und von dem eine zweite Auflage nur in unfertiger Form nach dem Tod des Verfassers von seinem Sohn herausgegeben wurde, entwickelte Menger einen theoretischen Ansatz, der wirtschaftliche Zusammenhänge stark von Grenznutzenüberlegungen der Akteure abhängig

---

[1] Vgl. dazu und allgemein zur Geschichte der Österreichischen Schule, insbesondere ihrer US-amerikanischen Vertreter, Vaughn (1994).

[2] Menger (1871).

machte. In der Geschichte der ökonomischen Doktrinen wird Menger meist gemeinsam mit Léon Walras und William Stanley Jevons als einer der drei Väter des Marginalismus und der Neoklassik angesehen.

Tatsächlich sind einige der Elemente der theoretischen Struktur, die Menger in diesem Buch entwarf, Kernstücke neoklassischen Denkens, wie etwa die Grenznutzenbetrachtung und allgemein der Marginalismus und damit die Optimierungsüberlegungen sowie die Analyse von Märkten unter verschiedenen Rahmenbedingungen. Menger unterschied sich aber auch in einigen wichtigen Punkten von seinen Zeitgenossen Walras und Jevons. Insbesondere wurde die Mathematik nicht als Instrument der Analyse verwendet, und Menger wandte sich später auch explizit gegen die Verwendung der Mathematik in der Wirtschaftstheorie. Die Tatsache, dass Menger dieses Werk Wilhelm Roscher gewidmet hat, weist ebenso wie bestimmte inhaltliche Aspekte darauf hin, dass er stärker in der Tradition der älteren Historischen Schule des deutschen Sprachraums stand, als das oft in theoriegeschichtlichen Abhandlungen zum Ausdruck kommt. Daran ändert auch die Tatsache nichts, dass Menger in seinem späteren Werk[3] im Methodenstreit gegen die jüngere Historische Schule und insbesondere gegen Gustav von Schmoller heftig polemisierte.

Die Beiträge Mengers und seiner wichtigsten Schüler, insbesondere Eugen von Böhm-Bawerk und Friedrich von Wieser, zum Gedankengebäude der mikroökonomischen Theorie sind zahlreich: Die ordinale Grenznutzentheorie, der Begriff der Opportunitätskosten, Beiträge zu Kapital- und Zinstheorie, zur Markttheorie und zur Geld- und Konjunkturtheorie führten dazu, dass die österreichische Nationalökonomie in den letzten drei Jahrzehnten des 19. Jahrhunderts und den ersten drei Jahrzehnten des 20. Jahrhunderts im deutschen Sprachraum eine führende Stellung inne hatte und auch weltweit große Beachtung fand. Bis etwa 1930 wurden diese Österreichischen Beiträge als Teil des „Mainstream" der Neoklassik in diesen aufgenommen.

Doch auch in dieser Zeit konnte die Österreichische Schule einige Spezifika gegenüber den anderen neoklassischen Theorien aufweisen: Sie war stärker philosophisch orientiert, behandelte in größerem Ausmaß auch soziale und politische Probleme jenseits der engeren ökonomischen Fragestellungen, und die Argumentation war – wenn auch nicht ausschließlich – weniger mathematisch als jene anderer Richtungen der Neoklassik. Die meisten vor dem Zweiten Weltkrieg in Österreich ausgebildeten und tätigen Nationalökonomen wie etwa Joseph A. Schumpeter, Oskar Morgenstern, Fritz Machlup und Gottfried Haberler sahen sich selbst durchwegs als Neoklassiker und betonten weniger ihre Identität als Mitglieder der Österreichischen Schule der Nationalökonomie.

---

[3] Menger (1883). Vgl. zu einer Interpretation dieser Kontroverse Bostaph (1978).

In mehrfacher Hinsicht brachte die Zeit zwischen den beiden Weltkriegen einen Umschwung im Selbstverständnis und in der Außensicht der Österreichischen Schule der Nationalökonomie. In theoretischer Hinsicht führte die Teilnahme der Österreichischen Autoren, insbesondere von Mises und Hayek, an der „Sozialismusdebatte“ dazu, dass sich um diese beiden Wissenschafter eine eigene „Schule“ herausbildete, die sich in vielerlei Hinsicht von der marshallianischen und der walrasianischen Tradition der Neoklassik abgrenzte. Weitere Bereiche, in denen die Österreicher, und auch hier vor allem wieder Mises und Hayek, sich inhaltlich von der Neoklassik abgrenzten, waren die Konjunktur- und Geldtheorie sowie die Auseinandersetzung mit dem Keynesianismus, der in der Weltwirtschaftskrise seinen Siegeszug antrat. Schließlich führten die wirtschaftlichen Schwierigkeiten und Probleme in Österreich und die daraus folgenden politischen Verwerfungen, die den Untergang der Demokratie und schließlich den „Anschluss“ Österreichs an das nationalsozialistische Deutschland zur Folge hatten, dazu, dass zahlreiche Mitglieder der Österreichischen Schule der Nationalökonomie das Land verließen und großteils im angelsächsischen Ausland an Universitäten oder Forschungseinrichtungen Fuß fassten.

Spätestens mit dem Ende des selbständigen Österreich war auch das Ende der Österreichischen Schule in diesem Land gekommen[4]. Man kann sagen, dass ab 1938 kein bedeutendes Mitglied der Österreichischen Schule der Nationalökonomie mehr im Lande wirkte. Dagegen bereicherten österreichische Wirtschaftswissenschafter zahlreiche Universitäten des angelsächsischen Raums, wobei beispielhaft nur die Harvard-Professoren Schumpeter und Haberler genannt seien. Auch die engere Österreichische Schule der Nationalökonomie überlebte in der Emigration, wobei Ludwig von Mises in New York, Friedrich August von Hayek zuerst an der London School of Economics und dann in Chicago ihre neuen Wirkungsstätten fanden. Diese „Auswanderung einer Tradition“ (Vaughn 1994) kann zugleich als Beginn einer neuen Tradition der „Austrians“ in den USA angesehen werden.

Kristallisationspunkt der Wiedererweckung der Österreichischen Schule in den USA war insbesondere Ludwig von Mises, der aus „rassischen“ und politischen Gründen vor dem Nationalsozialismus in die USA emigrierte und lange Jahre an der New York University ein Seminar zur Wirtschaftstheorie und zu philosophischen Problemen hielt. Von der ersten Generation seiner amerikanischen Schüler wurden insbesondere Murray Rothbard und Israel Kirzner zu überzeugten und engagierten Anhängern der Österreichischen Schule der Nationalökonomie in der von Mises und Hayek vertretenen Variante. Ab etwa der Mitte der 1970er Jahre erweiterte sich der Kreis der der Österreichischen Schule der Nationalökonomie in den USA zuzurechnenden Wissenschaftlern beträchtlich, wobei deren wirtschafts-

[4] Vgl. dazu Klausinger (2006).

politische Unterstützung einer freien Marktwirtschaft eine wesentliche Rolle sowohl für die Attraktivität ihrer Thesen angesichts der zunehmenden Desillusionierung mit der keynesianischen Wirtschaftspolitik wie auch für die verschiedenen Denkfabriken der Anhänger einer freien Marktwirtschaft als Sponsoren darstellte. Nicht nur Mises selbst, der ein hohes Alter in ungebrochener literarischer Produktivität erreichte, übte großen Einfluss aus, sondern auch seine zahlreichen Schüler entwickeln seither die Lehren von Mises und Hayek weiter.

Wichtige Beiträge zu dieser neueren Variante der Österreichischen Schule der Nationalökonomie sind unter anderem Dolan (1976), Spadaro (1978), Rizzo (1979), das Sonderheft (September 1978) des *Atlantic Economic Journal* über Carl Menger, Lachmann (1976), Taylor (1980), Alter (1982), White (1984), Shand (1984), O'Driscoll und Rizzo (1985), Kirzner (1985, 1992), Bosch et al. (1990), Groenveld et al. (1990), Caldwell und Böhm (1992), Ioannides (1992), Klein (1992), van Zijp(1993), Boettke (1994), Boettke und Prychitko (1994), Keizer et al. (1997), Foss und Klein (2002), Ebeling (2003), Koppl (2003), Leube (2003), Yu (2005). Über Mises siehe insbesondere Moss (1976) und Kirzner (1982), über Hayek (abgesehen von seinen eigenen Arbeiten) O'Driscoll (1977). Das Monumentalwerk von Rothbard (1962) gehört ebenfalls zu dieser Tradition. Stärker theoriegeschichtlich orientierte neuere Arbeiten sind unter anderem Kauder (1958), Streissler (1969, 1972), Hicks und Weber (1973), Jaffé (1976), Paqué (1985), Leser (1986), Grassl und Smith (1986), Alter (1990), Endres (1997), Hennings (1997), Oakley (1997, 1999), Gloria-Palermo (1999). Anthologien mit Beiträgen der „älteren" und der US-amerikanischen Österreicher sind Littlechild (1990) und Kirzner (1994). Zeitschriften mit Schwerpunkt auf Beiträgen im Sinne der (Mises-Hayek-Variante der) Österreichischen Schule der Nationalökonomie sind *The Review of Austrian Economics, The Quarterly Journal of Austrian Economics* und *Advances in Austrian Economics.* Studienprogramme in „Austrian Economics" existieren in den USA bereits seit längerem an der New York University, der George Mason University sowie an der Auburn University (mit einem Ludwig-von-Mises-Institut).

1.2 Wesentliche Elemente der Österreichischen Schule der Nationalökonomie

Zwar ist Boettke (1994) zuzustimmen, der die Einleitung seines umfassenden Sammelwerks über die neuere Österreichische Schule mit dem Satz beginnt: „The Austrian School of Economics is not monolithic", doch können einige Gemeinsamkeiten der Autoren der älteren und der neueren Österreichischen Schule der Nationalökonomie festgestellt werden, die sie von anderen Richtungen der Volkswirtschaftslehre abgrenzen und insbesondere als eine eigene, von der herrschenden neoklassischen Richtung unterscheidbare wissenschaftliche Schule auszeichnen. Wohl an erster Stelle ist hier die spezifische Methodologie der Österreichischen Schule der Nationalökonomie zu nennen. Die Österreicher unterscheiden drei Ebenen der wissenschaftlichen Behandlung volkswirtschaftlicher Probleme: Auf der Ebene der reinen Theorie werden Raum-Zeit-unabhängige Aussagen getroffen, die gewissermaßen den harten Kern des Österreichischen Paradigmas ausmachen. Auf der Ebene der angewandten Theorie werden die Einsichten der reinen Theorie in verschiedenen institutionellen Kontexten konkretisiert. Schließlich werden in historischen und politischen Studien Interpretationen geliefert, die sich an dieser theoretischen Orientierung ausrichten. Dabei ist es für die Autoren der Österreichischen Schule wichtig, dass Theorien nicht nur Prognosen liefern, sondern auch erklären müssen, d. h. dass beobachtete Phänomene auf zielgerichtete menschliche Aktionen zurückgeführt werden.

Theorien werden in der Sicht der Österreicher nicht nur durch empirische Tests beurteilt, sondern empirisches und historisches Material wird als theoriegebunden angesehen. Dabei unterscheiden sich die Vertreter der Österreichischen Schule in Hinblick auf ihre philosophischen Grundpositionen: Während Mises und Rothbard einen Apriorismus vertreten und damit logischen Ableitungen aus Axiomen in jedem Fall Gültigkeit zusprechen, sind andere Autoren (darunter auch Hayek) weniger strikt und konzedieren das Erfordernis empirischer Elemente für die Beurteilung einer Theorie. Ähnlich wie Karl Popper und der Kritische Rationalismus wird die erkenntnistheoretische Position des Realismus bezogen, und es wird infolge der Theoriegebundenheit der Daten eine eindeutige Falsifizierbarkeit von Theorien durch Geschichte und Empirie nicht für möglich gehalten. Vielmehr wird der Wissenschaftsprozess in Analogie zum Marktprozess gesehen, wobei in diesem Fall durch den Wettbewerb zwischen Wissenschaftern im „freien Markt der Ideen“ und in offenem Dialog Wissen geschaffen und erweitert wird.[5]

Insbesondere in Hayeks Spätwerk wurden die methodologischen und wissenschaftstheoretischen Überlegungen weiter vertieft. Hayek betont insbesondere, dass die Sozialwissenschaften anderen Methoden folgen müssen als die Naturwissenschaften. Dabei greift er auf Menger zurück, der die für die Österreichische Schule der Nationalökonomie zentrale These des methodologischen Individualismus begründete. Aufgrund dieses Ansatzes werden einerseits individuelle Aktionen und Handlungen als ziel- bzw. zweckgerichtete Entscheidungen von Individuen verstanden, und zwar sowohl in wirtschaftlichen wie in anderen sozialen Bereichen. Soziale Phänomene werden dann andererseits verstanden als (zumindest teilweise) nicht intendierte, also nicht beabsichtigte Folgen dieser menschlichen Aktionen. Der methodologische Individualismus steht nicht nur im Gegensatz zu organizistischen Gesellschaftstheorien, sondern auch zum Funktionalis-

[5] Popper ging in den späteren Auflagen seiner *Logik der Forschung* so weit, die Theorien von Hayek als Anwendung seiner Wissenschaftstheorie zu bezeichnen.

mus, der einen beträchtlichen Teil der soziologischen Literatur beherrscht. Soziale Gebilde und Institutionen sind nicht zu verstehen als bewusste Schöpfungen menschlicher Erfindung, sondern als spontane Ergebnisse von Prozessen, die unterschiedliche Zielsetzungen von Individuen zu einem Resultat führen, das im Allgemeinen keines dieser Individuen vorhergesehen und gewollt hat. Musterbeispiel für eine Institutionenanalyse dieser Art ist Mengers Erklärung der Entstehung von Geld,[6] die auch von späteren Autoren vielfach zitiert wurde.

In Bezug auf die Möglichkeit von Werturteilen wird von den Vertretern der Österreichischen Schule der Nationalökonomie keine einheitliche Position eingenommen. Während die meisten Autoren mit der herrschenden Auffassung übereinstimmen, dass die Wirtschaftstheorie wertfrei ist, hält eine Minderheit (insbesondere Rothbard und Hans-Hermann Hoppe) eine rationale Ethik für möglich. Charakteristisch insbesondere für die neueren Vertreter der Österreichischen Schule der Nationalökonomie sind jedenfalls die Betonung des Individualismus und des Liberalismus und ihr Eintreten für eine möglichst wenig behinderte freie Marktwirtschaft. Dahinter liegen vermutlich verborgene Werturteile.[7]

Neben dem methodologischen Individualismus und der daraus abgeleiteten evolutorischen Auffassung von Institutionen wird als weiteres Charakteristikum der Österreichischen Schule der Nationalökonomie meist auch ihr Subjektivismus genannt. Dabei handelt es sich zunächst um die subjektive Wertlehre, die Erklärung von Güterpreisen durch subjektive Bewertungen der Konsumenten, und die entsprechende Entscheidungstheorie. Das Konzept der Opportunitätskosten, das zuerst vom Österreicher Friedrich von Wieser formuliert worden war, ist mittlerweile Gemeingut der Nationalökonomie geworden. Insbesondere die neueren Vertreter der Österreichischen Schule der Nationalökonomie heben die Subjektivität des Handelns einzelner Menschen als so bedeutend hervor, dass sie eine Formalisierung und Ausarbeitung einer mathematisch formulierten Entscheidungstheorie ablehnen. In einem gewissen Gegensatz dazu steht die Tatsache, dass die moderne Entscheidungstheorie unter Unsicherheit und die Spieltheorie durch einen zumindest der Österreichischen Schule nahe stehenden Ökonomen (Oskar Morgenstern) entscheidende Impulse erhalten haben.

Ein wesentliches Thema der Österreichischen Schule der Nationalökonomie, insbesondere seit Hayek, das vor allem auch von Israel Kirzner betont und ausgearbeitet wurde, ist die Analyse des Marktprozesses, der in der Zeit stattfindet. Das Gleichgewicht, das zentrale Konzept der walrasianischen und marshallianischen Neoklassik, erklärt nach der Ansicht der Österreicher nur die Richtung des Prozesses, aber nicht den Prozess selbst, der primär wichtig und entscheidend ist.

[6] Vgl. dazu O'Driscoll (1986), Latzer und Schmitz (2002).

[7] Vgl. dazu die Untersuchung von Gloria-Palermo und Palermo (2005).

Wettbewerb erfolgt aufgrund der Subjektivität von Entscheidungen und dient der Verwendung und Entdeckung von Wissen. Dabei wird besonders die Rolle des Unternehmers als Entdecker (Innovator) und Nutzer bisher unbemerkter Gewinnmöglichkeiten betont, dessen Aktivitäten erst das Gleichgewicht herbeiführen. In einem gewissen Gegensatz dazu steht die Auffassung des Österreichers Schumpeter, wonach Unternehmer Ungleichgewichtsprozesse initiieren, die aber bei ihm gerade zu wirtschaftlichem Fortschritt und Wachstum führen. Der Wettbewerbsprozess besteht aus Sicht der Österreicher weniger in der Kommunikation bestehenden Wissens als in der Entdeckung neuen Wissens. Dieses Wissen ist, wie insbesondere Hayek hervorgehoben hat, lokaler Natur und kann nicht ohne weiteres geplant oder bewusst herbeigeführt werden. Hayeks Arbeiten haben der neueren Informationsökonomik wichtige Impulse gegeben, wobei letztere allerdings eine Formalisierung pflegt, die von den meisten Vertretern der Österreichischen Schule der Nationalökonomie skeptisch bis ablehnend gesehen wird.

Ein weiterer Aspekt der Österreichischen Schule der Nationalökonomie, der besonders von Streissler (1973) hervorgehoben wurde, ist deren Betonung der Diversität von Strukturen anstelle von Aggregaten. Die Österreicher haben dementsprechend auch im Gegensatz zu Keynes keine eigene makroökonomische Theorie entwickelt. Es gibt allerdings eine österreichische Konjunktur- und Inflationstheorie, die vor allem in der Zwischenkriegszeit von Mises und Hayek ausgearbeitet wurde. Sie richtete sich gegen die keynesianische Makroökonomik und sah Konjunkturschwankungen als durch die Regierungen und die Zentralbanken verursacht. Fehlallokationen von Ressourcen durch falsche Erwartungen und Plänen infolge von Veränderungen des Geldangebots wurden als Bestimmungsgrößen von Konjunkturschwankungen gesehen. Als Abhilfe wurden dementsprechend institutionelle Hemmnisse für staatliche Diskretion in der Geld- und Finanzpolitik befürwortet, beispielsweise eine hundertprozentige Golddeckung (Rothbard), Währungskonkurrenz (Hayek) oder freie Bankgeschäfte (White). Abgesehen von einigen Versuchen der Wiederbelebung der Österreichischen Konjunkturtheorie[8] hat diese in der Zeit nach dem Zweiten Weltkrieg nur wenige Anhänger gefunden.

In Hinblick auf die wirtschaftspolitischen Aussagen der Österreichischen Schule der Nationalökonomie ist ihre Befürwortung des freien Marktes bereits betont worden. Dies verbindet sie mit einer Kritik an der traditionellen Wohlfahrtsökonomik und insbesondere mit dem Konzept von politisch bestimmten Einkommensumverteilungen. Die Vertreter der Österreichischen Schule treten für einen gesetzlichen und verfassungsmäßigen Rahmen der Marktwirtschaft und insbesondere für die Sicherung privater Eigentumsrechte ein. Man kann vielleicht sagen, dass die politische Wirksamkeit der Österreichischen Schule infolge der von ihr angesprochenen institutionellen und konstitutionellen Aspekte die wichtigste Ursache

[8] Z. B. Thalenhorst und Wenig (1984).

für das wiedererwachte Interesse an dieser Richtung der Nationalökonomie darstellt. Infolge der Betonung der Bedeutung von Institutionen durch die Österreicher bestehen auch starke Beziehungen zu der Entwicklung der neuen Institutionenökonomik und der Neuen Politischen Ökonomie (Public Choice-Theorie). Gerade die Institutionenökonomik kann allerdings durch eine konsequente Anwendung der Prinzipien des methodologischen Individualismus von der Österreichischen Schule noch viele Impulse erhalten. Vermutlich ist die Idee der spontanen Ordnung und der Erklärung von Institutionen durch menschliches Handeln, aber nicht menschlichen Entwurf einer der zukunftsträchtigsten Gedanken der Österreichischen Schule im Bereich der Erklärung der Institutionen.

1.3 Übersicht über die Beiträge dieses Buchs

In diesem Buch werden einige zentrale Themen der Österreichischen Schule der Nationalökonomie näher untersucht und beleuchtet. In Kapitel 2 stellt Karl Milford die Positionen Mengers jenen von Vertretern der älteren deutschen Nationalökonomie, insbesondere Hufeland und Roscher, gegenüber und zeigt, dass sowohl Kontinuitäten wie Diskontinuitäten zwischen der deutschsprachigen Nationalökonomie und den Vertretern der Österreichischen Schule und insbesondere Menger festzustellen sind. Dies gilt sowohl für die methodologische Position, in der Menger zum ersten Mal konsequent Subjektivismus und methodologischen Individualismus ausarbeitet, wie in Hinblick auf im engeren Sinn ökonomische Theoriebausteine. Interessant ist unter anderem die Beobachtung, dass ähnliche wirtschaftspolitische Folgerungen wie etwa die Empfehlung der Zurückhaltung staatlicher Interventionen, die von Österreichischen und von den früheren deutschen Nationalökonomen erhoben wurden, auf sehr unterschiedlichen theoretischen Grundlagen beruhen können, nämlich einerseits auf der individualistischen Position der Österreicher, andererseits auf Ideen des historischem Determinismus auf der Seite der deutschen Historischen Schule.

Kapitel 3 hat einen heute weniger beachteten Autor der ersten Generation der Österreichischen Schule zum Gegenstand, nämlich Emil Sax, der nur wenige Jahre jünger war als Carl Menger. Sax hat unter anderem Beiträge zur Infrastrukturökonomik geliefert; sein theoretisch wichtigstes Werk ist jedoch der erste ausgearbeitete Versuch, eine finanzwissenschaftliche Theorie als Theorie des öffentlichen Sektors auf der Basis der Ansätze der Österreichischen Schule der Nationalökonomie zu liefern. Reinhard Neck zeigt in diesem Beitrag, dass Sax zwar Fragestellungen und auch rudimentär Lösungsansätze der späteren finanzwissenschaftlichen Theorie vorweggenommen hat, dass seine Schwächen aber gerade in dem Bereich liegen, in dem er zu wenig die paradigmatische Position der Österreichischen Schule der Nationalökonomie internalisiert. Daraus werden Überlegungen abgeleitet, wie man heute einen Österreichischen Beitrag zur Erklärung von Institutionen des öffentlichen Sektors entwickeln könnte.

Mit der Konjunkturtheorie der Österreicher und ihren wirtschaftspolitischen Konsequenzen beschäftigt sich Hansjörg Klausinger in Kapitel 4, wobei die Reaktion der Vertreter der Österreichischen Schule der Nationalökonomie auf die Weltwirtschaftskrise und die Zusammenhänge zwischen den Wirtschaftstheoretikern der Österreichischen Schule und der praktischen Wirtschaftspolitik im Österreich der 1930er Jahre im Mittelpunkt stehen. Klausinger zeigt, dass insbesondere im Ständestaat, aber auch bereits vorher der Einfluss der Mitglieder der Österreichischen Schule auf die praktische Wirtschaftspolitik stark zurückgegangen ist und dass daher der „Austroliberalismus" nicht in erster Linie für die geringen Erfolge der österreichischen Wirtschaftspolitik der Zwischenkriegszeit verantwortlich gemacht werden kann.

Die Beiträge von Vertretern der Österreichischen Schule, insbesondere von Mises und Hayek, zur so genannten „Sozialismusdebatte" sind Thema des Kapitels 5 von Reinhard Neck. Die Debatte über die Möglichkeit eines sozialistischen Wirtschaftssystems ist nicht nur aus sich heraus interessant, sondern stellt für die Österreichische Schule einen wesentlichen Wendepunkt dar. Erst in den Beiträgen zu dieser Debatte wurden die spezifisch Österreichischen Elemente der Wirtschaftstheorie etwa von Hayek und Mises deutlicher sichtbar, und die Auseinandersetzungen mit anderen Konzeptualisierungen kapitalistischer Marktwirtschaften führten zu dem in den heutigen Varianten der Österreichischen Schule gängigen Vorstellungen über wirtschaftliche Zusammenhänge. Auch hier werden Vorschläge für eine Erweiterung des methodologischen Individualismus auf den politischen Bereich gemacht und Begründungen für die marktwirtschaftliche Orientierung der Österreicher dargestellt.

Ein Autor, der nicht dem engeren Kreis der Österreichischen Schule angehört, der aber im In- und Ausland als einer der wichtigsten Vertreter der österreichischen Nationalökonomie gesehen wurde und wird, ist Josef Alois Schumpeter. Seine Konjunktur- und Wachstumstheorie ist Gegenstand des Kapitels 6 von Harald Hagemann. Die Theorie Schumpeters wird hier in den Kontext der Österreichischen Schule gestellt und sowohl mit früheren deutschsprachigen Arbeiten wie mit neuerer Literatur zum Thema der langen und kurzen Wellen in der Konjunktur kontrastiert. Bemerkenswert bei Schumpeter ist – im Gegensatz zu den Konjunkturtheorien von Mises und Hayek –, dass von ihm Konjunkturschwankungen in engem Zusammenhang mit dem Wirtschaftswachstum gesehen werden und dass als Krisenursachen nicht in erster Linie staatliche Entscheidungen, sondern interne Mechanismen des ökonomischen Systems identifiziert werden.

Mit den wirtschaftspolitischen und insbesondere ordnungspolitischen Positionen der neueren Vertreter der Österreichischen Schule der Nationalökonomie beschäftigt sich in Kapitel 7 Karl Socher. Dabei wird gezeigt, dass der Staat in der Sicht von Hayek – ähnlich wie im Neoliberalismus von Eucken und anderen Vertretern der Freiburger Schule – eine wichtige Funktion bei der Setzung von Rahmenbedingungen des Wirtschaftens hat, etwa im Bereich der Rechtsordnung für die Garantie von Privateigentum und Vertragsfreiheit oder bei der Bereitstellung von öffentlichen Gütern und Dienstleistungen. Socher geht auch auf die Ablehnung von Einkommensumverteilung durch die Vertreter der Österreichischen Schule, insbesondere durch Hayek, näher ein und zeigt, dass Hayek durchaus für sozialpolitische Maßnahmen eingetreten ist, so insbesondere für ein garantiertes Mindesteinkommen. Im Bereich der Wettbewerbspolitik bestehen dagegen zwischen Hayek auf der einen Seite und der Freiburger Schule auf der anderen Seite größere Unterschiede.

Kapitel 8 hat ebenfalls Hayeks Theorie zum Gegenstand. Darin zeigt Karen I. Vaughn, dass die Hayek'sche Markttheorie starke Bezüge zu der neuen Theorie komplexer adaptiver Systeme aufweist. Vaughn argumentiert, dass letztere Theorie eine Analogie für die Erklärung der Theorie der spontanen Marktordnung liefern und dabei insbesondere Hayeks Kritik am sozialistischen Wirtschaftssystem unterstützen kann. Sie weist auch nach, dass Hayek diese Theorie indirekt stark beeinflusst hat und dass umgekehrt Hayeks Erkenntnisse über spontane Marktordnungen dazu beitragen können, die Anwendung der Komplexitätstheorie in verschiedenen Bereichen zu unterstützen.

Im abschließenden Kapitel 9 widmet sich Erich W. Streissler den wirtschaftspolitischen Aussagen von Mitgliedern der Österreichischen Schule der Nationalökonomie. Er zeigt, dass die in Österreich tätigen Vertreter dieser Schule fast durchwegs Theoretiker und nicht Vertreter des Fachs Wirtschaftspolitik waren und dass daher nur wenige wirtschaftspolitische Aussagen in ihren Arbeiten zu finden sind. Man kann aber doch den Schluss ziehen, dass auch die frühen Vertreter der Österreichischen Schule der Nationalökonomie wirtschaftspolitische Eingriffe für weitgehend überflüssig, unsinnig und sogar demotivierend für die Akteure des privaten Sektors hielten. Auch Streissler kommt zu dem Schluss, dass die Österreichische Schule der Nationalökonomie der Ordnungspolitik gegenüber der Ablaufpolitik eindeutig den Vorrang gibt, dass für sie die Ablaufpolitik insgesamt eher schädlich als nützlich ist. Zumindest in diesem Bereich scheint also die Position der neueren amerikanischen Vertreter der Österreichischen Schule mit jener früherer Generationen durchaus kompatibel zu sein. Vermutlich wird die Attraktivität dieser Richtung der Volkswirtschaftslehre auch in Zukunft stärker im wirtschaftspolitischen als im wirtschaftstheoretischen Bereich ihre Begründung finden, obwohl gerade letzterer in der Vergangenheit zu Recht den Ruhm dieser Schule begründete.

1.4 Literatur

Alter, M. (1982), Carl Menger and "Homo Oeconomicus": Some Thoughts on Austrian Theory and Methodology. *Journal of Economic Issues* 16, 149–160.

Alter, M. (1990), *Carl Menger and the Origins of Austrian Economics.* Boulder–Oxford: Westview Press.

Boettke, P. (Hrsg.) (1994), *The Elgar Companion to Austrian Economics.* Cheltenham: Edward Elgar.

Boettke, P. J. und Prychitko, D. L. (Hrsg.) (1994), *The Market Process: Essays in Contemporary Austrian Economics.* Aldershot: Edward Elgar.

Bosch, A., Koslowski, P. und Reinhold, V. (Hrsg.), (1990), *General Equilibrium or Market Process: Neoclassical and Austrian Theories of Economics.* Tübingen: J. C. B. Mohr:

Bostaph, S. (1978), The Methodological Debate between Carl Menger and the German Historicists. *Atlantic Economic Journal* 6, 3–16.

Caldwell, B. J. und Böhm, St. (Hrsg.) (1992), *Austrian Economics: Tensions and New Directions.* Dordrecht: Kluwer.

Dolan, E. G. (Hrsg.) (1976), *The Foundations of Modem Austrian Economics.* Kansas City: Sheed & Ward.

Ebeling, R. M. (2003), *Austrian Economics and the Political Economy of Freedom.* Cheltenham: Edward Elgar.

Endres, A. M. (1997), *Neoclassical Microeconomic Theory: The Founding Austrian Version.* London: Routledge.

Foss, N. J. und Klein, P. G. (Hrsg.) (2002), *Entrepreneurship and the Firm: Austrian Perspectives on Economic Organization.* Cheltenham: Edward Elgar.

Gloria-Palermo, S. (1999), *The Evolution of Austrian Economics: From Menger to Lachmann.* London: Routledge.

Gloria-Palermo, S. und Palermo, G. (2005), Austrian Economics and Value Judgments: A Critical Comparison with Neoclassical Economics. *Review of Political Economy* 17, 63–78.

Grassl, W. und Smith, B. (Hrsg.) (1986), *Austrian Economics: Historical and Philosophical Background.* New York: New York University.

Groenveld, K., Maks, J. A. H. und Muysken, J. (Hrsg.) (1990), *Economic Policy and the Market Process: Austrian and Mainstream Economics.* Amsterdam: Elsevier.

Hennings, K. H. (1997), *The Austrian Theory of Value and Capital: Studies in the Life and Work of Eugen von Böhm-Bawerk.* Cheltenham: Edward Elgar.

Hicks, J. R. und Weber, W. (Hrsg.) (1973), *Carl Menger and the Austrian School of Economics.* Oxford: Clarendon Press.

Ioannides, St. (1992), *The Market, Competition and Democracy: A Critique of Neo-Austrian Economics.* Aldershot: Edward Elgar.

Jaffé, W. (1976), Menger, Jevons and Walras De-homogenized. *Economic Inquiry* 14, 511–524.

Kauder, E. (1958), Intellectual and Political Roots of the Older Austrian School. *Zeitschrift für Nationalökonomie* 17, 411–425.

Keizer, W., Tieben, B. und van Zijp, R. (Hrsg.) (1997), *Austrian Economics in Debate.* London: Routledge.

Kirzner, I. M. (Hrsg.) (1982), *Method, Process, and Austrian Economics: Essays in Honor of Ludwig von Mises.* Lexington, MA: D. C. Heath.

Kirzner, I. M. (1985), *Discovery and the Capitalist Process.* Chicago: University of Chicago Press.

Kirzner, I. M. (1992), *The Meaning of Market Process: Essays in the Development of Modern Austrian Economics.* London: Routledge.

Kirzner, I. (Hrsg.) (1994), *Classics in Austrian Economics: A Sampling in the History of a Tradition.* 3 Bde. London: Pickering and Chatto.

Klausinger, H. (2006), "In the Wilderness": Emigration and the Decline of the Austrian School. *History of Political Economy* 38, 617–664.

Klein, P. G. (Hrsg.) (1992), *The Fortunes of Liberalism: Essays on Austrian Economics and the Ideal of Freedom.* Chicago: University of Chicago Press.

Koppl, R. (Hrsg.) (2003), *Austrian Economics and Entrepreneurial Studies.* Amsterdam: Elsevier.

Lachmann, L. M. (1976), From Mises to Shackle: An Essay on Austrian Economics and the Kaleidic Society. *Journal of Economic Literature* 14, 54–62.

Latzer, M. und Schmitz, St. W. (Hrsg.) (2002), *Carl Menger and the Evolution of Payments Systems: From Barter to Electronic Money.* Cheltenham: Edward Elgar.

Leser, N. (Hrsg.) (1986), *Die Wiener Schule der Nationalökonomie.* Wien: Böhlau.

Leube, K. R. (Hrsg.) (2003), *Austrian Economics Today I: Analyses, Ideas and Suggestions.* Frankfurt/Main: FAZ-Institut.

Littlechild, St. (Hrsg.) (1990), *Austrian Economics.* 3 Bde. Cheltenham: Edward Elgar.

Menger, C. (1871), *Grundsätze der Volkswirthschaftslehre,* 1. Teil. Wien: W. Braumüller.

Menger, C. (1883), *Untersuchungen über die Methode der Socialwissenschaften und der politischen Ökonomie insbesondere.* Leipzig: Duncker & Humblot.

Moss, L. S. (Hrsg.) (1976), *The Economics of Ludwig von Mises: Toward a Critical Reappraisal.* Kansas City: Sheed & Ward.

Oakley, A. (1997), *The Foundations of Austrian Economics from Menger to Mises: A Critico-Historical Retrospective of Subjectivism.* Cheltenham: Edward Elgar.

Oakley, A. (1999), *The Revival of Modern Austrian Economics: A Critical Assessment of its Subjectivist Origins.* Cheltenham: Edward Elgar.

O'Driscoll, G. P. (1977), *Economics as a Co-ordination Problem: The Contributions of Friedrich A. Hayek.* Kansas City: Sheed Andrews & McMeel.

O'Driscoll, G. P. (1986), Money: Menger's Evolutionary Theory. *History of Political Economy* 18, 601–616.

O'Driscoll, G. P. and Rizzo, M. J. (1985), *The Economics of Time and Ignorance.* Oxford: Basil Blackwell.

Paqué, K.-H. (1985), How Far Is Vienna from Chicago? An Essay on the Methodology of Two Schools of Dogmatic Liberalism. *Kyklos* 38, 412–34.

Rizzo, M. J. (Hrsg.) (1979), *Time, Uncertainty, and Disequilibrium: Exploration of Austrian Themes.* Lexington: B. C. Heath.

Rothbard, M. N. (1962), *Man, Economy, and State: A Treatise on Economic Principles.* 2 Bde. Los Angeles: Nash.

Shand, A. H. (1984), *The Capitalist Alternative: An Introduction to Neo-Austrian Economics.* New York: New York University Press.

Spadaro, L. M. (Hrsg.) (1978), *New Directions in Austrian Economics.* Kansas City: Sheed Andrews & McMeel.

Streissler, E. (1969), Structural Economic Thought: On the Significance of the Austrian School Today. *Zeitschrift für Nationalökonomie* 29, 237–266.

Streissler, E. (1972), To What Extent was the Austrian School Marginalist? *History of Political Economy* 4, 426–441.

Taylor, T.C. (1980), *An Introduction to Austrian Economics.* Auburn: L. von Mises Institute.

Thalenhorst, J. und Wenig, A. (1984), F. A. Hayek's „Prices and Production" Re-analyzed. *Jahrbücher für Nationalökonomie und Statistik* 199, 213–236.

van Zijp, R. (1993), *Austrian and New Classical Business Cycle Theories: A Comparative Study through the Method of Rational Reconstruction.* Aldershot: Edward Elgar.

Vaughn, K. I. (1994), *Austrian Economics in America: The Migration of a Tradition.* Cambridge: Cambridge University Press.

White, L. H. (1984), *The Methodology of the Austrian School Economists.* Auburn: L. von Mises Institute.

Yu, F.-L. T. (2005), *Firms, Strategies and Economic Change: Explorations in Austrian Economics.* Cheltenham: Edward Elgar.

Kapitel 2

Carl Menger und die Ursprünge der Österreichischen Schule der Nationalökonomie

Karl Milford

2.1 Einleitung

Carl Menger (1840 – 1921) gilt als Begründer der so genannten Österreichischen Schule der Nationalökonomie, deren berühmteste Vertreter unter anderen die Ökonomen Eugen von Böhm-Bawerk, Friedrich von Wieser, Ludwig von Mises und Friedrich A. von Hayek sind. Sein theoretisches Hauptwerk *Grundsätze der Volkswirthschaftslehre*[1] erschien 1871 in Wien und wird heute als der zentrale Gründungsklassiker dieser Schule angesehen. Nach dem Erscheinen dieses Bandes, möglicherweise jedoch auch schon früher dürfte Menger den Gepflogenheiten seiner Zeit folgend an die Publikation eines vierbändigen Systems der Volkswirtschaftlehre gedacht haben, das jedoch nicht zur Ausführung gelangte. Dabei sollten die *Grundsätze der Volkswirthschaftslehre* den ersten, allgemeinen theoretischen Teil umfassen; im zweiten Teil sollten dann Fragen der Einkommensverteilung sowie des Kredits und Geldes behandelt werden, im dritten Teil vor allem Fragen der Produktion sowie des Handels und im vierten Teil Probleme der Volkswirtschaftspolitik und der Sozialreform. Die Ursachen dafür, weshalb dieser Plan nicht zur Ausführung gelangte, dürften vor allem in dem spezifischen Diskussionsverlauf, der sich dem Erscheinen der *Grundsätze der Volkswirthschaftslehre* angeschlossen hatte, zu suchen sein. Denn im Zuge dieser Diskussion wandte Menger sich verstärkt methodologischen und erkenntnislogischen Fragen der theoretischen Sozialwissenschaften zu, um dann ca. 12 Jahre nach dem Erscheinen der *Grundsätze der Volkswirthschaftslehre* im Jahre 1883 seine *Untersuchungen über die Methode der Socialwissenschaften und der Politischen Oekonomie insbesondere*[2] zu publizieren. Dieses Buch bildete den Anlass für eine, vor allem mit dem Haupt der so genannten Jüngeren Schule der deutschen Nationalökonomie, Gustav Schmoller, geführten Kontroverse, die unter dem Titel „Methodenstreit" in die Theoriegeschichte der Nationalökonomie Eingang gefunden hat. Im Zuge dieser Diskussion

---

[1] Menger (1871).

[2] Menger (1883).

verfasste Menger neben den *Untersuchungen zur Methode der Socialwissenschaften und der Politischen Oekonomie insbesondere* auch eine Reihe von kleineren Arbeiten, die sich mit erkenntnislogischen, aber auch mit ökonomisch-theoretischen Problemen befassten. Erst ab 1892 kehrte Menger zur theoretischen und angewandten Ökonomie im engeren Sinn wieder zurück und verfasste Arbeiten zur Geldtheorie und zu Währungsproblemen. 1903 zieht Menger sich aus dem für ihn sehr belastenden Lehrbetrieb der Universität zurück, um sich vor allem der zweiten Auflage seiner *Grundsätze der Volkswirthschaftslehre*[3] zu widmen. Diese wird jedoch erst von seinem Sohn, dem berühmten Mathematiker Karl Menger, herausgegeben und erscheint 1923, zwei Jahre nach dem Tod des Vaters Carl Menger.

Mengers Problemsituation bzw. sein Problemhorizont zur Zeit der Entstehung seiner *Grundsätze der Volkswirthschaftslehre* und der *Untersuchungen zur Methode der Socialwissenschaften und der Politischen Oekonomie insbesondere* wird paradigmatisch durch vier Elemente abgesteckt. Bei diesen Elementen handelt es sich um zwei empirisch gehaltvolle Theorien, die das wertende Verhalten der Menschen beschreiben, und um zwei methodologische Theorien, die Behauptungen über die befriedigende Struktur theoretischer Erklärungen in den theoretischen Sozialwissenschaften aufstellen und somit Aussagen über die Wissenschaft treffen. Bei den Verhaltenstheorien, die das wertende Verhalten der Menschen beschreiben, handelt es sich um zwei große Gruppen von Theorien, nämlich um die so genannten Theorien der objektiven Bewertungen einerseits und um die Gruppe der Theorien der subjektiven Bewertungen andererseits. Beide Gruppen dieser Theorien wurden von den Ökonomen vor allem des 19. Jahrhunderts und des beginnenden 20. Jahrhunderts als zentrale Voraussetzung und Basis für die Entwicklung einer befriedigenden Tausch- und Preistheorie angesehen.[4] Bei den methodologischen Theorien handelt es sich ebenfalls um zwei große Gruppen von Theorien, nämlich um die so genannten Theorien des methodologischen Individualismus und um jene des so genannten methodologischen induktivistischen Essentialismus[5] oder methodologischen Kollektivismus.[6]

Die so genannten Theorien der subjektiven Bewertungen erklären, dass Menschen soziale Tatsachen oder auch soziale Situationen letztlich nur nach ihren Vorlieben, das heißt ausschließlich nach ihren subjektiven Präferenzen bewerten. Ob etwa ein Gegenstand oder eine Handlung als ein Gut oder eine Dienstleistung von den Menschen betrachtet wird, hängt demnach primär von den Meinungen der Menschen ab, ob dieser Gegenstand für sie in irgendeinem Sinne ein Bedürfnis befriedigen kann, und nicht so sehr von den tatsächlichen objektiv gegebenen Eigen-

---

[3] Menger (1923).

[4] Vgl. z. B. Mahr (1959), 3. Abschn., Kap. 10–14 oder Blaug (1978, S. 36–45, 95–98, 309–328).

[5] Vgl. Popper (1945/2003), Bd. II, Kap. XI.

[6] Vgl. z. B. Popper (1979), Abschn. 29–32 und frühere Auflagen.

schaften dieses Gegenstandes selbst. Nach dieser Theorie ist es durchaus richtig, dass so genannte objektive und biologisch begründete Bedürfnisse existieren, wie etwa jene der Nahrung oder des Wohnens, doch werden diese Bedürfnisse, nach Ansicht der Vertreter der Theorie der subjektiven Bewertungen, in einer äußerst vielfältigen, historisch-kulturellen, relativen Weise befriedigt. Die etwaige Frage nach objektiven Bedürfniskategorien wird daher für die theoretischen Sozialwissenschaften nur zum Teil als interessant angesehen. Der Punkt, an dem die theoretische Wissenschaft der Ökonomie sozusagen eigentlich beginnt, ist nach dieser Ansicht vielmehr die historische Vielfalt der Bedürfnisbefriedigung und das damit verbundene subjektive Wissen der Menschen sowie deren Einschätzungen und Meinungen. Da die Wertungen der Menschen primär von ihrem Glauben, von ihren Meinungen, von ihren Vorlieben und insbesondere auch von ihrer Phantasie abhängen und Individuen ihre ökonomischen Pläne entsprechend formulieren und korrigieren, bilden nach Ansicht der Vertreter der Theorien der subjektiven Bewertungen vor allem informations- und wissenstheoretische Ansätze die Basis für die Erklärung von Tausch und Preisen. Nach dieser Theorie tauschen Menschen deshalb Güter, weil die getauschten Güter entsprechend den unterschiedlichen Präferenzen der Menschen von diesen unterschiedlich bewertet werden und keine Äquivalente darstellen.

Im Gegensatz zur Gruppe der Theorien der subjektiven Bewertungen behaupten die Vertreter der so genannten Theorien der objektiven Bewertungen, dass Menschen Gegenstände und Handlungen, die sie als Güter und Dienstleistungen bewerten, nach einem ihnen gegebenen gemeinsamen Maßstab beurteilen. Nach diesen Theorien tauschen Individuen Güter und Dienstleistungen, weil sie Äquivalente sind, da keiner der am Tausch beteiligten Menschen bereit ist, Gegenstände, die für sie einen gewissen Wert haben, gegen Gegenstände zu tauschen, die für sie weniger wertvoll sind. Die Aufgabe der Theorien der objektiven Bewertungen wird von ihren Vertretern daher darin gesehen, jenen Maßstab zu finden, den alle Menschen bei der Formulierung ihrer ökonomischen Pläne und deren Korrekturen zu Grunde legen und als Basis für die Erklärung der Bildung von Preisen heranziehen. Ein solcher Maßstab ist nach Ansicht der Vertreter der Theorie der objektiven Bewertungen die in Zeiteinheiten gemessene Arbeit, sodass der Tausch und die Preisbildung nach arbeits-, arbeitswert- oder kostwerttheoretischen Ansätzen zu erklären ist.

In der Geschichte der theoretischen Sozialwissenschaften und insbesondere der theoretischen Ökonomie findet man diese beiden großen Gruppen von empirisch gehaltvollen Verhaltenstheorien mit jeweils ganz spezifischen methodologischen Ansätzen, nämlich den Positionen des methodologischen Individualismus und denen des methodologischen induktivistischen Essentialismus oder methodologischen Kollektivismus kombiniert. Die Vertreter des methodologischen Individualismus behaupten, dass befriedigende theoretische Erklärungen in den theoretischen Sozialwissenschaften nur dann vorliegen, wenn sämtliche soziale Tatsachen und Prozesse als ungeplante Ergebnisse des Zusammenspiels der geplanten individuellen Handlungen der einzelnen Menschen erklärt werden. Soziale Institutionen, Vorgänge, Tatsachen und Prozesse sind demnach als ungeplante Rückwirkungen des Zusammenwirkens der individuellen Pläne von Menschen zu erklären, als Produkte der Menschen, die jedoch ungeplant sind. Erklärungen dieser Art basieren dabei auf Theorien, die die Ziele der einzelnen Menschen sowie die von ihnen aufgestellten Pläne zu deren Erreichung, aber auch die durch das Verhalten und die Pläne anderer Menschen notwendigen Planrevisionen darstellen. Nach Ansicht der Vertreter des methodologischen Individualismus spielen dabei die Situationsbewertungen, die Information, das subjektive Wissen, die Präferenzen und die Meinungen der Menschen eine entscheidende Rolle. Die Idee, soziale Institutionen als ungeplante Produkte des Zusammenspiels der geplanten Handlungen und deren ungeplanter Rückwirkungen zu erklären, konstituiert demnach den Kern der Idee der theoretischen Sozialwissenschaft. Bestünde nämlich die methodologische Forderung darin, soziale Institutionen als geplante Produkte der Menschen und nicht als ungeplantes Ergebnis ihrer nicht intendierten Rückwirkungen zu erklären, so hätten die theoretischen Sozialwissenschaften nach Ansicht der Vertreter des methodologischen Individualismus keine theoretischen Erklärungsaufgaben. Soziale Institutionen wären dann bestenfalls im Rahmen der so genannten natürlichen Sozialwissenschaften, wie z. B. der Psychologie, die die Motivationen zur Planung von sozialen Institutionen untersucht, zu erklären.

Im Gegensatz zu den Vertretern des methodologischen Individualismus behaupten die Vertreter des so genannten methodologischen induktivistischen Essentialismus, der auch als methodologischer Kollektivismus bezeichnet werden kann, dass die methodologischen Forderungen des methodologischen Individualismus nicht immer ausführbar sind. Sie betonen vielmehr, dass Menschen stets innerhalb eines ihnen vorgegeben Rahmens von sozialen Institutionen, in dem sie sozialisiert und akkulturiert wurden, agieren, und weisen darauf hin, dass ein konsequent vertretener methodologischer Individualismus die Entstehung und die Entwicklung dieses Rahmens ebenfalls individualistisch erklären müsste. Der Versuch, diese Forderung zu erfüllen, führt jedoch nach Ansicht der Vertreter des methodologischen induktivistischen Essentialismus und des methodologischen Kollektivismus letztlich in einen unendlichen Regress, da jeder individualistische Erklärungsversuch des sozialen Rahmens wiederum die Existenz eines sozialen Rahmens voraussetzen muss. Der methodologische Individualismus führt nach dieser Ansicht demnach zu einem unbefriedigenden Zustand der wissenschaftlichen Erkenntnis selbst, da er die Möglichkeit von letzten, das heißt von als wahr erwiesenen Erklärungen prinzipiell ausschließt, was nach den wissenschaftstheoretischen Standards vor allem des 19. und beginnenden 20. Jahrhunderts als nicht akzeptabel galt.

Die Vertreter des methodologischen Kollektivismus und des methodologischen induktivistischen Essentialismus sind daher der Auffassung, dass die Position des methodologischen Individualismus durch die methodologische Forderung zu ergänzen ist, den sozialen und kulturellen Rahmen, in dem Individuen agieren, nicht individualistisch, sondern durch andere Methoden, wie z. B. historische oder induktiv essentialistische Verfahrensweisen, zu erklären. Um dieser Forderung zu entsprechen, vollzieht der methodologische induktivistische Essentialismus eine methodologische Umdeutung der philosophischen Position des aristotelischen Essentialismus.[7] Dem aristotelischen Essentialismus zufolge besteht wahre und sichere wissenschaftliche Erkenntnis in der Erkenntnis der in den Dingen selbst liegenden Essenzen und Ideen, die in Form von richtigen Definitionen aufgelistet und in den Definitionsformeln beschrieben werden. Die Erkenntnis der in den Dingen liegenden Essenzen oder Ideen und damit deren Beschreibung in Definitionsformeln ist nach dieser Ansicht möglich, weil die Essenzen gleichsam als Potentialitäten vorhanden sind und im Laufe der historischen Entwicklung der Dinge selbst zur Existenz kommen und beobachtet werden können. Die beobachtbare Entwicklung der Dinge, ihre Geschichte, ist demnach die Beobachtungsbasis, auf Grund welcher die Essenz oder die Idee eines Dinges erkannt und durch die Angabe einer Definition oder eines Entwicklungsgesetzes beschrieben werden kann.

Diese Deutung des aristotelischen Essentialismus weist nun nach Ansicht der Vertreter des methodologischen induktivistischen Essentialismus den Weg zu nicht-individualistischen Erklärungen der Entstehung und Entwicklung jenes sozialen Rahmengefüges, innerhalb dessen Individuen agieren. Nach Ansicht der Vertreter dieser Position zeichnet die theoretischen empirischen Wissenschaften prinzipiell die Anwendung induktiver Verfahren aus, da deduktive Verfahrensweisen nur analytische, jedoch keine neue Wirklichkeitserkenntnis schaffen kann. Und sie meinen nun, zwischen den Methoden der Naturwissenschaften und den theoretischen Sozialwissenschaften große Ähnlichkeiten in dieser Hinsicht feststellen zu können: Denn ähnlich wie im Falle der Naturwissenschaften nach dieser Ansicht die Regelmäßigkeiten und Gesetzmäßigkeiten aus einer Beobachtungsbasis induktiv erschlossen werden, werden nach Ansicht der Repräsentanten des methodologischen induktivistischen Essentialismus die Gesetze der theoretischen Sozialwissenschaften aus der Geschichte der Menschheit durch induktive Prozesse abgeleitet. Die Geschichte der Menschheit ist jene empirische Basis der theoretischen Sozialwissenschaften, aus der historische Entwicklungsgesetze oder aber auch Gesetze zwischen sozialen Aggregaten induktiv abgeleitet werden.

Neben diesem allgemeinen erkenntnislogischen Argument wird von den Vertretern des methodologischen Kollektivismus noch ein weiteres Argument gegen individualistische Erklärungsversuche ins Treffen geführt. Demnach sind individua-

[7] Vgl. Popper (1945/2003), Bd. II, Kap. XI.

listische Erklärungsversuche insuffizient, da sie atomistisch sind und daher den Zusammenhalt einer Gesellschaft oder eines sozialen Aggregats nicht erklären können. Atomistische Erklärungen können nach dieser Ansicht die Gesellschaft bloß als Anhäufung oder als Summe von Individuen erklären, nicht aber das Spezifikum jeder Gesellschaft oder jedes sozialen Aggregats, „mehr" zu sein als die bloße Summe seiner Teile. Um befriedigende Erklärungen in den theoretischen Sozialwissenschaften aufzustellen, bedarf es nach Ansicht der Vertreter des methodologischen Kollektivismus oder methodologischen induktivistischen Essentialismus vielmehr der Einführung eines zusätzlichen Faktors, wie etwa des „Gemeinsinns" der Menschen, der den Zusammenhalt von Gesellschaften oder sozialen Systemen erklärt, weil er ein entsprechendes Gegengewicht zu den ausschließlich egoistisch motivierten Handlungen konstituiert.

Während also die Forderung des methodologischen Individualismus lautet: „Suche nach Theorien oder Gesetzmäßigkeiten des sozialen Lebens durch eine theoretische Rekonstruktion des Zusammenspiels der Situationsbewertungen der Menschen", so lautet die Forderung des methodologischen induktivistischen Essentialismus: „Suche historische Entwicklungsgesetze oder Gesetzmäßigkeiten des Zusammenwirkens von Teilen des sozialen Rahmens, in dem Menschen Situationsbewertungen durchführen". Der methodologische Individualismus und der induktivistische Essentialismus behaupten demnach etwas über die Wissenschaft, etwas über die Möglichkeit und die Struktur befriedigender Erklärungen in den theoretischen Sozialwissenschaften. Der methodologische Individualismus behauptet, dass es im Prinzip wissenschaftlich immer möglich ist, soziale Ereignisse, Prozesse und Vorgänge als ungeplantes Ergebnis des Zusammenwirkens der Situationsbewertungen durch Menschen zu erklären, und dass die Ursache misslungener Erklärungsversuche in unserem unzulänglichen Wissen und nicht in prinzipiell wissenschaftlich-methodologischen Gründen zu suchen ist. Der methodologische induktivistische Essentialismus oder methodologische Kollektivismus behauptet dagegen, dass es zumindest ein soziales Ereignis gibt, das aus prinzipiell wissenschaftlichen Gründen nicht als ungeplantes Ergebnis des Zusammenwirkens von Situationsbewertungen durch Menschen erklärt werden kann, z. B. weil der Versuch, die Voraussetzungen von Situationsbewertungen individualistisch wieder durch Situationsbewertungen der Menschen zu erklären, zu Zirkularitäten oder zu einem unendlichen Regress von Erklärungen führt.

Die Geschichte der ökonomischen Theorie zeigt, dass die vier logisch möglichen Kombinationen, die aus den beiden empirisch gehaltvollen Verhaltenstheorien und den beiden methodologischen Positionen gebildet werden können, auch tatsächlich von Ökonomen vertreten wurden. Als Repräsentant einer Position, die aus dem methodologischen Individualismus einerseits und einer Theorie der objektiven Bewertung besteht, kann z. B. Adam Smith[8] angesehen werden. Jene Position, die sich aus einer Kombination von methodologischem Individualismus einerseits und einer Theorie der subjektiven Bewertungen darstellt, ist wohl allen gegenwärtigen Studenten der ökonomischen Theorie bestens vertraut, da sie in jedem einführenden Lehrbuch zur Mikroökonomie zu finden ist. Ältere Repräsentanten dieser Position sind – neben vielen so genannten neoklassischen Autoren – auch die Autoren, die der Österreichischen Schule der Nationalökonomie zugerechnet werden, wie z. B. Ludwig von Mises[9], Friedrich A. von Hayek[10] oder eben Carl Menger, der in dieser Kombination einen entscheidenden Schritt für die Weiterentwicklung der ökonomischen Theorie erblickt hat. Als Repräsentanten der Kombination aus methodologischem induktivistischem Essentialismus oder methodologischem Kollektivismus und einer Theorie der subjektiven Bewertung wären insbesondere die Ökonomen der so genannten Historischen Schule der deutschen Nationalökonomie anzusehen, in all ihren Spielarten des 19. Jahrhunderts und des ersten Drittels des 20. Jahrhunderts. Autoren, die hier zu nennen sind, sind Roscher[11], Hildebrand[12], Knies[13], Schäffle[14], Schmoller[15] und Sombart[16], aber auch Autoren, die nicht direkt der Historischen Schule zuzurechnen sind, wie z. B. der vor Roscher publizierende Karl H. Rau[17]. Paradigmatische Repräsentanten für die Position aus methodologischem induktivistischem Essentialismus oder methodologischem Kollektivismus einerseits und einer Theorie der objektiven Bewertungen andererseits sind Karl Marx[18] und John S. Mill[19].

Interessanterweise wurden aber diese vier möglichen, jeweils aus einer empirisch gehaltvollen und aus einer methodologischen Theorie gebildeten Positionen nicht nur tatsächlich im Laufe der Geschichte der Politischen Ökonomie vertreten. Vor allem die spezielle Geschichte der Entwicklung der Deutschen Nationalökonomie und eng mit ihr verbunden die Anfänge der österreichischen zeigt darüber hinaus einen internen Zusammenhang dieser Positionen. Dieser interne Zusammenhang

[8] Smith (1776/1981).

[9] Mises (1933).

[10] Hayek (1979).

[11] Roscher (1842, 1843, 1886).

[12] Hildebrand (1848).

[13] Knies (1853).

[14] Schäffle (1867).

[15] Schmoller (1865, 1883, 1884, 1901, 1904).

[16] Sombart (1930).

[17] Rau (1826).

[18] Marx (1867).

[19] Mill (1843, 1848).

resultiert daraus, dass die jeweils von bestimmten Autoren vertretenen Positionen vielfach das Resultat ihrer kritischen Untersuchungen anderer Positionen sind. So etwa wird bereits 1807 von G. Hufeland[20] als kritische Reaktion vor allem auf die durch Adam Smith repräsentierte Position einer Kombination aus einer Theorie der objektiven Bewertungen und dem methodologischen Individualismus eine radikale Theorie der subjektiven Bewertungen entworfen und mit dem methodologischen Individualismus kombiniert, den Hufeland ganz explizit von Smith übernimmt. Hufeland ist der Überzeugung, dass Smiths Versuch, auf der Basis einer Theorie der objektiven Bewertungen eine Erklärung der relativen Preise zu suchen, notwendig scheitern muss, und glaubt, durch die Einführung einer Theorie der subjektiven Bewertungen die in der Preistheorie offenen Probleme besser lösen zu können. Aber während er die Wert- und Preistheorie von Smith ablehnt, hält er dessen individualistische methodologische Position, wonach soziale Institutionen als ungeplantes Ergebnis des Zusammenspiels der intendierten Handlungen der Menschen zu erklären sind, für absolut korrekt. Er übernimmt daher den methodologischen Individualismus von Smith, substituiert aber dessen Theorie der objektiven Bewertungen und die darauf basierende Preistheorie durch eine Theorie der subjektiven Bewertungen und erklärt Preise als das ungeplante Resultat der subjektiven Präferenzen und Bewertungen der Individuen. Demgegenüber wird die aus einer Theorie der subjektiven Bewertungen und dem methodologischen induktivistischen Essentialismus oder methodologischen Kollektivismus kombinierte Position vor allem als Kritik des individualistischen Ansatzes, wie er etwa durch Hufeland, aber auch durch Smith bzw. Ricardo[21] repräsentiert wird, von den Autoren der deutschen Nationalökonomie im Gefolge des so genannten Deutschen Historismus[22] entwickelt. So etwa übernehmen die der Deutschen Historischen Schule zuzurechnenden Ökonomen die von Hufeland entworfenen Prinzipien einer Theorie der subjektiven Bewertungen als Basis ihrer preistheoretischen Erklärungsversuche, doch substituieren sie die individualistische Komponente seiner Position durch einen methodologischen induktivistischen Essentialismus, da sie vielfach der Ansicht sind, dass die geringe Erklärungskraft der herrschenden klassischen ökonomischen Theorie in ihrer ricardianischen Variante auf diesen verfehlten methodologischen Ansatz zurückzuführen ist. Um die Erklärungskraft der ökonomischen Theorie zu verbessern, bedarf es ihrer Ansicht nach der Beibehaltung einer Theorie der subjektiven Bewertung als Basis der Erklärung der Preisbildung und des Tausches, jedoch ebenso einer methodologischen Erneuerung, die die Geschichte der Menschen in ihrer großen Vielfalt und Komplexität als empirische Basis der theoretischen Sozialwissenschaften konstituiert und damit die Voraussetzung schafft für die Ableitung von empirisch gehaltvolleren, weil ihrer An-

---

[20] Hufeland (1807).

[21] Ricardo (1817/1951).

[22] Vgl. z. B. Iggers (1997).

sicht nach weniger abstrakten und realitätsfernen, ökonomischen Theorien. Demgegenüber erblickt Menger gerade in dieser methodologischen Komponente der Deutschen Historischen Schule der Nationalökonomie die zentrale Ursache für den noch immer unbefriedigenden Stand der Preistheorie, deren offene Probleme, trotz der von Hufeland eingeführten und von den deutschen Autoren übernommenen Theorie der subjektiven Bewertungen, nicht gelöst wurden. Er substituiert die induktivistisch-essentialistische bzw. kollektivistische Komponente der Positionen der Deutschen Historischen Schule durch einen methodologischen Individualismus und kombiniert diesen mit einer Theorie der subjektiven Bewertungen als Basis seiner preistheoretischen Ausführungen, womit er den Ansatz von Hufeland reanimiert.

Abgesehen von dieser internen Entwicklung der in der Politischen Ökonomie vertretenen Positionen – die Position aus methodologischem Individualismus und einer Theorie der objektiven Bewertungen wird durch eine Kombination aus methodologischem Individualismus und einer Theorie der subjektiven Bewertungen, diese dann durch eine Kombination aus methodologischem induktivistischem Essentialismus und einer Theorie der subjektiven Bewertungen und diese wieder durch eine Kombination aus methodologischem Individualismus und einer Theorie der subjektiven Bewertungen abgelöst – ist es interessant festzustellen, dass der Motor dieser Entwicklung vor allem die offenen Probleme der ökonomischen Theorie sind. Hufeland versucht, die offenen Probleme der Preistheorie durch die Einführung einer Theorie der subjektiven Bewertungen zu lösen, die von den Autoren der Deutschen Historischen Schule übernommen werden. Allerdings gelingt es auch ihnen nicht, auf dieser Basis eine befriedigende Lösung dieser Probleme zu entwerfen, sodass sie durch die Erörterung methodologischer Probleme und deren Lösungen versuchen, die offenen Probleme der ökonomischen Theorie zu lösen. Menger hingegen versucht, die ökonomische Theorie gerade mit dem Hinweis auf die Unzulänglichkeiten der von den Autoren der Deutsche Historischen Schule vorgeschlagenen Methode, die seiner Ansicht deren fruchtbaren Ansätze zur Verbesserung der ökonomischen Theorie gerade verhindert hatte, durch die Reanimierung des Individualismus und dessen Kombination mit einer verbesserten Theorie der subjektiven Bewertung als Basis preistheoretischer Erörterungen fruchtbar weiterzuentwickeln. Diese Entwicklung zeigt, dass offene Probleme der ökonomischen Theorie und deren versuchte Lösungen hier zu neuen offenen methodologischen Problemen führten, durch deren Erörterung und deren versuchte Lösungen man sich eine Lösung der offenen Probleme der ökonomischen Theorie erhoffte. Offene Probleme der Fachdisziplin und deren versuchte Lösung führten hier zu offenen methodologischen und damit philosophischen Problemen, wobei deren versuchte Lösungen wieder zu neuen offenen Problemen in dieser Fachdisziplin führten.

Die folgenden Zeilen versuchen, an Hand einer sehr gerafften Darstellung der paradigmatischen Positionen von Hufeland, Roscher und Menger die zentralen Marksteine dieser Entwicklung darzustellen. Diese Marksteine sind denn auch jene zentralen Elemente, die den Problemhorizont Mengers bestimmen. Allerdings handelt es sich dabei um eine nur sehr grobe Analyse der Mengerschen Problemsituation, die zweifellos einer viel genaueren Untersuchung bedarf.[23] Nach einer Darstellung der Position von G. Hufeland wird auf jene von W. Roscher eingegangen, um dann Mengers Position zu skizzieren. Dabei zeigt sich, dass die zunächst in vieler Hinsicht als kontinuierlich erscheinende Entwicklung zwischen der Österreichischen Schule der Nationalökonomie und der Deutschen (Historischen) Nationalökonomie doch bei einer umfassenden Betrachtung der Gesamtentwicklung ziemlich diskontinuierlich ist und dass Menger in seinen Werken eine Welt beschreibt, die sich von jener, die die Autoren der deutschen Nationalökonomie beschreiben, doch sehr stark unterscheidet. Betrachtet man nämlich die Autoren der deutschen Nationalökonomie und deren so genannte Gebrauchswertschule als Vorläufer der Arbeiten von Menger, dann können in der Tat eine Reihe von Kontinuitäten hier festgestellt werden, insbesondere für die Wert- und Preistheorie. Als solche sind deren Theorien Elemente jener Problemsituation, in der sich Menger wohl befunden hat. Darüber hinaus konstituieren jedoch deren methodologische Positionen ebenso entscheidende Elemente in Mengers Problemsituation. Durch die Untersuchung dieser Elemente kann dann z. B. aufgeklärt werden, dass vielfach ähnlich erscheinende Resultate doch unterschiedlichen Erklärungen der sozialen Welt entspringen. So etwa lehnen in wirtschaftspolitischer Hinsicht manche Autoren der Deutschen Historischen Schule, aber auch der Österreichischen Schule massive Staatseingriffe in die Volkswirtschaft gleichermaßen ab. Aber während die Ablehnung massiver Staatseingriffe durch die Autoren der Österreichischen Schule vielfach in deren individualistischer Position begründet liegt, lehnen z. B. Autoren der Deutschen Historischen Schule massive Staatseingriffe mit dem Hinweis auf historische Gesetzmäßigkeiten und einen notwendigen Geschichtsablauf ab.[24]

2.2 Die Problemsituation vor dem Erscheinen von Mengers *Grundsätzen der Volkswirthschaftslehre*: Die Position von G. Hufeland

Dass Menger *nach* dem Erscheinen seiner *Grundsätze der Volkswirthschaftslehre* im Jahre 1871 sich verstärkt methodologischen und erkenntnislogischen Problemen der theoretischen Sozialwissenschaften und der Politischen Ökonomie widmete, lag nur zum Teil an den unmittelbaren Reaktionen auf sein Werk[25]. Der ei-

[23] Für eine genauere Untersuchung der die ökonomischen Theorien betreffenden Elemente der Problemsituation Mengers vgl. vor allem die zahlreichen Arbeiten von E. Streissler, insbesondere aber Streissler (1989, 1990).

[24] Roscher (1861).

[25] Vgl. z. B. Roscher (1874).

gentliche Grund liegt vielmehr in der in der Politischen Ökonomie vorherrschenden Problemsituation, die *vor* dem Erscheinen dieser *Grundsätze* existierte. Diese ist vor allem durch die offenen Probleme der ökonomischen Theorie, insbesondere der Preis- und der ihr zu Grunde liegenden Werttheorie charakterisiert. Ein Kernstück jeder ökonomischen Theorie ist die Erklärung von Tausch bzw. die Erklärung der Bildung der relativen Preise. Die von den Autoren der so genannten klassischen Nationalökonomie auf der Basis einer Theorie der objektiven Bewertungen entwickelten theoretischen Ansätze erwiesen sich jedoch als unzulänglich. So etwa ist die Erklärung, dass sich die relativen Preise nach den Proportionen der in den Gütern enthaltenen, in Stunden gemessenen Arbeit bestimmen, falsch, wenn Kapitalgüter berücksichtigt werden.[26] Diese Unzulänglichkeit der auf einer Theorie der objektiven Bewertungen basierenden Erklärung der relativen Preise äußert sich unter anderem in einer sehr heterogenen und eklektischen Preistheorie, die die Preisbildung von Produktionsfaktoren nach anderen theoretischen Grundsätzen erklärt als jene der Finalgüter und Dienstleistungen, bzw. von seltenen und nicht seltenen Gütern.

Die Unzulänglichkeit einer auf der Basis einer Theorie der objektiven Bewertungen basierenden Preistheorie wurde jedoch schon relativ früh nach dem Erscheinen der ersten deutschen Übersetzung von Smiths Werk insbesondere von deutschen Ökonomen festgestellt. Allen voran ist hier die 1807 erschienene Arbeit von G. Hufeland *Neue Grundlegung der Staatswirthschaftskunst durch Prüfung und Berichtigung ihrer Hauptbegriffe, von Gut, Werth, Preis, Geld und Volksvermögen, mit ununterbrochener Rücksicht auf die bisherigen Systeme* zu nennen.[27] Denn in diesem Werk versucht Hufeland nicht nur, die offenen Probleme der ökonomischen Theorie und hier insbesondere der Preistheorie zu lösen. Die Resultate seiner Untersuchungen sind vielmehr von einer wesentlich größeren und allgemeineren Bedeutung für die weitere Entwicklung der ökonomischen Theorie. Durch die kritische Untersuchung der zu seiner Zeit vorliegenden ökonomischen Theorien und Systeme veranlasst, betont er die Notwendigkeit, die den bisherigen ökonomischen Theorien, insbesondere die den Wert- und Preistheorien zu Grunde liegende Fragestellung zu ändern, und schafft damit jene Voraussetzungen, die es letztlich Menger ermöglichen, die Wert- und Preistheorie weiterzuentwickeln und zu vereinheitlichen sowie eine bessere Erklärung der relativen Preise zu formulieren.

Hufeland führt seine Untersuchungen zum Teil im Rahmen einer Analyse der zu seiner Zeit vorliegenden ökonomischen Theorien und hier insbesondere der von A. Smith, die er als die am besten entwickelte beurteilt, durch. Dabei versucht er keineswegs, die ökonomische Theorie von Grund auf neu zu gestalten und ein revolutionäres System, das die Erkenntnisse der zu seiner Zeit vorliegenden Theo-

[26] Vgl. z. B. Blaug (1978).

[27] Hufeland (1807).

rien und Systeme autistisch ignoriert, aus dem Nichts zu schaffen. Tatsächlich erblickt er den wissenschaftlichen Fortschritt in der kontinuierlichen Entwicklung theoretischer Ansätze, die jedoch seiner Ansicht nach dort zu berichtigen sind, wo deren Resultate unhaltbar sind, sei es aus logischen oder aus empirischen Gründen, z. B. weil bestimmte Probleme durch die vorliegenden Theorien nicht gelöst werden können. Insofern jedoch die Ergebnisse der ökonomischen Theorie sich bisher bewährt haben, sind sie als Teil in die neu zu schaffende Theorie zu integrieren, wobei seiner Ansicht nach diese neue Theorie bestimmte Qualitätsmerkmale zu erfüllen hat, wenn sie gegenüber der alten tatsächlich als besser beurteilt und dieser vorgezogen werden soll. So etwa hält er fest, dass neue wissenschaftliche Theorien neue Erklärungen bieten müssen, und zwar in dem Sinne, dass sie auf einer „[...] durchaus veränderte[n] Hauptansicht dieser Wissenschaft“[28] beruhen. Zusätzlich muss, um der alten Theorie vorgezogen zu werden, eine neue Theorie in der Lage sein, jene Tatsachen zu erklären, die auch die alte Theorie erklären konnte, und darüber hinaus auch bessere Erklärungen dieser Tatsachen bieten, sodass sie, wie Hufeland sagt, „[...] vieles bisher schon behauptete fester begründen“[29] kann, und „[...] daß selbst bekannte Behauptungen und Entwicklungen durch die Verbindung mit anderen allgemeinen und von mir [i. e. Hufeland] behaupteten zuweilen ein neues Licht erhalten.“[30] Neben diesen methodologischen Anforderungen der „Neuheit“ und der „besseren Erklärung“ muss nach Hufeland eine neue Theorie, um als neue wissenschaftliche Theorie überhaupt akzeptiert werden zu können, auch in der Lage sein, neue Tatsachen bzw. Tatsachen, die die bisherige Theorie nicht erklären konnte, zu erklären, sodass aus der neuen Theorie so „[...] manche neue Lehre hervorgehen wird“[31]. Eine Theorie, die diesen methodologischen Anforderungen der Neuheit, der besseren Erklärung von bereits erklärten Tatsachen und der Erklärung von neuen Tatsachen nicht entspricht, hält Hufeland nur für wenig fruchtbar. Denn „ohne diese Veränderungen würde mir [i. e. Hufeland] mein ganz Vorhaben kaum der Mühe werth erscheinen.“[32]

Hufeland entwickelt seine Position im Rahmen einer kritischen Analyse der Position von A. Smith, die er unter den zur seiner Zeit vorliegenden Theorien für die am besten entwickelte hält. Dabei betrachtet er die Smithsche Position als aus zwei Elementen bestehend, nämlich als eine Kombination einer erkenntnislogischen Position und einer Theorie, die das wertende Verhalten der Menschen in sozialen Situationen erklärt. Die erkenntnislogische Position Smiths ist nach Hufeland ihrer Tendenz nach individualistisch und wird von ihm in ihren Grundzügen akzeptiert.

---

[28] Hufeland (1807, S. 18).

[29] Hufeland (1807, S. 18).

[30] Hufeland (1807, S. 19).

[31] Hufeland (1807, S. 18).

[32] Hufeland (1807, S. 18).

Demgegenüber hält er jedoch Smiths Erklärung des wertenden Verhaltens der Menschen für falsch, da sie der Erfahrung widerspricht. Daher kann nach Hufeland die von Smith vertretene Erklärung des wertenden Verhaltens der Menschen ein Kernstück jeder ökonomischen Theorie, i. e. die Erklärung von Tausch und die Bildung der relativen Preise, nicht erklären, sodass seiner Ansicht nach die Smithsche Theorie über weite Strecken aufgegeben werden muss und auch nicht zur Rechtfertigung von dessen liberaler Wirtschaftspolitik herangezogen werden kann.

Dass „Tausch" und die Bildung relativer Preise das zu erklärende Kernstück jeder ökonomischen Theorie sind, wird nach Hufeland von den meisten Ökonomen auch so gesehen. Nach der „[...] hergebrachten Ansicht [...] sind Güter Dinge im weitesten Sinn zur Erreichung von Zwecken und Zielen[33]. Die Tatsache des „Tausches" resultiert nach Hufeland aus dem einfachen Umstand, dass viele verschiedene Menschen viele verschiedene Zwecke und Ziele verfolgen und dass andere Menschen genau jene Dinge erzeugen, die anderen als Güter, als Mittel zum Zweck dienen können. Für die materielle Wohlfahrt ist es daher nach Hufeland ganz entscheidend, dass den Menschen viele verschiedene Ziele oder Zwecke bekannt sind, sodass entsprechende Güter erzeugt werden können. Andernfalls kann es zu keinem Austausch von Gütern kommen und die ökonomische Entwicklung einer Gesellschaft verharrt auf dem Niveau einer Subsistenzwirtschaft. Versucht man daher nach Hufeland, die ökonomische Situation einer Gesellschaft, das Niveau und das Wachstum ihrer ökonomischen Entwicklung sowie die Funktionsweise ihres ökonomischen Systems zu erklären, so ist die Erklärung des Austausches von Gütern das zentrale Problem jeder ökonomischen Theorie.

Obgleich Hufeland bei der Entwicklung seiner Position weit über den Versuch einer befriedigenden Erklärung von Tausch hinausgeht, beschäftigt er sich daher primär mit der Smithschen Wert- und Preistheorie. Seiner Ansicht nach ist dabei die Werttheorie wesentlich wichtiger, weil ihr eine Fragestellung zugrunde liegt, durch die das Versagen aller bisherigen Versuche, eine befriedigende Erklärung von Tausch zu entwickeln, und somit auch des Smithschen, gleichsam vorprogrammiert ist. Gegen die von Smith entwickelten Betrachtungen, wonach sich die relativen Preise durch das Verhältnis von Arbeitsmengen bestimmen bzw. dass Preise durch Kosten zu erklären sind, macht Hufeland acht verschiedene Argumente geltend, die auch heute noch in modernen Untersuchungen so genannter Arbeitswertlehren oder Arbeitskostentheorien zu finden sind. Dabei betont Hufeland nicht nur die besonders unklaren Formulierungen dieser Theorie, die zum einen die Arbeitskosten als Bestimmungsgrößen der relativen Preise hervorhebt, zum anderen aber auch, dass die relativen Preise bestimmt sind durch jene Arbeitsmengen, über die diese Güter in Form von anderen Gütern verfügen können. Er erörtert ebenso die Probleme, die durch die Existenz von Kapitalgütern für die Er-

[33] Hufeland (1807, S. 28).

klärung der relativen Preise im Rahmen einer Arbeitswerttheorie entstehen, dass Arbeit nicht durch das Arbeitsleid gemessen werden kann, sowie die geringe Erklärungskraft dieser Theorie, da auch solche Güter einen Preis haben, die keine Arbeitsprodukte sind.

Die Argumente, mit denen Hufeland die Smithsche Wert- und Preistheorie kritisiert, sind äußerst detailliert. Entscheidend für die Entwicklung seines Ansatzes ist jedoch, dass er den Smithschen Ansatz als Spezialfall eines allgemeinen Ansatzes ansieht, dem eine ganz grundsätzliche, nach Hufeland prinzipiell falsche Fragestellung zugrunde liegt. Diese Fragestellung liegt nach Hufeland allen zu seiner Zeit existierenden und entwickelten Lösungsvorschlägen des Wert- und Preisproblems zu Grunde. Denn seiner Ansicht nach versuchten die bisher entwickelten ökonomischen Theorien, die Probleme der Wert- und Preistheorie durch eine Antwort auf eine Entstehungsfrage und nicht durch eine Antwort auf eine Verhaltensfrage zu lösen. Er hält fest, dass die zu seiner Zeit vorliegenden ökonomischen Theorien die Frage, weshalb manche Dinge Wert besitzen und deshalb Güter sind, durch eine Untersuchung über die Entstehung dieser Dinge zu lösen versuchen. Hufeland weist darauf hin, dass Smith in der Arbeit die Quelle des Wertes von Gütern erblickt und daher deren Entstehung durch Arbeit untersucht. Ganz ähnlich haben seiner Ansicht nach aber auch die Physiokraten die Frage des Wertes von Dingen mit dem Hinweis auf ihre Entstehung in der Natur beantwortet. Diese zur Erklärung des Wertes von Gütern die Entstehung von Dingen in den Mittelpunkt rückende Fragestellung findet man nach Hufeland praktisch in allen theoretischen Systemen. Und er resümiert, dass „[...d]ie gesammten bisherigen Systeme über den Ursprung des Volksvermögens glaubten alles erschöpft zu haben, wenn sie die Entstehung der Gegenstände, die Güter seyn könnten, entwickelten."[34] Hufeland betont jedoch, dass man gegen alle Theorien, die Güter durch den Aufweis einer Entstehungsquelle von Dingen zu erklären versuchen, sehr einfache empirische Argumente geltend machen kann. Arbeit, Natur, aber auch psychologische Motive sind vielfach die Voraussetzungen für die Entstehung von Gütern. Durch die bloße Erzeugung werden jedoch diese Dinge (Handlungen) keine Güter. Nach Hufeland entstehen viele Dinge, die von Menschen als Güter bewertet werden, ohne Arbeit und ohne psychologische Motivationen wie etwa Ehrgeiz oder Eigennutz, sodass der bloße Aufweis der Entstehungsquelle eines Dinges (Handlung) nicht erklären kann, weshalb diese als Güter bewertet werden.

Hufeland versucht jedoch nicht nur zu zeigen, dass eine Theorie, die durch eine Untersuchung der Entstehung von Dingen das Phänomen der Güter zu erklären sucht, zu unplausiblen und empirisch widerlegten Resultaten führt. Vielmehr versucht er, auf die unfruchtbaren Implikationen hinzuweisen, die aus jenen Theorien folgen, die Güter durch Entstehungstheorien zu erklären versuchen, und betont die

[34] Hufeland (1807, S. 40).

Notwendigkeit einer geänderten Fragestellung, um zu besseren Theorien zu gelangen. Denn, so Hufeland, analysiert man jene Entstehungstheorien etwas genauer, so zeigt sich, dass sie zwei zentrale Momente beinhalten. Zum einen scheinen die Entstehungserklärungen der Güter davon auszugehen, dass man, um überhaupt sinnvoll von einem Gut sprechen zu können, deren physische Existenz als Dinge voraussetzen muss. Zum anderen aber – und dies wird nach Hufeland von den Entstehungstheorien keineswegs übersehen – müssen aber auch die Zwecke und die Ziele, zu deren Erlangung diese Gegenstände als Mittel dienen können, vorausgesetzt werden. Seiner Ansicht nach untersuchen jedoch die Entstehungstheorien fälschlicherweise vor allem das erste Moment, da sie von der nahe liegenden Überzeugung ausgehen, dass die Dinge, um überhaupt als Güter betrachtet zu werden, zunächst als Gegenstände mit jenen speziellen Eigenschaften, die sie zur Erreichung eines Zieles tauglich machen, physisch existieren müssen. Tatsächlich ist nach Hufeland die Untersuchung des zweiten zentralen Moments für die Entwicklung einer ökonomischen Theorie aber von größerer Bedeutung. Denn eine Theorie, die die Entstehung von Dingen sucht, kann, wie Hufeland durch seine Kritik an Smith zu zeigen versucht, das wertende Verhalten der Menschen und damit die Frage der Güter nicht erklären. Das entscheidende und allgemeine Resultat seiner Kritik an Smith besteht seiner Ansicht nach in der Erkenntnis, dass mit dieser Fragestellung keine Erklärung der Tatsachen von Gütern gefunden werden kann, da sie eine Untersuchung des wertenden Verhaltens der Menschen systematisch ausschließt. Hufeland schreibt: „[...] der eigentliche Charakter der Begriffe von *Gut* und *Werth* [bezieht] sich nicht auf etwas denselben Vorausgegangenes [...] Er wird vielmehr allein durch das bestimmt, was aus ihnen hervorgehet oder erzeugt werden kann – wenigstens immer durch etwas, wozu ihr jetziges Daseyn vorausgesetzt werden muß: sie sollen auf einen Zweck wirken; und hiebey kömmt denn zunächst die Entstehung derselben in keinen Anschlag. Dies ist sogleich ein Umstand, auf den man nicht früh genug aufmerksam machen kann; denn gerade hierin, dass diese Beziehung aller Güter auf etwas künftiges nicht fest im Auge behalten worden, liegt, wenn mich nicht alles trügt ein Hauptgrund der Unzulänglichkeit mehrerer neuen staatswirthschaftlichen Systeme. Sie haben alle ihre Lehren auf die Entstehung der Dinge gebaut, welche Güter seyen können; und eben die Qualität derselben als Güter, die in dieser Wissenschaft allein entscheidet, ist von ihrer Entstehung unabhängig.“[35] Alle Wert- und Preistheorien, die dieser Entstehungsfrage folgen, sind nach Hufeland daher zum Scheitern verurteilt. Die zentralen Fragen „Wie werden denn Güter möglich? Wie können Dinge zu Gütern werden?“[36] bedürfen daher einer neuen Lösung, die nach Hufeland jedoch nur gefunden werden kann, wenn die allen bisherigen ökonomischen Theorien zugrunde liegende Fragestellung radikal geändert wird.

[35] Hufeland (1807, S. 19, 20), Hervorhebungen im Original gesperrt.

[36] Hufeland (1807, S. 20).

Aufbauend auf dieser kritischen Analyse entwickelt Hufeland eine ökonomische Theorie, die vor allem das von den Entstehungstheorien vernachlässigte zweite Element, nämlich das wertende Verhalten der Menschen untersucht. Er substituiert die der bisherigen ökonomischen Theorie zugrunde liegende Entstehungsfrage durch eine Verhaltensfrage, die die Tatsache der Güter (Dienstleistungen) durch eine Untersuchung des wertenden Verhaltens der Menschen erklärt. Statt nach der Entstehung von Dingen zu fragen, die trivialerweise als physische Dinge existieren müssen, um eventuell als Güter bewertet zu werden, ist nach Hufeland vielmehr das wertende Verhalten der Menschen zu untersuchen. Dabei ist es seiner Ansicht nach keineswegs notwendig, die auch von den Entstehungstheorien vertretene Ansicht, wonach Güter Mittel zur Erreichung von Zielen und Zwecken sind, aufzugeben und durch eine neue Theorie zu ersetzen. Was jedoch, im Gegensatz zu den Entstehungstheorien, seiner Ansicht nach betont werden muss, ist, dass Güter und Werte für Menschen deshalb interessant sind, weil sie durch sie ein künftiges Ziel zu erreichen versuchen. Basierend auf dieser Überlegung entwickelt Hufeland nunmehr eine radikale Theorie der subjektiven Bewertungen. Ob Menschen demnach Dinge (Handlungen) als Güter betrachten, hängt nach dieser Theorie entscheidend von ihren Zielen und Zwecken ab, die sie verfolgen. Diese aber finden nach Hufeland ihre Ursache primär in den Vorstellungen und Meinungen der Menschen selbst. Da Zwecke und Ziele zunächst ausschließlich durch die Meinungen und Vorstellungen der Menschen bestimmt sind, schließt er, dass vor allem das Wissen und die Phantasie für die wirtschaftliche Entwicklung von entscheidender Bedeutung sind. Darüber hinaus, meint er, sind die Vorstellungen der Menschen hinsichtlich ihrer Ziele und Mittel ziemlich undeterminiert. Zwar gibt es seiner Ansicht nach einige von der Natur und der Biologie des Menschen bestimmte Bedürfnisse, doch sind diese für die Erklärung des sozialen Geschehens infolge ihrer unglaublichen historischen Variabilität und Volatilität nicht von großer Bedeutung. Entscheidend hiefür sind das unterschiedliche Wissen der Menschen sowie die Entdeckung neuer Ziele und Zwecke.

Aufbauend auf dieser radikalen Theorie der subjektiven Bewertungen, wonach Güter primär durch das Wissen, die Präferenzen und die Meinungen der Menschen zu erklären sind, versucht Hufeland, die Preisbildung auf einem Markt zu erklären. Dabei entwickelt er eine Art Reservationspreisbildung und unterscheidet zunächst jene Faktoren, die die Reservationspreisbildung bei Käufern und Verkäufern bestimmen. Versucht man, die Situation, in der Tausch stattfindet, zu erklären, so ist nach Hufeland die gesamte Situation so zu beschreiben, dass sie die daran beteiligten Menschen als wertende Individuen darstellt. Bei jedem Tausch stellen der Verkäufer und der Käufer einen Vergleich an, der den Wert des angebotenen und des nachgefragten Gutes betrifft. Dieser Vergleich der jeweiligen Tauschwerte nennt Hufeland den Preis, wobei er betont, dass die Bildung der Tauschwerte von den am Tausch beteiligten Individuen entsprechend deren subjektiven Vorstellungen vorgenommen wird. Die Individuen bestimmen zunächst ihre Reservationspreise, und diese sind von jenem Preis, zu dem die Güter getauscht werden, verschieden. Die individuellen Reservationspreise der Verkäufer und der Käufer nennt Hufeland einseitige Preise; den Preis, bei dem der Austausch stattfindet, doppelseitigen Preis. Hinsichtlich der einseitigen Preise unterscheidet er weiter je nachdem, ob es sich um den Verkäufer oder um den Käufer handelt, den inneren einseitigen Preis und den äußeren einseitigen Preis. Die Faktoren, die sowohl den inneren wie aber auch den äußeren einseitigen Preis bestimmen, sind dabei nach Hufeland in zwei große Gruppen zu teilen, nämlich in jene, die die Produktionskosten, und in jene, die die Präferenzen der Menschen zusammenfassen. Jene Reservationspreise, die primär durch die Produktionskosten bestimmt werden, nennt Hufeland „wirklich“; jene, die primär durch die Präferenzen bestimmt werden, „willkürlich“.

Hufelands preistheoretische Überlegungen sind unvollständig und auch nicht erfolgreich, da sie die Konzepte des Grenznutzens und des Äquimarginalprinzips nicht kennen. Im Grunde bleiben seine Untersuchungen in einer Analyse der die Reservationspreise bestimmenden Faktoren stehen. Die offenen Probleme der Preistheorie, insbesondere die Erklärung der Bestimmung der relativen Preise, bleiben damit weiterhin bestehen. Auf methodologischer Ebene kombiniert Hufeland jedoch seine radikale Theorie der subjektiven Bewertungen mit der Position des methodologischen Individualismus. Nach Hufeland bestimmen die Meinungen, das Wissen, die Vorstellungen und die Präferenzen das wertende Verhalten der Menschen in bestimmten Situationen, insbesondere ob sie bestimmte Gegenstände als Güter betrachten. Diese radikale Theorie der subjektiven Bewertungen hat aber nach Hufeland weit reichende methodologische Konsequenzen, da sie bestimmt, wie die Struktur einer befriedigenden Erklärung der theoretischen Sozialwissenschaften auszusehen hat. Methodologisch gesehen liegen demnach befriedigende Erklärungen in der theoretischen Ökonomie nur dann vor, wenn sie individualistisch sind und soziale Vorgänge, Ereignisse oder Tatsachen als ungeplante Ergebnisse des Zusammenspiels der intendierten Handlungen, oder, wie Hufeland sagt, als „[...] bewußtlos zusammenwirkende Thätigkeit vieler“[37] erklären. Die individuellen intendierten Handlungen und somit auch deren ungeplante Resultate ihrer Interaktion sind nach Hufelands radikaler Theorie der subjektiven Bewertungen aber auf das ungleiche Wissen der Menschen, auf deren unterschiedliche Meinungen und Präferenzen zurückzuführen. Die Theorie der subjektiven Bewertungen scheint demnach erkenntnislogisch die Position des methodologischen Individualismus gleichsam einzufordern, wobei die ökonomische Theorie auch eine kompositive Methode anzuwenden hat.

Hufeland bettet diese Diskussion stellenweise in eine kritische Analyse der essentialistischen organischen Theorie des Staates ein. Nach der organischen Theorie

[37] Hufeland (1807, S. 26).

ist der Staat eine mit eigenem Wesen und Persönlichkeit begabte Entität, die eigene Ziele und Zwecke verfolgen kann. Die Theorie der subjektiven Bewertungen, wonach soziale Tatsachen letztlich auf das ungleiche Wissen der Individuen zurückzuführen sind, scheint demnach mit dieser essentialistischen organischen Theorie unvereinbar zu sein. In seiner kritischen Analyse der organischen Theorie des Staates weist er zunächst nur auf die recht dunklen Analogien hin, die dieser Theorie zugrunde liegen und mit denen die Idee beschrieben werden soll, dass es sich bei Staaten um organische, das heißt nicht von Menschen sowohl hinsichtlich ihres Ursprungs, aber auch hinsichtlich ihrer Entwicklung geplanten, aber dennoch von Menschen erzeugten Produkte handelt. Aber abgesehen davon ist Hufeland überzeugt, dass eine individualistische Erklärung des Staates gegenüber einer essentialistisch organischen adäquater ist. Denn die zentrale Behauptung der Theorie der subjektiven Bewertungen, wonach nur einzelne Menschen auf Grund ihrer Vorstellungen und Meinungen Ziele entwickeln und verfolgen können, weist nach Hufeland auch den Weg zur Widerlegung jeder organischen Theorie. Wäre der Staat ein Organismus mit eigenem Wesen und eigener Persönlichkeit, so könnte er nach Hufeland wie der einzelne Mensch Güter durch Wissen und Phantasie schaffen. Der Staat kann jedoch, wie er betont, in diesem Sinn keine Güter schaffen, da er als solcher keine Vorstellungen, kein Wissen und keine Phantasie ähnlich einem Menschen hat. Nach Hufeland kann der Staat daher bloß Gegenstände, aber keine Güter schaffen, denn die Bewertung dieser Gegenstände als Güter kann ausschließlich durch die subjektiven Vorstellungen der Menschen erfolgen, womit abermals der methodologische Individualismus eingefordert ist.

Es ist hier nicht der Ort, Hufelands detaillierte und vernichtende Kritik der organischen Staatstheorie im Einzelnen zu verfolgen. Das Resultat dieser Analyse ist, dass Hufeland zwischen zwei Arten von individualistischen Erklärungen sozialer Institutionen unterscheidet, die als Alternativen hinsichtlich organischer Erklärungsversuche in Betracht gezogen werden können. Er unterscheidet zwischen „[...] freywillige[m] und rechtlich begründete[m] Tausch“[38], wobei er jene Erklärungen, die den Tausch durch rechtliche Vereinbarungen wie z. B. durch Verträge zu erklären versuchen, nicht als befriedigende Erklärungen der theoretischen Sozialwissenschaften klassifiziert. Versucht man, nach Hufeland, „Tausch“ durch einen Vertrag zu erklären, so wird seiner Ansicht nach jene Institution bereits vorausgesetzt und bloß die näheren Umstände der Handlungen bestimmt. Nach Hufeland besteht jedoch die Aufgabe der theoretischen Sozialwissenschaften darin, gerade jene sozialen Institutionen wie etwa „Tausch“, „Geld“ oder „Staat“ theoretisch zu erklären, und nicht bloß darin, diese vorauszusetzen und die näheren Umstände ihres Zustandekommens zu untersuchen. Befriedigende theoretische Erklärungen in den theoretischen Sozialwissenschaften erklären soziale Institutionen wie etwa

[38] Hufeland (1807, S. 72, 73).

Tausch" oder „Staat" vielmehr als das ungeplante Ergebnis des Zusammenspiels des intendierten Verhaltens der Individuen, da die Ergebnisse des Tausches nicht durch vorher rechtlich begründete Vereinbarungen feststehen. Und ebenso ist nach Hufeland die Institution des Staates kein Ergebnis einer vorher begründeten rechtlichen Vereinbarung von Menschen, sondern das ungeplante Ergebnis des Zusammenspiels der Situationsbewertungen durch Menschen. Dass der Wille von einzelnen Menschen oft maßgeblich auf die Entwicklung oder Gründung von sozialen Institutionen einwirkt, wird dabei von ihm keineswegs bestritten. Aber eine Erklärung sozialer Institutionen als das geplante Ergebnis des Willens einiger weniger Menschen ist nach seiner Ansicht unbefriedigend, da das soziale Universum von einer Unzahl von Individuen und damit von einer Unzahl verschiedener Ziele bevölkert ist, ebenso von den Ergebnissen ihrer Interaktion. Die Aufgabe der theoretischen Sozialwissenschaften besteht daher nach Hufeland darin, soziale Ereignisse und Institutionen nicht durch „bewusste" rechtliche Begründung oder durch den „bewussten" Willen eines oder weniger Menschen zu erklären, sondern als ungeplante, als „unbewusste" Ergebnisse der Rückwirkungen des Zusammenspiels der intendierten Handlungen der einzelnen Menschen. Denn, so hält er fest, „[...z]ur Bewunderung des ganzen Geschlechts ruft doch wohl [...] die Betrachtung der Producte und der Summen von Producten auf, welche allmählich und unbemerkt durch die geschäftige oft bewußtlos zusammenwirkende Tätigkeit vieler entstanden"[39]. Die Aufgabe der theoretischen Sozialwissenschaften besteht demnach darin, soziale Institutionen, Prozesse oder Vorgänge oder Tatsachen als Ergebnis der „[...] bewußtlos zusammenwirkenden Thätigkeit vieler [...]", das aus den unterschiedlichen Zielen und Meinungen der Menschen abzuleiten ist, zu erklären. Die Theorie der subjektiven Bewertungen erfordert den methodologischen Individualismus, da sie ohne diese Kombination gleichsam leer ist; der methodologische Individualismus ohne dessen Kombination mit einer Theorie der subjektiven Bewertungen erweist sich jedoch als gleichsam blind, da seine Kombination mit anderen Verhaltenstheorien ihn jedweder Bedeutung beraubt, wie das Beispiel von Smith zeigt.

2.3 Die Problemsituation vor dem Erscheinen von Mengers *Grundsätzen der Volkswirthschaftslehre*: Die Position von W. Roscher

Es ist hier nicht der Ort, Hufelands Werk genau zu untersuchen und seine Argumente im Detail darzustellen. Seine Bedeutung für die Entwicklung der ökonomischen Theorie und hier insbesondere der Problemsituation, in der Menger sich befand, liegt aber zweifellos in der von ihm durchgeführten radikalen Veränderung

[39] Hufeland (1807, S. 26), Vorrede.

der den damaligen ökonomischen Theorien zugrunde liegenden Fragestellung. Hufeland substituierte die den damaligen ökonomischen Theorien zugrunde liegende Entstehungsfrage durch eine Verhaltensfrage. Diese Veränderung in der Fragestellung stellt gegenüber den zu seiner Zeit bestehenden ökonomischen Theorien einen wirklichen Bruch dar, da sie zunächst die Entwicklung einer radikalen Theorie der subjektiven Bewertungen ermöglicht und in der Folge deren bewusste Kombination mit einer individualistischen, anti-essentialistischen, nominalistischen Position, die, überdies im Gegensatz zu der Hufeland nachfolgenden Entwicklung, auch anti-induktivistische Tendenzen zeigt. Die Hufeland nachfolgenden und durch ihre Lehrbücher sehr einflussreichen Autoren, wie etwa Rau[40] oder Hermann[41], sind vor allem durch seine Theorie der subjektiven Bewertungen als Basis einer im Gegensatz zur Klassik alternativen Preistheorie inspiriert, hinsichtlich der individualistischen Komponente seiner Position jedoch eher skeptisch oder ignorieren diese. Ideengeschichtlich entscheidend aber ist, dass die erste Auflage von Hufelands *Neue Grundlegung der Staatswirthschaftskunst* 1807 erscheint, nachdem er bereits früher Arbeiten zu Problemen des Naturrechts publiziert hatte, die sehr stark von Kant inspiriert sind. Die erste Auflage seines Werkes erscheint demnach zu einem Zeitpunkt, zu dem bereits die Positionen des Deutschen Idealismus und des Deutschen Historismus für die Entwicklung sozialphilosophischer Positionen und für die Entwicklung von erkenntnistheoretischen Positionen in den Sozialwissenschaften von ganz erheblicher Bedeutung sind. Beide Positionen, die sich trotz aller Gegensätze in weiten Bereichen durchaus ähnlich sind, beleben als Reaktion auf die Philosophie Kants aristotelisch-essentialistische Ideen und Theorien und befinden sich so im Gegensatz zu den von Hufeland entwickelten Vorstellungen und Positionen. Vor allem die von Ranke[42] nach Hufeland entwickelte Form des Deutschen Historismus ist für die weitere Entwicklung der ökonomischen Diskussion in Deutschland von erheblicher Bedeutung, eine Entwicklung, die mit der Begründung der so genannten Älteren Deutschen Historischen Schule durch W. Roscher in den Jahren 1842 und 1843 sowohl ein Ende wie aber auch einen neuen Anfang findet.[43]

Rankes geschichtsphilosophische Position basiert im Wesentlichen auf zwei Momenten:[44] zum einen auf einer spezifischen Form einer aristotelischen Ideenlehre, zum anderen auf einem diese Ideenlehre ergänzenden Empirismus. Ähnlich Aristoteles behauptet Ranke, dass das Wesen oder die Essenz eines Dinges in diesem Ding als Potentialität vorhanden ist, jedoch durch den konkreten historischen Pro-

[40] Rau (1826).

[41] Hermann (1832/1874).

[42] Ranke (1955), Simon (1928).

[43] Roscher (1842, 1843).

[44] Vgl. dazu Iggers (1997).

zess aktualisiert wird und damit zur Existenz kommt. So etwa sind die beobachtbaren kulturellen und sozialen Institutionen Emanationen aus dem Volksgeist einer Nation, d. h. sie emanieren aus dem Wesen oder der Essenz dieser Nation oder eines Volkes. Die Tatsache der Existenz verschiedener Nationen oder Völker wird dabei von Ranke als im Grunde keiner Erklärung fähig betrachtet, da sie einem göttlichen und damit undurchschaubaren Plane folgt. Dennoch hält Ranke aber historisch-empirische Erkenntnis für prinzipiell möglich. Inspiriert durch die – vielleicht von Bacon angeregten – Theorien über die Methoden der Naturwissenschaften, vertritt auch Ranke die optimistische Ansicht, dass eine möglichst theoriefreie Beobachtung empirischer bzw. historischer Ereignisse prinzipiell wahre und sichere Erkenntnis von Tatsachen ermöglicht. Darüber hinaus kann aber auf Grund dieser sicheren empirisch-historischen Basis auch Erkenntnis über den Volksgeist, das heißt über das Wesen einer Nation erlangt werden. Da die sozialen und kulturellen Institutionen einer Nation aus ihrem Volksgeist emanieren, kann über die Beobachtung ihrer historischen Entwicklung Erkenntnis über diesen und damit über das Wesen einer Nation erhalten werden.

In seinem 1842 erschienenen Werk *Leben, Werk und Zeitalter des Thukydides*[45] übernimmt Roscher beide Komponenten der geschichtsphilosophischen Konzeption Rankes. Dabei entwickelt er jedoch weniger die aristotelisch-essentialistische Komponente seiner Ideenlehre, sondern vor allem deren empirisches Moment. Auf den ersten ca. 80 Seiten seines *Leben, Werk und Zeitalter des Thukydides* entwickelt Roscher eine Wissenschaftslehre, die sich an der traditionellen Verknüpfung von Empirismus und Induktion orientiert und die Geschichte als empirische Basis der theoretischen Sozialwissenschaften betrachtet. Ähnlich den Naturwissenschaften, die nach Roscher auf Grund einer als wahr erwiesenen und absolut sicheren empirischen Faktenbasis durch induktive, das heißt gehalterweiternde und wahrheitskonservierende Schlüsse streng allgemeine Wirklichkeitsaussagen, so genannte Naturgesetze, aufstellen, stellen die theoretischen Sozialwissenschaften historische Entwicklungsgesetze auf. Dabei konstituiert die Menschheitsgeschichte jene empirische Basis, aus der die theoretischen Sozialwissenschaften, die nunmehr eigentlich den Charakter einer theoretischen Geschichtswissenschaft besitzen, diese Entwicklungsgesetze induzieren.

Um diese Überlegungen näher zu erläutern, beginnt Roscher seine – zunächst für die Geschichtswissenschaften entwickelten – wissenschaftstheoretischen Ausführungen mit psychologischen Erwägungen zur Erkenntnisgewinnung. Dabei entwirft er eine passive Erkenntnispsychologie, wonach der Verstand vor allem ein Organ ist, das die durch die Sinnesorgane bereitgestellte Information passiv verarbeitet. Wissen bzw. Erkenntnis ist einfach das Ergebnis dieses Verarbeitungsprozesses, den Roscher zuweilen auch als Verdauungsprozess charakterisiert. Er

[45] Roscher (1842).

schreibt: „Von allen Seiten dringt Erfahrung auf unsere Seele ein. Wie unser Leib innerlich von Luft erfüllt und äußerlich von Luft umgeben ist, ohne Luft nicht leben kann; so der Geist nicht ohne Erfahrung: innere und äußere Erfahrung. Selbst die eigenen Handlungen, sobald sie vorgestellt werden, sind Erfahrungen. Wie nun der Körper fortwährend das Bedürfnis fühlt, Luft und andere Speisen in sich aufzunehmen, innerlich zu zersetzen, und nach Abscheidung der unbrauchbaren Bestandtheile in lebendiges Fleisch und Blut umzugestalten: so auch der Geist mit der Erfahrung."[46] Popper hat diese psychologische Theorie der Erkenntnisgewinnung, die ebenfalls von Bacon inspiriert sein dürfte, treffend Kübeltheorie des Geistes genannt.[47] Diese allgemeine psychologische Theorie, wonach der Verstand oder „Geist" eine Art Information verdauendes Organ ist, wird von Roscher mit einer phylogenetischen Theorie verbunden, die je nach den sich aus diesem Information verarbeitenden Prozess ergebenden Resultaten vier unterschiedliche Entwicklungsstufen unterscheidet. In der ersten und niedrigsten Entwicklungsstufe, die vor allem bei Tieren zu beobachten ist, sind die Resultate dieses Verarbeitungsprozesses Gesten und andere niedere Äußerungen, wie z. B. einfache Laute. Die Resultate, die die zweite Stufe charakterisieren, sind nach Roscher bereits wesentlich entwickelter. Denn auf dieser Stufe sind die Produkte dieses Information verarbeitenden Prozesses Produkte der menschlichen Kunst, wie etwa die Ergebnisse der intellektuellen Tätigkeit eines Dichters oder eines Musikers. Auf dieser Stufe kommt nach Roscher durchaus die Kreativität und Phantasie ins Spiel, die beide, gleichsam als Filter, sich vor den die Information prozessierenden Geist schieben. Die Resultate, die die dritte Stufe charakterisieren, sind wissenschaftliche und jene der vierten sind philosophische Theorien.

Da Roscher primär eine Wissenschafts- und Methodenlehre für die Geschichtswissenschaft zu entwerfen intendiert, präzisiert er natürlich vor allem die Darstellung der Gewinnung von gültiger Erkenntnis auf der dritten Stufe. In dieser Darstellung deutet Roscher nunmehr seine allgemeine induktive psychologische Theorie der Erkenntnisgewinnung um in eine naturalistische Methodenlehre, in eine Methodenlehre also, die das Verhalten der Wissenschaftler beschreibt, wenn sie amtieren. Methodologisch gesehen konstituieren die durch die Sinnesorgane gelieferten Daten die empirische Beobachtungsbasis, und der die Information prozessierende und verarbeitende Geist bedient sich wahrheitskonservierender und gehalterweiternder induktiver Schlussweisen zur Ableitung von durch die empirische Basis als wahr erwiesenen spezifisch allgemeinen Sätzen und Theorien („Naturgesetze"). Diesen, zunächst psychologisch dargestellten, Prozess der Erkenntnisgewinnung beschreibt Roscher nun soziologisch durch die Arbeitsweise der Historiker, um dabei aber methodologische Aussagen über die Gültigkeit der dadurch gewonnen Erkenntnis zu treffen. Er unterscheidet hier die so genannten

[46] Roscher (1842, S. 4).

[47] Popper (1974, S. 369 ff.).

historischen Handwerker und die historischen Künstler oder Theoretiker, wobei die Aufgabe der historischen Handwerker die Konstituierung einer empirischen Basis durch theoriefreies Sammeln von Daten ist. Dem historischen Künstler oder Theoretiker hingegen obliegt es, aus diesen Daten theoretische Schlussfolgerungen zu ziehen und z. B. durch vergleichende Untersuchungen zur Entwicklung ganzer Völker historische Entwicklungsgesetze aufzustellen. Nach Roscher besitzt „[d]er historische Handwerker [...] in der Regel gute, gründliche Kenntnisse, wenigstens im Einzelnen. Er hat ein helles Auge, ein goldenes Gedächtnis und ein eisernes Sitzfleisch; [...] Aber er bleibt stehen bei der bloßen Sammlung des Stoffes. In dieser Sammlung ist er gründlich, wie eine Ameise fleißig; aber zu einer weiteren Verarbeitung, die in der That ebensoviel Gründlichkeit voraussetzt, hat er keine Zeit übrig. Hier begnügt er sich mit einer losen unorganischen Zusammensetzung, höchstens mit einer äußerlichen, sauberen Anordnung. Finden kann er, aber schaffen nicht; [...] Was die Quellen liefern, das giebt er uns treu; aber ein Weiteres, ein Tieferes niemals.“[48]

Die eigentliche Erkenntnisgewinnung obliegt demgegenüber dem historischen Künstler oder Theoretiker. Dieser untersucht die von dem historischen Handwerker bereitgestellten Daten und „[...] weiß [...] die Schlacken aus dem Erz herauszuschmelzen, das edle Metall gediegen darzustellen und sich selbst und die Welt in Wahrheit zu bereichern.“[49] Damit allerdings der historische Künstler oder Theoretiker aus den von den historischen Handwerkern gesammelten Daten allgemein gültige Erkenntnis gewinnen kann, müssen nach Roscher noch zwei weitere Voraussetzungen erfüllt sein. Zum einen muss der historische Künstler oder Theoretiker über besondere Fähigkeiten verfügen, aus den vorliegenden Daten jene relevanten auszuwählen, aus denen dann durch induktive Schlussweisen allgemeingültige Theorien abgeleitet werden können. So wie der Künstler im Spezifischen das Wesentliche, so erkennt der Wissenschaftler nach Roscher im Besonderen das Allgemeine. Und ähnlich wie der Naturwissenschaftler vorurteilsfrei im offenen Buch der Natur liest und gleichsam die von Gott geschaffene natürliche Welt den Menschen übersetzt, liest der Historiker in dem von Gott geschaffenen Drehbuch der Geschichte und übersetzt dieses für den Menschen. „[...] der Historiker, der Naturforscher übersetzen in die menschliche Sprache; ihr Original ist das Höchste, die Werke der ewigen Weltregierung selber.“[50] Hierin liegt nach Roscher zugleich auch die Grenze aller Erkenntnis: Der Wissenschafter kann zwar im Buche der Geschichte lesen und diese dem Menschen übersetzen; er kann jedoch dessen Existenz nicht näher erklären, da es von Gott erschaffen bzw. geschrieben wurden. Könnte der Mensch Gottes Pläne durchschauen, so wäre er nach Roscher selbst göttlich, was allerdings für Roscher einer Blasphemie gleichkäme.

[48] Roscher (1842, S. 12).

[49] Roscher (1842, S. 13).

[50] Roscher (1842, S. 15).

Die zweite Voraussetzung, die nach Roscher erfüllt sein muss, damit der historische Künstler oder Theoretiker seine Aufgabe erfüllen kann, ist die der Möglichkeit wiederholter Beobachtungen. Wie alle anderen Induktivisten erblickt auch Roscher in der Wiederholbarkeit oder Naturkonformität eine zentrale Voraussetzung für die Anwendung induktiver Methoden, da sie es ist, die angeblich die Aufstellung von Regelmäßigkeiten erst ermöglicht. Dabei erblickt er in der Anwendung induktiver Methoden in den Naturwissenschaften keine besonderen Schwierigkeiten, da seiner Ansicht nach die Voraussetzungen für deren Anwendung, nämlich die Wiederholbarkeit, in der natürlichen Welt gegeben ist. Weitaus schwieriger ist jedoch nach Roscher die Situation in den Sozialwissenschaften, da seiner Ansicht nach die soziale Welt offenbar nicht durch jene strukturelle Regelmäßigkeit charakterisiert ist. Die strukturelle Charakteristik der Wiederholbarkeit, wie sie das natürliche Universum auszeichnet, scheint nach Roscher das soziale Universum nicht auszuzeichnen, so dass die Anwendung induktiver Methoden zumindest problematisch, wenn nicht gar ausgeschlossen zu sein scheint. Roscher hält fest, dass es „[a]n mikroskopischen Untersuchungen an Sectionen [...] dem Historiker ebenso wenig [fehlt] wie dem Naturkundigen. Ja, er hat vor diesem voraus, dass die Selbstbeobachtung des Körpers sehr beschränkt, die des Geistes aber beinahe unbeschränkt ist. Andererseits hat es wieder der Naturforscher bequemer. Will er eine Gattung kennenlernen, so kann er Hunderte, ja Tausende von Individuen dazu benutzen. Da controlliert sich jede Beobachtung leicht; jede Ausnahme scheidet sich leicht von der Regel. Wieviele Völker dagegen stehen uns zur Vergleichung offen?“[51]

Eine zentrale Voraussetzung für die Anwendung induktiver Verfahrensweisen scheint nach Ansicht Roschers demnach in den Sozialwissenschaften nicht erfüllt zu sein. Er hält dieses Problem jedoch nicht für unlösbar, sondern erblickt dessen Lösung in der essentialistischen Komponente seiner Wissenschaftsphilosophie. Entsprechend dieser Komponente sind die sozialen und kulturellen Institutionen Emanationen aus dem Wesen oder der Essenz einer Nation und kommen im konkreten historischen Ablauf zur Existenz, sodass die Erkenntnis des Wesens oder der Essenz von z. B. einer Nation über das Studium der historischen Entwicklung der zu beobachtenden Institutionen dieser Nation erfolgen kann. Das Studium der historischen Entwicklung von Institutionen oder Völkern, insbesondere deren Vergleich offenbart aber nach Roscher jene notwendigen Wiederholungen, die angeblich die Voraussetzung für die Anwendung induktiver Methoden sind. Ganz analog den Naturwissenschaften, bei welchen aus einer gesicherten empirischen Faktenbasis durch gehalterweiternde und wahrheitskonservierende Schlussweisen so genannte Gesetzmäßigkeiten induziert werden, gehen nach Roscher auch die Sozialwissenschaften vor, indem sie die Geschichte der Menschheit als empirische Basis betrachten und aus dieser historische Entwicklungsgesetze induzieren.

[51] Roscher (1842, S. VII, VIII), Vorrede.

Nach Roscher gibt es demnach nur zwei Arten positiver Wissenschaft: positive Naturwissenschaft und theoretische Geschichtswissenschaft.

Roscher überträgt diese Prinzipien seiner Wissenschaftslehre 1843 auf die Sozialwissenschaften und hier insbesondere zunächst auf die Politische Ökonomie. In seinem *Grundriß zu Vorlesungen über die Staatswirthschaft. Nach geschichtlicher Methode* versucht er, die theoretische Ökonomie als theoretische Geschichtswissenschaft zu etablieren. Die Aufgabe der theoretischen Sozialwissenschaften besteht darin, historische Entwicklungsgesetze aufzustellen, denn „[...] die Staatswirthschaft [...ist] die Lehre von den Entwicklungsgesetzen der Volkswirthschaft“.[52] Allerdings ist dabei entsprechend dem von ihm naturalistisch umgedeuteten, von Ranke sehr stark geprägten Emanismus holistisch zu verfahren, da die Erklärung der wirtschaftlichen Entwicklung von Nationen im Zusammenhang mit der Entwicklung aller sozialen und kulturellen Institutionen zu erfolgen hat, zumal diese ja ebenfalls Emanationen des Volksgeistes sind. Integraler Bestandteil sind dabei natürlich auch die geistigen Produkte, also die volkswirtschaftlichen Theorien einer Epoche selbst, da sie ebenfalls aus dem Zeit- oder Volksgeist einer Nation emanieren.[53] Während aber Roscher betont, dass die Aufgabe der Staatswirtschaft in der Aufstellung von aus der (Wirtschafts-)Geschichte einer Nation abgeleiteten historischen Entwicklungsgesetzen besteht, sieht er dennoch Raum für die Erklärung von ökonomischen Tatsachen innerhalb gewisser historischer Perioden auf individualistischer Basis. So etwa versucht er, die Preisbildung ähnlich Hufeland, Rau oder Hermann auf der Basis einer Theorie der subjektiven Bewertungen zu erklären und damit als Zusammenspiel ökonomisch handelnder Individuen. Allerdings handelt es sich dabei nicht um einen methodologischen Individualismus, der den Zusammenhalt der Gesellschaft allein als ungeplante Rückwirkung aus dem interdependenten und zielorientierten Handeln der Menschen erklärt, sondern um eine Variante eines psychologischen Individualismus, der zwar ökonomische Handlungen aus Motiven erklärt, zur Erklärung des Zusammenhalts der Gesellschaft jedoch eine zusätzliche psychologische Hypothese über das Wesen des Menschen einführt. Ähnlich Smith, der eine naturalistisch-psychologische Hypothese über den Hang des Menschen zu tauschen zur Erklärung von Tausch einführt, führt Roscher eine psychologische Hypothese über die Existenz eines „Gemeinsinns“ der Menschen ein, der die egoistischen Auswüchse individueller ökonomischer Handlungen kontrolliert, um den Zusammenhalt sozialer Institutionen zu erklären.[54] Wenngleich also Roscher erkenntnislogisch die Position eines me-

[52] Roscher (1843, S. 4).

[53] Vgl. z. B. Roschers theoriegeschichtliche Werke und die diesen Arbeiten zu Grunde liegenden Klassifikationen, die den Prinzipien des Historismus folgen, Roscher (1874, 1857).

[54] Vgl. Roscher (1875, § 11) sowie die Kritik von Menger in Menger (1883, S. 201 und S. 237), wo er argumentiert, dass Smith und die Autoren der Deutschen Historischen Schule in ihren Re-

thodologischen induktivistischen Essentialismus vertritt und diesen bewusst gegen den individualistischen Ansatz von Hufeland substituiert, bedeutet dies nicht, dass eine das wertende Verhalten der Menschen erklärende Theorie der subjektiven Bewertungen mit dieser methodologischen Position unvereinbar wäre.

2.4 Mengers *Grundsätze der Volkswirthschaftslehre* und *Untersuchungen über die Methode der Socialwissenschaften und der Politischen Oekonomie insbesondere*

Die zentralen Elemente, die Mengers Problemsituation bestimmen, sind somit die vor allem von deutschen Ökonomen entwickelten Theorien der subjektiven Bewertungen in all ihren Varianten sowie deren spezifische Kombinationen zunächst mit dem methodologischen Individualismus wie etwa bei Hufeland, dann aber mit dem methodologischen induktivistischen Essentialismus oder Kollektivismus, wie sie etwa von Roscher kodifiziert wurden. Trotz der entwickelten Theorie der subjektiven Bewertungen gelingt es den deutschen Ökonomen nicht, auf dieser Basis eine konsistente Preistheorie zu entwickeln, sodass ein zentrales Problem jeder ökonomischen Theorie als ungelöst angesehen werden musste.

Der unmittelbare Anlass für die Entwicklung der eigenen Position sind für Menger diese ungelösten preistheoretischen Probleme und die damit verbundene heterogene und sehr eklektische Preistheorie, wie sie etwa J. S. Mill in seinen *Principles of Economics*[55] dargestellt hat. Mengers erklärtes Forschungsziel besteht darin, eine einheitliche und damit verbesserte Preistheorie zu entwickeln, die die Preisbildung bei Konsumgütern, aber auch bei Produktionsfaktoren, oder besser Inputs, mittels einer einheitlichen und einfachen und damit gegenüber der Millschen Preistheorie wesentlich verbesserten Theorie erklärt. Eine solche Theorie kann nach Menger nur auf der Basis der von den deutschen Ökonomen entwickelten Theorie der subjektiven Bewertungen entworfen werden, da seiner Ansicht nach die klassische Theorie der objektiven Bewertungen als empirisch und logisch widerlegt anzusehen ist. Allerdings ist Menger der Ansicht, dass diese Theorie in zentralen Teilen zu verbessern ist, um als Grundlage einer befriedigenden Preistheorie und einer Erklärung von Tausch überhaupt herangezogen werden zu können. Er meint, in der Entwicklung der Theorie der subjektiven Bewertungen einen Stillstand zu beobachten, und erklärt diesen mit einem Hinweis auf die methodologische Komponente, mit der die Theorie der subjektiven Bewertungen von den Autoren der deutschen Nationalökonomie insbesondere seit Roscher kombiniert zu werden pflegt. Nach Menger liegt der Grund für den Stillstand in der Ent-

sultaten letztlich sehr ähnlich sind, da sie den methodologischen Individualismus nicht konsequent als Erklärungsprinzip anwenden.

[55] Mill (1848).

wicklung einer für die Preistheorie als Basis tauglichen Theorie der subjektiven Bewertungen in dem von Roscher entwickelten methodologischen induktivistischen Essentialismus. Seiner Ansicht nach hat dieser methodologische induktivistische Essentialismus die für die ökonomische Theorie relevante Fragestellung in eine nur wenig fruchtbare Richtung gelenkt, nämlich auf die Konstituierung einer absolut sicheren empirischen Basis und weg von der für die Theorie eigentlich relevanten Fragestellung, wie Individuen soziale Situationen bewerten. Wenngleich Menger die von den deutschen Ökonomen gegen die Theorie der objektiven Bewertungen gerichteten Argumente teilt und sie für richtig befindet, hält er deren allgemeine Schlussfolgerung hieraus, wie den aus dem Emanismus resultierenden Holismus und Induktivismus, für obsolet. Neben einer Verbesserung der von den deutschen Ökonomen entwickelten Theorie der subjektiven Bewertungen bedarf es daher nach Menger zusätzlich einer Substitution des methodologischen induktivistischen Essentialismus durch eine Methode, die zwar ähnlich dem methodologischen induktivistischen Essentialismus soziale Institutionen als ungeplante und sich entwickelnde Produkte der Menschen begreift, deren zentrale methodologische Ideen jedoch die Idee einer theoretischen Erklärung wieder in den Vordergrund rücken. Eine solche Konzeption erblickt Menger im so genannten methodologischen Individualismus, der in sozialen Institutionen, ähnlich dem methodologischen induktivistischen Essentialismus, zwar ungeplante Produkte der Menschen erblickt, sie aber als ungeplantes Resultat des Zusammenspiels des wertenden und planvollen Verhaltens der Menschen erklärt und nicht als Resultat einer historischen Entwicklung beschreibt. Menger erblickt daher in der Kombination einer Theorie der subjektiven Bewertungen mit der methodologischen Position des methodologischen Individualismus ganz allgemein den entscheidenden Schritt hin zu einer besseren und fruchtbareren Theorie sozialer und ökonomischer Tatsachen und Prozesse, und hier insbesondere zu einer besseren Preistheorie.

Diese Problemsituation wird durch die Konzeption und den Aufbau von Mengers erstem Werk, seinen *Grundsätzen der Volkswirthschaftslehre*, reflektiert. Da dem methodologischen Individualismus zufolge soziale Institutionen, Prozesse, Tatsachen oder Ereignisse, wie z. B. Preise oder Geld, nur dann als befriedigend erklärt gelten, wenn sie als ungeplante Ergebnisse des Zusammenspiels des planvollen, das heißt intendierten und wertenden Verhaltens der Menschen erklärt worden sind, entwirft Menger zunächst eine Theorie der subjektiven Bewertungen, die das wertende Verhalten der Menschen erklärt, um dann auf die Erklärung von Tausch, der Preisbildung und dem Geld als soziale Institution einzugehen. Dem ersten Kapitel über „Die allgemeine Lehre vom Gute", das vor allem eine, entgegen der klassischen Güterlehre, anti-essentialistische Theorie der subjektiven Bewertungen skizziert, die dann später im zweiten Kapitel und im dritten Kapitel genauer ausgeführt wird, folgt im vierten Kapitel eine Erklärung des Tausches, der dann im fünften Kapitel eine Erklärung der Preisbildung und im achten Kapitel „Die Lehre vom Geld" folgen. Dieser Aufbau entspricht ganz den Grundsätzen des methodologischen Individualismus und dient vor allem dazu, auch die Fruchtbarkeit der spezifischen Kombination einer Theorie der subjektiven Bewertungen mit dem methodologischen Individualismus zu demonstrieren. Eine ähnliche Struktur zeigt übrigens auch das Werk von Hufeland, der ebenfalls die Fruchtbarkeit dieser spezifischen Kombination zu demonstrieren versucht hat.

Abgesehen von der Intention, die besondere Fruchtbarkeit der spezifischen Kombination von methodologischem Individualismus und einer Theorie der subjektiven Bewertungen zu demonstrieren, betont Menger in seinen *Grundsätzen der Volkswirthschaftslehre* vor allem den anti-essentialistischen und nominalistischen Charakter seiner das Verhalten der Menschen erklärenden Theorie. So etwa versucht er in dem Kapitel „Die allgemeine Lehre vom Gute“ klarzustellen, dass Dinge oder Handlungen nur deshalb Güter oder Dienstleistungen sind, weil sie von den Menschen als solche bewertet werden, das heißt, dass es sich hierbei um eine Beziehung von Menschen und Dingen handelt, die wieder verschwinden können. Den Abschnitt „Ueber das Wesen der Güter“ resümiert er dahingehend, dass „[a]us dem Obigen [...] ersichtlich [ist], dass die Güterqualität nichts den Gütern Anhaftendes, das ist keine Eigenschaft derselben ist, sondern sich uns lediglich als eine Beziehung darstellt, in welcher sich gewisse Dinge zu den Menschen befinden, eine Beziehung, mit deren Verschwinden dieselben selbstverständlich auch aufhören, Güter zu sein“[56]. Dass er dabei über das Wesen der Güter spricht, ist kein Hinweis auf irgendeinen Essentialismus, da mit „Wesen“ bloß die Beschreibung der Definitionsformel gemeint ist. Ähnliche anti-essentialistische Überlegungen werden von Menger in seiner Kritik der klassischen Erklärungen von Tausch, insbesondere derjenigen von Adam Smith geltend gemacht. Die nach Menger bereits bei Aristoteles zu findende Erklärung, dass die zum Austausch gelangenden Gütermengen Äquivalente darstellen, kann den Tausch von Gütern nicht erklären. Denn gäbe es Äquivalente in dem von den verschiedenen Spielarten der Theorien objektiver Bewertungen gemeinten Sinn, so gäbe es seiner Ansicht nach keinen Grund, weshalb ein von Menschen einmal durchgeführter Tausch in einer unveränderten ökonomischen Situation nicht wieder rückgängig gemacht werden sollte. Gleichheit des Wertes im objektiven Sinn ist nach Menger definiert als Wertgleichheit zweier Gütermengen, sodass Äquivalente in diesem Sinne sich in beliebiger Weise austauschen lassen. Aus diesen Gründen ist Menger zufolge Smith gezwungen, eine psychologische, das heißt aber eine naturalistische Hypothese über das Wesen oder die Natur des Menschen zur Erklärung von Tausch einzuführen, nämlich einen speziellen „Hang zum Tauschen“, der allerdings nach Menger das Problem einer befriedigenden Erklärung von Tausch nur verschiebt. Abgesehen davon, dass auch durch die Einführung einer naturalistischen Hypothese Tausch nicht erklärt werden kann, führt, wie Menger später in seinem zweiten Werk zur Methodologie der Sozialwissenschaften darlegt, die Einführung dieser

[56] Menger (1871, S. 3).

psychologischen Hypothese zu unlösbaren Widersprüchen mit den Prinzipien des methodologischen Individualismus.

Der nominalistische Charakter von Mengers Theorie über das wertende Verhalten der Menschen wird aber besonders in seinen spezifischen Beiträgen zu dieser Theorie deutlich. Menger versucht, eine einheitliche Preistheorie zu entwickeln, eine Theorie, die die Preisbildung bei Konsumgütern und bei Produktionsfaktoren bzw. bei Inputs nach einem einzigen Prinzip erklärt. Dieses Prinzip ist die Nachfrage, die ihrerseits wesentlich durch die Nutzwertvorstellungen der Menschen bestimmt ist. Nach Menger sind es die Nutzwertvorstellungen der Menschen, die die Nachfrage nach Finalgütern und Dienstleistungen der Menschen direkt bestimmen, und indirekt bestimmt sie auch jene nach Faktoren bzw. Inputs. Nach Menger ist „[d]er Werth [...] nichts den Gütern Anhaftendes, keine Eigenschaft derselben, eben so wenig aber auch ein selbstständiges, für sich bestehendes Ding. Derselbe ist ein Urtheil, welches die wirthschaftenden Menschen über die Bedeutung der in ihrer Verfügung befindlichen Güter für die Aufrechterhaltung ihres Lebens und ihrer Wohlfahrt fällen, und demnach ausserhalb des Bewusstseins derselben nicht vorhanden.“[57] Der Wert eines Gutes bestimmt sich dabei nach dem Wert der letzten konkreten Gütermenge eines in der Verfügung des Menschen sich befindlichen Gütervorrates. „[...] der Werth einer Theilquantität der verfügbaren Gütermenge ist für jene Person demnach gleich der Bedeutung, welche die am wenigsten wichtige der durch die die Gesamtquantität noch gesicherten und mit einer gleichen Theilquantität herbeizuführenden Bedürfnissbefriedigung für sie haben.“[58] Diese hier noch etwas unbeholfen formulierte Erklärung, wie Menschen Güter bewerten, wird später unter dem Prinzip des Grenznutzens in der Literatur bekannt werden und eine zentrale Rolle in der Erklärung der Preisbildung spielen.

Nach Menger ist „[d]er Werth eines concreten Gutes, oder einer bestimmten Theilquantität der einem wirthschaftenden Subjecte verfügbaren Gesammtquantität eines Gutes [...] für dasselbe demnach gleich der Bedeutung, welche die wenigst wichtigen von den durch die verfügbare Gesammtquantität noch gesicherten und mit einer solchen Theilquantität herbeizuführenden Bedürfnissbefriedigungen für das obige Subject haben.“[59] Allerdings fragen Menschen nach Menger nicht nur ein bestimmtes Gut nach, sondern sie haben verschiedene Bedürfnisse, deren Befriedigung miteinander konkurriert. Menger erklärt hier, dass die Menschen versuchen, zwischen der Befriedigung dieser verschieden Bedürfnisse ein Gleichgewicht herbeizuführen. So etwa wird ein Individuum bemüht sein „[...] die Befriedigung seines Bedürfnisses nach Tabak mit jenem nach Nahrungsmitteln in

[57] Menger (1871, S. 86).

[58] Menger (1871, S. 99).

[59] Menger (1871, S. 108).

das Gleichgewicht zu bringen.“[60] Denn „[o]bzwar nämlich die Befriedigung des Nahrungsbedürfnisses im Allgemeinen eine ungleich höhere Bedeutung, als die Befriedigung des Bedürfnisses nach dem Tabakgenusse, für das in Rede stehende Individuum hat, so tritt doch bei fortgesetzter Befriedigung des ersteren, [...] ein Stadium ein, wo die weiteren Acte der Befriedigung des Nahrungsbedürfnisses doch für jenes Individuum eine geringere Bedeutung besitzen, als die ersten Acte der Befriedigung des im Allgemeinen minder wichtigen, aber noch gänzlich unbefriedigten Bedürfnisses nach dem Tabakgenusse.“[61] Diese Überlegung wird später in der Literatur als das Gesetz vom Grenznutzenausgleich bezeichnet werden und erklären, dass die relativen Preise sich nicht, wie die Vertreter der Theorie der objektiven Bewertung meinten, durch die in ihnen enthaltenen Arbeitszeitmengen bestimmen, sondern dass die relativen Preise durch die Nutzwertvorstellungen der Menschen und hier insbesondere durch das Verhältnis der Grenznutzen bestimmt werden.[62]

Menger beschreibt die Menschen als aktive Individuen, die vor allem damit beschäftigt sind, zu entscheiden, wie und bis zu welchem Grade Bedürfnisse zu befriedigen sind. Diese Entscheidungen sind jedoch nach Menger vor allem hinsichtlich der Zukunft zu treffen, sodass die Menschen gegenwärtige und zukünftige Situationen zu analysieren haben, um entsprechende Pläne der wirtschaftlichen Vorsorge zu entwickeln. Nach Menger leben die Menschen in einer Welt, in der die Zukunft die Gegenwart wesentlich bestimmt. Die Gegenwart enthält gleichsam eine Fülle von Möglichkeiten, doch welche tatsächlich realisiert werden, wird nicht von der Vergangenheit, sondern von der Zukunft bestimmt. Es sind die Erwartungen der Menschen hinsichtlich der Zukunft, deren auf zukünftige Situationen bezogene Irrtümer sowie deren hinsichtlich der Zukunft unvollkommenes Wissen, die eine entscheidende Rolle bei der Gestaltung der auf künftige Situationen gerichteten Pläne spielen und zu entsprechenden, und möglicherweise eben zu falschen, Dispositionen in der Gegenwart führen. Neben dem, man könnte sagen, „entscheidungslogischen“ Topos spielt dieser „dynamische“ Zeit-Irrtum-Topos eine ebenso große Rolle in seinen Ausführungen.

Menger erklärt auf dieser Basis zunächst die Preisbildung im Falle einer bilateralen Situation und stellt hier vor allem die Grenzen fest, innerhalb derer sich ein Preis einpendeln wird, um dann auf den Fall der vollkommenen Konkurrenz als Grenzfall einzugehen. Diese Erklärung der Preisbildung birgt eine Reihe von Problemen, die insbesondere mit seiner Vorstellung zusammenhängt, dass auch Inputs indirekt durch die Wertvorstellungen der Menschen bestimmt werden und gleichsam eine Hierarchie von zu den Finalgütern komplementären Gütern bilden.

---

60 Menger (1871, S. 94).

61 Menger (1871, S. 94).

62 Vgl. z. B. Mahr (1959), 3. Abschn.

Doch wenngleich seine Erklärung des Austausches und der Preisbildung nicht alle Probleme lösen konnte und sogar neue Probleme aufgeworfen hat, so wurde sein Beitrag zur ökonomischen Theorie im engeren Sinn durchaus gewürdigt.[63] Die methodologische Komponente seiner Theorie, die nach Menger aber ganz entscheidend ist für den Aufbau seiner Analyse, wurde jedoch von den zeitgenössischen Autoren offenbar für nicht bedeutsam erachtet und nicht erwähnt. Menger jedoch betrachtete die Kombination von methodologischem Individualismus und einer Theorie der subjektiven Bewertungen als entscheidend, und diese Situation dürfte ihn daher bewogen haben, sich stärker erkenntnistheoretischen und methodologischen Fragen zu widmen, zumal er auch der Überzeugung war, dass die methodologische Position der deutschen Nationalökonomen diese letztlich an einer Weiterentwicklung ihrer fruchtbaren Ansätze gehindert hatte. 1883 veröffentlichte er sein zweites wichtiges Werk, das ausschließlich erkenntnislogischen und methodologischen Problemen der theoretischen Sozialwissenschaften gewidmet war, nämlich *Die Untersuchungen zur Methode der Socialwissenschaften und der Politischen Oekonomie insbesondere.* Dieses Werk gliedert sich in vier Bücher und zehn Anhänge, wobei Menger im ersten Buch eine Analyse des Induktionsproblems durchführt, die im zweiten Kapitel von einer Auseinandersetzung mit zentralen Positionen von Autoren der so genannten Historischen Schule gefolgt ist. Das dritte Buch setzt sich vor allem mit dem methodologischen Individualismus auseinander, und das vierte Buch enthält eine historische Skizze zu zentralen Ideen der so genannten Historischen Schule. Die zehn Anhänge greifen Themen und Probleme auf, die in den ersten vier Büchern von Menger diskutiert werden.

Es mag merkwürdig erscheinen, dass Menger in seinen erkenntnislogischen und methodologischen Untersuchungen der theoretischen Sozialwissenschaften zunächst das Induktionsproblem aufgreift und zu lösen versucht. Die Problemsituation, in der er sich jedoch befand, gibt Aufschluss darüber, weshalb er diese Untersuchung als wichtig erachtet hat. Zum einen hatte Roscher die Prinzipien des Historismus naturalistisch umgedeutet und ein Forschungsprogramm entwickelt, wonach die theoretische Sozialwissenschaft die theoretische Geschichtswissenschaft ist und induktivistisch verfährt. Zum anderen aber stellen nach Menger ökonomische Theorien Behauptungen über die Wirklichkeit auf, besitzen einen Raumzeitlich unabhängigen Geltungsanspruch und sind demnach ihrem erkenntnislogischen Status spezifisch allgemein und empirisch. So etwa hält er z. B. im Zuge seiner Formulierung des – modern gesprochen – Gesetzes vom Grenznutzenausgleich fest: „Die verschiedene Bedeutung, welche die Befriedigung der einzelnen concreten Bedürfnisse für die Menschen hat, ist, so wenig auch bisher die Aufmerksamkeit der Forscher auf die hier behandelten Erscheinungen gelenkt war, doch dem Bewusstsein keines wirthschaftlichen Menschen fremd. Wo immer Menschen wohnen, und welche Stufe der Culturentwickelung sie auch immer ein-

[63] Roscher (1874).

nehmen, überall können wir beobachten, wie die wirthschaftenden Individuen die Bedeutung der Befriedigung ihrer verschiedenen Bedürfnisse im Allgemeinen und jene der Einzelnen zur mehr oder vollständigen Befriedigung derselben führenden Acte insbesondere gegen einander abwägen, und sich schliesslich von dem Resultate dieser Prüfung in der auf die möglichst vollständige Befriedigung ihrer Bedürfnisse gerichteten Thätigkeit (Wirtschaft) bestimmen lassen."[64] Daneben erkennt Menger durch eine Analyse der Struktur befriedigender Erklärungen in den theoretischen Sozialwissenschaften und in den historischen Wissenschaften, dass den Autoren der Historischen Schule in all ihren verschiedenen Ausprägungen deren strukturelle Unterschiede und die unterschiedliche Bedeutung und Funktion von spezifisch allgemeinen und empirischen Sätzen keineswegs klar ist. Menger stellt jedoch nicht nur die Bedeutung und die Funktion von spezifisch allgemeinen und empirischen Sätzen, so genannten Gesetzen, in historischen und in theoretischen Erklärungen klar, sondern er untersucht im Anschluss an diese Analyse die Frage der Möglichkeit von spezifisch allgemeinen und empirischen Sätzen oder Theorien. Diese Untersuchungen führen ihn auf das so genannte Induktionsproblem sowie auf das dem Induktionsproblem logisch parallel strukturierte Problem von Universalien und Individualien im Rahmen der Begriffsbildung. Wie andere Induktivisten glaubt auch Menger, dass die Wissenschaft mit Sätzen, die Beobachtungen oder persönliche Erlebnisse (Introspektion) beschreiben, beginnt und dass diese jene empirische Basis bilden, aus der die Gesetze oder ökonomischen Theorien in Form von spezifisch allgemeinen und empirischen Sätzen abgeleitet werden. Gäbe es gehalterweiternde und wahrheittransformierende induktive Schlussweisen, wäre die Aufklärung der Möglichkeit von spezifisch allgemeinen und empirischen Sätzen kein Problem. Auch die die Erfahrung transzendierenden spezifisch allgemeinen Sätze würden dann durch Erfahrung entschieden werden, da sie ja aus den besonderen Sätzen, deren Wahrheit als erwiesen gilt, abgeleitet werden. Menger hält jedoch etwa im Gegensatz zu Roscher oder J. S. Mill unverrückbar am logischen Einwand gegen gehalterweiternde und wahrheittransformierende induktive Schlussweisen fest. Er schreibt: „Wird die Welt der Erscheinungen in streng realistischer Weise betrachtet, so bedeuten Gesetze dieser letzteren lediglich die auf dem Wege der Beobachtung constatirten thatsächlichen Regelmässigkeiten in der Aufeinanderfolge und in der Coexistenz der realen Phänomene, welche gewissen Erscheinungsformen angehören. Ein unter dem obigen Gesichtspunkte gewonnenes ‚Gesetz' vermag in Wahrheit nur zu besagen, dass auf die den Erscheinungsformen A und B angehörigen concreten Phänomene in der Wirklichkeit, regelmässig und ausnahmslos, der Erscheinungsform C angehörige Phänomene gefolgt seien, oder mit denselben coexistent beobachtet wurden. Der Schluss, dass auf die Erscheinungen A und B *überhaupt* (also in allen, auch den nicht beobachteten Fällen!) die Erscheinung C folge, oder dass die hier in Rede stehenden Phänomene *überhaupt* coexistent seien, geht über die Erfahrung, über den Gesichts-

[64] Menger (1871, S. 94).

punkt des strengen Empirismus hinaus; er ist vom Standpunkte der obigen Betrachtungsweise *nicht streng verbürgt.*“[65]

Mengers Untersuchung der Struktur theoretischer und historischer Erklärungen zeigte aber, dass spezifisch allgemeine und empirische Sätze zur Formulierung solcher Erklärungen notwendig sind. Der von ihm formulierte logische Einwand gegen induktive Schlüsse scheint jedoch die Möglichkeit solcher Sätze grundsätzlich in Frage zu stellen. Um dieses Problem zu lösen, führt Menger daher ein in Form einer Forschungsregel formuliertes Induktionsprinzip ein, dessen Aufgabe darin besteht, gehalterweiternde und wahrheittransformierende induktive Schlussweisen zu rechtfertigen. Er schreibt: „Die einzige Erkenntnisregel für die Erforschung theoretischer Wahrheiten, welche nicht nur, soweit dies überhaupt erreichbar ist, durch die Erfahrung, sondern geradezu durch unsere Denkgesetze in unzweifelhafter Weise beglaubigt wird und für die *exacte* Richtung der theoretischen Forschung demnach die fundamentalste Bedeutung aufweist, ist der Satz, dass *was immer auch nur in Einem Falle beobachtet wurde, unter genau den nämlichen thatsächlichen Bedingungen stets wieder zur Erscheinung gelangen müsse*, oder, was dem Wesen nach das Nämliche ist, dass auf streng typische Erscheinungen bestimmter Art unter den nämlichen Umständen stets, und zwar in Rücksicht auf unsere Denkgesetze geradezu *nothwendig*, streng typische Erscheinungen eben so bestimmter Art folgen müssen.“[66] Von dieser Regel biete nach Menger „[...] die Erfahrung [...] nicht nur keine Ausnahme dar, eine solche scheint dem kritischen Verstande vielmehr geradezu undenkbar“[67]. Ob diese Forschungsregel den Anforderungen eines Induktionsprinzips (strenge Allgemeinheit, Empirismus oder Synthetizität bzw. Wahrheitserweis) überhaupt genügen kann, möge dahingestellt bleiben. Für Mengers weitere Analyse ist jedoch entscheidend, dass er die Konsequenzen, die sich aus seinen Überlegungen ergeben, auch bereit ist zu ziehen. Er unterscheidet daher zwischen einer „empirisch realistischen Forschungsrichtung“, die zwar die Anforderung des Empirismus, dass die Erfahrung über alle Sätze der Wirklichkeit entscheidet, beibehält, jedoch die Forderung der spezifischen Allgemeinheit aufgibt, und einer „exacten Forschungsrichtung der theoretischen Forschung“, die die Forderung des Empirismus aufgibt, aber die der spezifischen Allgemeinheit beibehält.

Ähnliche Resultate erhält Menger auch hinsichtlich seiner Untersuchung der Begriffsbildung im Rahmen der Generalisation und der Bildung von Universalien, die er exacte Typen, und von Individualien, die er realistische Typen nennt. Auch hier hält Menger an dem logischen Einwand gegen wahrheittransformierende und gehalterweiternde induktive Schlussweisen kompromisslos fest und definiert exacte

[65] Menger (1883, S. 35), Hervorhebungen im Original gesperrt.

[66] Menger (1883, S. 40), Hervorhebungen im Original gesperrt.

[67] Menger (1883, S. 40).

und realistische Typen absolut: Im Gegensatz zu den realistischen Typen, den Individualien, sind die exacten Typen Universalien und durch die Abwesenheit von Individuationsprinzipien definiert.

Durch diese Untersuchungen ergeben sich nach Menger zwei zentrale Resultate. Zum einen erweist sich der durch den logischen Einwand gegen gehalterweiternde und wahrheittransformierende induktive Schlussweisen konstituierte Gegensatz zwischen Empirismus und spezifischer Allgemeinheit als logisch nicht überbrückbar. Eine Lösung dieses Problems und damit der Frage nach der Möglichkeit spezifisch allgemeiner und empirischer Sätze kann nur pragmatisch sein. Nach Menger bedarf es in der Forschungspraxis beider Forschungsrichtungen, um ökonomische Probleme zu untersuchen, der logische Gegensatz zwischen ihnen bleibt jedoch unverrückbar bestehen.[68] Zum anderen aber zeigen die Resultate seiner Untersuchungen nach Menger, dass das Forschungsprogramm der Deutschen Historischen Schule über weite Bereiche aus logischen und erkenntnislogischen Gründen undurchführbar ist. Nach Menger ist es unmöglich, Abstraktionen selbst bei der Beschreibung von Beobachtungen zu vermeiden, denn auch singuläre Beobachtungssätze enthalten Universalien oder, wie Menger sagt, exacte Typen. Der Wunsch vieler Autoren der Historischen Schule, Abstraktionen zu vermeiden, um ökonomische Theorie hierdurch realistischer zu gestalten und deren Erklärungskraft dadurch zu erhöhen, ist undurchführbar. Und ebenso ist es logisch nicht möglich, direkt von Individualien (realistischen Typen) auf Universalien (exacte Typen) durch ein verallgemeinerndes, induktiven Schlussweisen nachgebildetes Verfahren zu schließen. Aber auch das Programm, historische Entwicklungsgesetze, die ihrem Charakter nach spezifisch allgemein und empirisch sind, aus der Geschichte zu induzieren, ist, wie Menger zeigt, logisch undurchführbar, sodass seiner Ansicht nach das Forschungsprogramm der Deutschen Historischen Schule aus logischen Gründen als widerlegt betrachtet werden muss.

Menger versucht indes nicht nur, die Undurchführbarkeit des Forschungsprogramms der Deutschen Historischen Schule nachzuweisen. Er versucht auch, jene Ideen dieses Forschungsprogramms, die er für sinnvoll erachtet, neu zu interpretieren und Methoden zu ihrer Durchführung anzugeben. Die wichtigste Idee, um die es sich hierbei handelt, ist die Frage einer befriedigenden Erklärung sozialer Institutionen, Prozesse, Ereignisse oder Tatsachen. So etwa hält er die von den Autoren des Historismus als Gegenposition zum Rationalismus des 18. Jahrhunderts entwickelte Idee, dass soziale Institutionen nicht geplante Produkte, sondern vielmehr ungeplante Produkte der Menschen sind, für äußerst wichtig und richtig. Allerdings lehnt er die von den Autoren der Historischen Schule entwickelten Begründungen dieser Idee sowie die von diesen Autoren entwickelten Methoden zur Erklärung sozialer Institutionen als ungeplante Produkte der Menschen als nicht

[68] Menger (1883, erstes Buch, Kap. 5).

zielführend ab. Seine zentralen Argumente betreffen in diesem Zusammenhang die bei den Autoren der Deutschen Historischen Schule formulierten Ideen eines Emanismus sowie die von diesen Autoren vertretenen Methoden einer „organischen“ Erklärung. Er kontrastiert diese Ansätze, die seiner Ansicht nach zu dunklen und nur wenig erklärungskräftigen Theorien führen, mit den Prinzipien des methodologischen Individualismus und zeigt, wie die seiner Ansicht nach an sich richtige Idee des Historismus, nämlich soziale Institutionen als ungeplante Produkte der Menschen zu erklären, auf der Basis von entscheidungslogischen Modellen ausgeführt werden kann.

Abgesehen davon, dass Menger in seinen *Untersuchungen über die Methode der Socialwissenschaften und der Politischen Oekonomie insbesondere* einen wichtigen Beitrag zur Klarstellung der Erkenntnistheorie und Methode der theoretischen Sozialwissenschaften liefert, ist dieser Beitrag auch als Kommentar zu jener Methode zu verstehen, die er in seinen *Grundsätzen der Volkswirthschaftslehre* versucht hat exemplarisch durchzuführen. In diesem Sinne sind diese beiden Werke untrennbar miteinander verbunden. Die Reaktionen auf seine erkenntnistheoretischen und erkenntnislogischen Ausführungen sind denn auch ebenso heftig wie ablehnend und führen in weiterer Folge zu dem berühmten Methodenstreit zwischen Menger und Schmoller.[69] Allerdings sollte diese spezifische Auseinandersetzung zwischen Menger und Schmoller für den „Methodenstreit“ nicht als repräsentativ betrachtet werden, zumal diese spezielle Auseinandersetzung zwischen diesen beiden Kontrahenten sich mehr durch die Heftigkeit als durch die Qualität der in dieser Auseinandersetzung ins Treffen geführten Argumente auszeichnet. Tatsächlich liegen aber, wie die Untersuchungen Mengers zeigen, dieser Auseinandersetzung ernsthafte methodologische Probleme zu Grunde. Er ist vielmehr als Diskussion zwischen allen Autoren der Historischen Schule, sowohl der älteren wie auch der jüngeren, mit den Vertretern der Österreichischen Schule zu begreifen, zumal er ja dann auch von Mises[70] und Hayek[71] mit anderen Vorzeichen weitergeführt wird.

2.5 Abschließende Bemerkungen

Die vorangegangene Untersuchung versuchte, die zentralen Elemente der Problemsituation, in der sich Menger befand, darzustellen, wenngleich auch nur in sehr großen Zügen und Umrissen. Zweifellos bedarf es noch genauerer und detaillierter Untersuchungen, wie sie auch schon zum Teil vorliegen, um diese Problemsituation näher darzustellen. Aber trotz der nur sehr groben Darstellung der Prob-

[69] Vgl. z. B. Roscher (1886, S. 62) bzw. Schmoller (1883, 1884).

[70] Mises (1933).

[71] Hayek (1979).

lemsituation Mengers wird die dieser ideengeschichtlichen Darstellung zu Grunde gelegte Methode deutlich. Es handelt sich dabei um eine von K. R. Popper für historische Untersuchungen entwickelte Methode, nämlich die so genannte Situationsanalyse. Ideengeschichtliche Untersuchungen, insbesondere Ideengeschichten ökonomischer Theorien werden notgedrungen jeweils von ganz bestimmten Interpretationsstandpunkten geschrieben, da sie, wie alle anderen historischen Untersuchungen, zunächst ein Auswahlproblem zu lösen haben. Die Frage, welche der historisch vorliegenden Theorien oder Ideen in einer Ideengeschichte jeweils aufgenommen werden sollen, wird dabei durch den jeweils gewählten Interpretationsstandpunkt bestimmt, der gleichsam den theoretischen Aspekt liefert, unter dem die Erfahrung (Geschichte) untersucht wird. Ein ähnliches Problem existiert auch in den empirischen Wissenschaften und wird dort unter dem Problem der Theoriegeladenheit aller Beobachtung abgehandelt, freilich mit dem Unterschied, dass es sich in den empirischen Wissenschaften meist um falsifizierbare Theorien, in den historischen Wissenschaften jedoch um nicht-falsifizierbare Interpretationsstandpunkte handelt. So etwa kennt die Ideengeschichte der ökonomischen Theoriegeschichte Theoriegeschichten, die die Geschichte der ökonomischen Ideen als die Geschichte von als wahr erwiesenen, das heißt absolut sicheren, oder zumindest von als partiell sicheren, das heißt höchst-wahrscheinlichen, Theorien interpretieren. Andere Theoriegeschichten interpretieren die Geschichte ökonomischer Ideen als Geschichte der die jeweiligen Herrschaftsinteressen legitimierenden Theorien. Andere Theoriegeschichten interpretieren die Geschichte ökonomischer Ideen als Geschichte der Abfolge und Ablöse so genannter Paradigmen oder aber als Geschichte von Forschungsprogrammen. Meist sind diese Interpretationsstandpunkte die Folge ganz bestimmter erkenntnistheoretischer Positionen, die ganz bestimmte Theorien über die Auswahl von miteinander konkurrierenden Theorien und damit ganz bestimmte Theorien des wissenschaftlichen Fortschritts implizieren.

Die Methode der Situationsanalyse interpretiert die geschichtliche Entwicklung einer Disziplin vor allem als Abfolge von Problemsituationen. Sie ist damit eine Theorie des objektiven historischen Verstehens, die durchaus gewisse Ähnlichkeiten mit der in den theoretischen Sozialwissenschaften verwendeten Methode der Modellanalyse hat.[72] Diese Ähnlichkeiten resultieren daraus, dass auch die theoretischen Sozialwissenschaften Situationsanalysen durchführen, doch handelt es sich bei ideengeschichtlichen Situationsanalysen natürlich nicht um sozialwissenschaftliche, das heißt empirische, Untersuchungen über das Verhalten der Wissenschaftler, wenn sie amtieren. Den Prinzipien des methodologischen Individualismus folgend wird im Rahmen der Methode der Situationsanalyse der konkrete Entwicklungsstand einer Disziplin als das ungeplante Ergebnis einer kritischen Diskussion von vorliegenden Theorien betrachtet, das heißt als ungeplantes Ergeb-

[72] Vgl. dazu Popper (1974, S. 172–212) und Popper (1979, Abschn. 29–32).

nis der von Autoren entworfenen und damit intendierten Lösungsversuche offener wissenschaftlicher Probleme. Dabei wird die spezifische Problemsituation eines bestimmten Autors durch singuläre Randbedingungen als quasi-entscheidungslogische Situation beschrieben und durch eine Art Rationalitätsprinzip animiert. Demnach versucht ein Autor, das ihm in dieser Situation zugeschriebene situationsadäquate Ziel, wie z. B. die Entwicklung einer besseren Preistheorie, bestmöglich zu erreichen. Die Elemente dieser durch singuläre Randbedingungen beschriebenen Situation sind dann etwa die bereits vorliegenden anderen Lösungsvorschläge dieses Problems und deren kritische Analyse durch den jeweiligen Autor. Im Mittelpunkt des Interesses stehen somit hier interne Faktoren der Wissenschaft, nämlich die Probleme und deren Lösungsversuche einer Wissenschaft oder die autonome Entwicklung und die Entstehung neuer Probleme, die sich durch die Lösung alter Probleme ergeben. Autonom heißt natürlich hier nicht frei von sozialen, kulturellen oder psychologischen, das heißt externen Faktoren. Diese spielen etwa bei der Auswahl wissenschaftlicher Probleme bzw. in der historischen Entwicklung einer wissenschaftlichen Disziplin durchaus eine Rolle. Autonom heißt vielmehr, dass die inhaltlichen Behauptungen einer Theorie durchaus unabhängig von der psychologischen oder kulturellen Motivation eines Autors, einen Lösungsvorschlag für ein bestimmtes Problem zu entwickeln, diskutiert werden können, was auch in den in den Wissenschaften etablierten Institutionen erfolgt. Externe wissenschaftliche Faktoren spielen zweifellos eine Rolle, besitzen aber im Rahmen einer Situationsanalyse einen ganz anderen Stellenwert als etwa in psychologischen Untersuchungen über so genannte Einflüsse, die z. B. die Entwicklung eines Lösungsvorschlags eines Autors mit dem Hinweis auf die von ihm gelesene Literatur zu erklären versuchen. Im Gegensatz zu solchen wissenssoziologischen oder kultursoziologischen Untersuchungen handelt es sich bei den durch Situationsanalysen gewonnenen Erklärungen um nicht-psychologische Erklärungen, obgleich natürlich psychologische oder soziologische Momente in den singulären Randbedingungen berücksichtigt werden können.

Dass die gewählte Methode entscheidend auf die Resultate wirkt und diese dann entsprechend zu bewerten sind, zeigt sich gerade in der Geschichte der Ursprünge und Entwicklung der Österreichischen Schule der Nationalökonomie. Würde man die Geschichte der Preistheorie ausschließlich als Geschichte von „Vorläufern“ und „Einflüssen“ darstellen, dann ergäbe sich das Bild einer kontinuierlichen Entwicklung in den Arbeiten der deutschen und österreichischen Ökonomen des 19. Jahrhunderts. Aber eine solche kontinuierliche externe Erklärung dieser Entwicklung müsste dann auch den so genannten „Methodenstreit“ rein extern, z. B. durch den Hinweis auf politische Faktoren, erklären. Erklärungen dieser Art erklären aber meist zu viel und sind daher schwierig zu widerlegen. Die Anwendung von Situationsanalysen zeigt jedoch, dass dieser Auseinandersetzung ungelöste preistheoretische Probleme zu Grunde liegen, deren intendierte Lösungen zu methodologischen Fragen einer befriedigenden Struktur sozialwissenschaftlicher Erklärungen führten, durch deren Lösung die Autoren der Deutschen Historischen Schule der Nationalökonomie, aber auch jene der Österreichischen Schule der Nationalökonomie eine Lösung des preistheoretischen Problems zu finden hofften. Historische Erklärungen, die den Prinzipien der Situationsanalyse folgen, besitzen im Gegensatz zu wissenschaftsexternen Erklärungen eine höhere Erklärungskraft, da sie durch die rationale Rekonstruktion der wissenschaftlichen Argumente spezifischer und damit leichter prüfbar sind, auch wenn die vermeintliche Interdisziplinarität so genannter externer Erklärungen einen anderen Eindruck erwecken sollte.

2.6 Literatur

Blaug, M. (1978), *Economic Theory in Retrospect.* 4. Aufl. 1984, Cambridge: Cambridge University Press.

Hayek, F. A. von (1949), *Individualism and Economic Order.* London.

Hayek, F. A. von (1979), *The Counter-Revolution of Science: Studies on the Abuse of Reason.* Indianapolis: Liberty Classics.

Hermann, B. W. (1832/1874), *Staatswirthschaftliche Untersuchungen.* 2. Aufl. 1874, München: Ackermann.

Hildebrand, B. (1848), *Die Nationalökonomie der Gegenwart und Zukunft.* 1. Bd. Frankfurt/Main.

Hufeland, G. (1807), *Neue Grundlegung der Staatswirthschaftskunst.* Gießen und Wetzlar: Tasche und Müller.

Iggers, G. (1997), *Deutsche Geschichtswissenschaft.* Wien–Köln–Weimar: Böhlau.

Knies, K. (1853), Die *Politische Oekonomie vom Standpunkte der geschichtlichen Methode.* Braunschweig.

Mahr, A. (1959), *Volkswirtschaftslehre.* Wien: Springer.

Marx, K. (1867/1922), *Das Kapital.* Hamburg: Otto Meißners Verlag.

Menger, C. (1871), *Grundsätze der Volkswirthschaftslehre.* Wien: Braumüller. In: Hayek, F. A. von (Hrsg.), *Carl Menger, Gesammelte Werke*, Bd. I, Tübingen: J. C. B. Mohr.

Menger, C. (1883), *Untersuchungen über die Methode der Socialwissenschaften und der Politischen Oekonomie insbesondere.* Leipzig: Duncker & Humblot. In: Hayek, F. A. von (Hrsg.), *Carl Menger, Gesammelte Werke*, Bd. II, Tübingen: J. C. B. Mohr.

Menger, C. (1923), *Grundsätze der Volkswirtschaftslehre*, 2. Aufl. Wien: Hölder – Pichler – Tempsky.

Mill, J. S. (1843), *A System of Logic Ratiocinative and Inductive.* London. In: Robson, J. M. (Hrsg.), *Collected Works of John Stuart Mill*, Bd. VII & VIII, London–Toronto: Routledge & Kegan Paul, 1974.

Mill, J. S. (1848), *Principles of Political Economy.* London. In: Robson, J. M. (Hrsg.), *Collected Works of John Stuart Mill*, Vol. II & III, London–Toronto: Routledge & Kegan Paul, 1965.

Mises, L. von (1933), *Grundprobleme der Nationalökonomie.* Jena: Gustav Fischer.

Popper, K. R. (1945/2003), *Die Offene Gesellschaft und ihre Feinde.* Tübingen: J. C. B. Mohr.

Popper, K. R. (1974), *Objektive Erkenntnis.* Hamburg: Hoffmann & Campe.

Popper, K. R. (1979), *Das Elend des Historizismus.* Tübingen: J. C. B. Mohr.

Ranke, L. von (1955), *Die großen Mächte.* Göttingen: Vandenhoeck und Ruprecht.

Rau, K. H. (1826), *Grundsätze der Volkswirthschaftslehre.* Heidelberg.

Ricardo, D. (1817/1951), *Principles of Political Economy and Taxation.* In: Sraffa, P. (Hrsg.) *The Works and Correspondence of David Ricardo*, Cambridge: Cambridge University Press, Vol. I.

Roscher, W. (1842), *Leben, Werk und Zeitalter des Thukydides.* Göttingen: Vandenhoeck und Ruprecht.

Roscher, W. (1843), *Grundriß zu Vorlesungen über die Staatswirthschaft: Nach geschichtlicher Methode.* Göttingen: Dieterich.

Roscher, W. (1857), Zur Geschichte der englischen Volkswirtschaftslehre, nebst Nachträgen. *Abhandlungen der philologisch-historischen Classe der Königlich-sächsischen Gesellschaft der Wissenschaften,* 3. Bd. Leipzig: Hirzel.

Roscher, W. (1861), *Ansichten der Volkswirthschaft aus dem geschichtlichen Standpunkte.* Leipzig.

Roscher, W. (1874), *Geschichte der National-Oekonomik in Deutschland.* München: Oldenbourg.

Roscher, W. (1875), *Grundlagen der Nationalökonomie.* 12. Aufl., Stuttgart: Cotta'sche Buchhandlung.

Roscher, W. (1886), *Grundlagen der Nationalökonomie.* 18. Aufl., Stuttgart: Cotta'sche Buchhandlung.

Schäffle, A. E. F. (1867), *Das gesellschaftliche System der menschlichen Wirtschaft.* Tübingen: Laupp.

Schmoller, G. von (1865), *Zur Lehre von Wert und von der Grundrente.* Mitteilungen des landwirtschaftlichen Instituts der Universität Halle, Berlin.

Schmoller, G. von (1883), Zur Methodologie der Staats- und Sozialwissenschaften. *Jahrbuch für Gesetzgebung, Verwaltung und Volkswirthschaft* 7.

Schmoller, G. von (1884), Antwortbrief. *Jahrbuch für Gesetzgebung, Verwaltung und Volkswirthschaft* 8.

Schmoller, G. von (1901), *Einige prinzipielle Erörterungen über Wert und Preis.* Sitzungsbericht der Preußischen Akademie, Berlin.

Schmoller, G. von (1904), *Grundriss der Allgemeinen Volkswirtschaftslehre.* Leipzig.

Simon, E. (1928), *Ranke und Hegel.* München–Berlin: Oldenbourg.

Smith, A. (1776/1981), *An Inquiry into the Nature and Causes of the Wealth of Nations.* In: Campell, R. H. und Skinner, A. S. (Hrsg.), *Glasgow Edition of the Works and Correspondence of Adam Smith*, Indianapolis: Liberty Classics, 1981, Bd. I.

Sombart, W. (1930), *Die drei Nationalökonomien.* München–Leipzig.

Streissler, E. (1990), Carl Menger, der deutsche Nationalökonom. In: Schefold, B. (Hrsg.), *Studien zur Entwicklung der ökonomischen Theorie X, Schriften des Vereins für Socialpolitik,* Berlin.

Streissler, E. (1989), Die Wurzeln der „österreichischen Schule" der Nationalökonomie in der deutschen Wirtschaftswissenschaft des 19. Jahrhunderts. *Anzeiger der philosophisch-historischen Klasse der Österreichischen Akademie der Wissenschaften* 126.

Kapitel 3

Emil Saxs Beitrag zur Finanzwissenschaft

Reinhard Neck

3.1 Einleitung

Theoretische Fragen der Finanzwissenschaft bilden seit vielen Jahrzehnten zentrale Themen in der Hauptströmung der neoklassischen Wirtschaftstheorie, sowohl in positiven wie normativen Anwendungen der Theorien des allgemeinen Gleichgewichts und in den Arbeiten der Neuen Politischen Ökonomie, die ökonomische Konzepte und Methoden auf politische Probleme anwendet.[1] Mit diesen wohl etablierten Ansätzen stehen alternative Paradigmen im Wettbewerb, wie etwa die Österreichische Schule der Nationalökonomie, die in den USA und andernorts[2] seit den 1970er Jahren wiederbelebt wird. Angesichts der Tatsache, dass Fragen der Aufgabenverteilung zwischen Markt und Staat in der tagespolitischen Berufung auf diese Schule im Mittelpunkt stehen, könnte es von Interesse sein, welche Positionen aus den Analysen dieser Schule für finanzwissenschaftliche Probleme und allgemeiner für Probleme des öffentlichen Sektors und des Staates abgeleitet werden können.

Obwohl es eine lange und angesehene Tradition des Gedankenguts der Österreichischen Schule über die Rolle des Staates in der Wirtschaft gibt, insbesondere in Anlehnung an die Arbeiten von Mises und Hayek, konzentriert sich der vorliegende Beitrag auf einen wesentlich früheren Versuch, eine finanzwissenschaftliche Theorie auf der Grundlage von Ideen der Österreichischen Schule zu entwickeln. Dessen Autor, Emil Sax, war ein österreichischer Wirtschaftswissenschaftler sowohl von der Herkunft als auch vom theoretischen Hintergrund her. Darüber hinaus wird er oft als einer der Gründer der modernen theoretischen Finanzwissenschaft zitiert.[3] Obwohl es noch andere Autoren der ersten und zweiten Generation von Nationalökonomen der Österreichischen Schule gab, die über

[1] Übersichten dieser Entwicklungen sind z. B. in Mueller (2003) und Frey (1978) zu finden.

[2] Siehe u. a. Vaughn (1994) als ersten Überblick und die in Kapitel 1 dieses Buchs zitierten Arbeiten für weitere Studien.

[3] Zum Beispiel von Musgrave und Peacock (1967); siehe auch Musgrave (1959, S. 69 ff.).

Probleme der Finanzwissenschaft schrieben, z. B. Friedrich von Wieser (1924)[4], war Saxs Arbeit die erste und ist daher schon deswegen von Interesse. Im vorliegenden Beitrag sollen die wichtigsten Ideen seines Hauptwerks, *Grundlegung der theoretischen Staatswirthschaft*[5], dargestellt werden, wobei auch seine späteren Schriften über Finanzwissenschaft berücksichtigt werden.[6] Nach einer Skizzierung einiger der in Saxs Theorie nicht gelösten Probleme wenden wir uns der Frage zu, ob spätere Entwicklungen in der Finanzwissenschaft diese Lücken gefüllt haben und ob die neuere Nationalökonomie der Österreichischen Schule dazu beitragen könnte, diese Lücken zu füllen.

3.2 Kurzbiografie von Emil Sax

Emil Sax[7] wurde 1845 in Johannesberg bei Jauernig im damaligen Österreichisch-Schlesien (heute Mesto Javornik, Tschechische Republik) geboren. 1867 wurde er nach Abschluss seines Studiums der Rechts- und Staatswissenschaften in Wien Sekretär der österreichischen Kommission bei der Pariser Weltausstellung, für die er den offiziellen Bericht über die Organisation dieser Ausstellung verfasste. Danach arbeitete er als Angestellter der Wiener Handelskammer und in einer größeren Wiener Bank. 1873 wurde Sax zum Sekretär der Kaiser-Ferdinands-Nordbahn, einer öffentlichen Eisenbahngesellschaft, ernannt. 1870 wurde er zum Privatdozenten für Nationalökonomie am k. k. Polytechnischen Institut (jetzt Technische Universität) Wien habilitiert. Einen Ruf an das Polytechnikum in Karlsruhe nahm er nicht an, wohl aber 1874 eine Privatdozentur für Nationalökonomie und Finanzwissenschaft an der Universität Wien. 1879 wurde er Außerordentlicher Universitätsprofessor an der Deutschen Universität Prag, wo er im Jahr darauf (zusammen mit dem angesehenen Statistiker Karl Theodor von Inama-Sternegg) zum Ordentlichen Universitätsprofessor befördert wurde. Im Studienjahr 1888/1889 war er Dekan der juridischen Fakultät, 1892/1893 Rektor dieser Universität.

1879 wurde Sax in das Wiener Abgeordnetenhaus gewählt, wo er sich den Deutsch-Liberalen anschloss. 1885 verlor er seinen Abgeordnetensitz an einen Vertreter einer deutschnationalen Partei. 1893 ging er aus gesundheitlichen Gründen in den

[4] Die Arbeiten von Robert Meyer (1884, 1887), eines Schülers von Carl Menger, müssen hier ebenfalls erwähnt werden.

[5] Sax (1887).

[6] Insbesondere Sax (1924), wo einige Aspekte seiner Theorie wesentlich verändert wurden; siehe unten. Ebenso relevant ist Sax (1892), wo er eine detaillierte Befürwortung der progressiven Besteuerung darlegt. In einigen seiner Arbeiten über die öffentlichen Verkehrsmittel geht er am Rande auf Themen ein, die heute als finanzwissenschaftlich zu qualifizieren sind.

[7] Eine ausführliche Darstellung von Leben und Werk von Emil Sax findet sich in der Dissertation von Otto Schraut (1966).

vorzeitigen Ruhestand und lebte zurückgezogen in Volosca bei Abbazia (Istrien), das 1918 italienisch wurde; Sax nahm dann auch die italienische Staatsbürgerschaft an. Er starb 1927 im Alter von 82 Jahren. Abgesehen von seinen Arbeiten zur Finanzwissenschaft, die hier behandelt werden, legte er seine methodologischen Ansichten in einem Buch dar (Sax 1884), das eine direkte Antwort auf Mengers (1883) prominente Abhandlung war. Er stimmte weitgehend mit Menger überein und vertrat eine andere Meinung in nur wenigen Punkten von geringerer Bedeutung. Seine anderen Veröffentlichungen enthielten in erster Linie historisch ausgerichtete Arbeiten, insbesondere über Wohnbau und Verkehr.

3.3 Saxs theoretische Ideen zur Finanzwissenschaft

3.3.1 Gegenstand und Methode von Saxs Theorie

Die Zielsetzung von Saxs (1887) Untersuchung ist ziemlich modern, insbesondere wenn man sie mit den Absichten der Theoretiker der Neuen Politischen Ökonomie der Gegenwart vergleicht. Er will die ökonomische Theorie auf Probleme des öffentlichen Sektors („staatswirthschaftliche Erscheinungen") ausdehnen. In einer Kritik an Dietzel, der behauptet, dass es unmöglich ist, Erscheinungen staatswirtschaftlichen Handelns in der Volkswirtschaft wissenschaftlich zu analysieren, besteht Sax auf genau diesem Ziel.[8] Somit ist seine Theorie eine Anwendung der Nationalökonomie der Österreichischen Schule (insbesondere der „subjektiven Wertlehre") auf die Finanzwissenschaft. Sie kann auch bis zu einem gewissen Grad als Versuch interpretiert werden, den öffentlichen Sektor innerhalb der Wirtschaftstheorie zu endogenisieren, im Gegensatz zu historischen und instrumentellen Ansätzen, die als „Kunstlehre" bezeichnet werden. Gegenstand seiner Forschung sind kollektive Verbände im Allgemeinen und der Staat im Besonderen; sie erfasst somit „die gesammte Stufenfolge der verschiedenen menschlichen Gemeinschaften, die als dauernde Zwangsverbände zur Erscheinung gelangen und in dem Staate im engeren Sinne des Wortes culminiren".[9]

Sax behandelt im Detail die Staatstheorien seiner Zeit und verwirft sie als nicht adäquat für die Behandlung von Problemen der Finanzwissenschaft. Er kritisiert insbesondere sowohl das Konzept des wohlwollenden Diktators in den Schriften der Kameralisten wie auch die individualistischen Ideen in den Theorien von Naturrecht und Verfassungsvertrag. Er akzeptiert weder das Konzept eines Staates, der in einen Austausch mit Individuen tritt oder sogar aus Tauschhandlungen zwischen ihnen entsteht, was aus den „Sozialvertragstheorien" folgt, noch deren Sonderformen, die den Staat als eine Art Versicherungsmechanismus für dessen Mit-

[8] Sax (1887, S. 3 f.).

[9] Sax (1887, S. 2).

glieder betrachten. Derartige Versuche, kollektive Phänomene auf individualistischer Basis zu erklären, sind seiner Ansicht nach zum Scheitern verurteilt.[10] Derselbe Fehler werde von jenen Theoretikern begangen, die den Staat als Produktionseinheit und seine Dienstleistungen als Produkte betrachteten. Andererseits akzeptiert Sax auch keine Theorien, die zur Gänze auf eine ökonomische Theorie des Staates verzichten, wie z. B. die „idealistische" absolute Steuertheorie, die auf ethischen und nicht auf wirtschaftlichen Konzepten aufbaut, und die „realistischen" Konzepte, die Macht und Ausbeutung als Grundlage des Staates betrachten und dessen kollektive Zwecke außer Acht lassen. Er billigt jedoch auch nicht die organischen Staatstheorien, die – laut Menger (der von Sax in diesem Kontext zitiert wird[11]) – überhaupt keine Erklärungen liefern.

Nach diesen vernichtenden Kritiken fragt man sich, ob Sax selbst in der Lage ist, eine Theorie des Staates anzubieten, die all jenen überlegen ist, die er zurückweist. Das führt uns zu einem der zentralen Elemente seiner Theorie, das wohl zugleich ihr schwächstes ist. Der Schlüssel zum Verständnis seiner Theorie liegt in den Begriffen „Individualismus" und „Kollektivismus", die er als verschiedene soziale Beziehungen zwischen Menschen versteht. Für Sax bedeutet Wirtschaften, mit der Natur einerseits und anderen Menschen andererseits umzugehen, wobei die Beziehungen zwischen Menschen durch die Kräfte des „Individualismus" und des „Kollektivismus" geformt werden. „Individualismus" bedeutet für Sax etwa Aktionen und Interaktionen von Menschen, die selbst bestimmt sind. In modernerer Terminologie könnte man sagen, dass für Sax Individuen als Subjekte oder Entscheidungsträger gelten, während der „Kollektivismus" die Subordination von Menschen in Gruppen bezeichnet, wobei stabile Gruppen dann als Subjekte betrachtet werden. Er gibt selbst zu, dass dies eine sehr vorläufige „Erklärung" von sozialen Phänomenen ist, besteht aber darauf, dass beide Tendenzen in der Natur des Menschen liegen. Für ihn liegt jedoch die Erklärung des „Kollektivismus", d. h. der Bildung von mehr oder weniger permanenten Gruppen (einschließlich des Staates), außerhalb des Rahmens der Wirtschaftswissenschaften und muss von der Soziologie geliefert werden.[12] Nicht alle sozialen Phänomene ließen sich von ökonomischen Motivationen ableiten, nur sozioökonomische, die er als „ökonomische Social-Vorgänge" bezeichnet, und diese könnten auf die „socialen Grundverhältnisse" in der Volkswirtschaft reduziert werden.[13] „Kollektivismus" bzw. die Existenz und Fortdauer von Gruppen könnten daher nicht primär öko-

---

[10] Sax (1887. S. 54).

[11] Sax (1887, S. 111).

[12] Sax (1887, S. 17 ff.). Für eine ausführlichere Behandlung dieser Begriffe siehe auch Kapitel 5 von Sax (1884).

[13] Sax (1887, S. 119).

nomisch erklärt werden. Das steht im Gegensatz zu moderneren Versuchen der Neuen Politischen Ökonomie, gerade dies zu leisten.[14]

Die grundlegende Schwierigkeit dieses Ansatzes liegt natürlich im Gegensatz zwischen Saxs grundsätzlich subjektiver Theorie im Geist des methodologischen Individualismus[15] einerseits und seiner Annahme „agierender“ sozialer Gruppen andererseits. Diese Inkonsistenz wird weder durch seinen Versuch aufgelöst, eine positive Hypothese über „Individualismus” und „Kollektivismus” als Entwicklung aus einem „Urzustand” der Menschheit heraus zu formulieren, noch durch seine Klassifizierung des Verhaltens von Subjekten (d. h. Individuen auf der Ebene des „Individualismus” und Gruppen auf der Ebene des „Kollektivismus”) als „egoistisch” (eigennützig), „mutualistisch” oder „altruistisch“ (selbstlos), wobei „Mutualismus“ als eine Art Zwischenverhalten gesehen wird, das typischerweise bei Vereinigungen wie z. B. Versicherungsgesellschaften oder bei der Bildung sozialer Klassen mit ihrem gemeinsamen Solidaritätsgefühl anzutreffen sei.[16] Er anerkennt, dass der „Kollektivismus” dem „Individualismus” Schranken auferlegt und dass es einige Wechselwirkungen zwischen ihnen gibt, aber die Frage, ob – und wenn ja, wie – „Kollektivismus“ aus „Individualismus“ abgeleitet werden kann, bleibt in seiner gesamten Arbeit unbeantwortet.[17]

Die Unterscheidung zwischen „Individualismus” und “Kollektivismus” ist von entscheidender Bedeutung für seine Methodologie, weil Sax auf der Trennung von „ökonomischen Handlungen“, die sich auf den Umgang des Menschen mit der Natur in einer isolierten Volkswirtschaft des Robinson-Crusoe-Typs beziehen, und „ökonomischen Social-Vorgängen“ besteht, bei denen Menschen miteinander interagieren. Seine Methode besteht darin, zunächst zu versuchen, durch Induktion ein Verständnis der allgemeinsten Wirtschaftsbeziehungen zu erreichen, indem er einige grundlegende ökonomische Begriffe für die isolierte Volkswirtschaft entwickelt. Diese Begriffe sollen dann durch Deduktion auf die Phänomene der Privatwirtschaft, die mit „Individualismus” identifiziert werden, und auf die Phänomene der Staatswirtschaft, die mit „Kollektivismus“ identifiziert werden, spezialisiert werden. Für diese Analyse müssten die Grundbegriffe der „allgemeinen ökonomischen Kategorien“ durch Berücksichtigung auch der „socialen Grundverhältnisse“ ergänzt werden. Dadurch erhielte man eine gemeinsame theoretische Grundlage sowohl für die Privat- wie für die Staatswirtschaft. Beide könnten auf

[14] Z. B. Olson (1965), Buchanan (1965).

[15] Dies kann direkt (z. B. Sax, 1887, S. 37, S. 41) oder indirekt durch seine Ablehnung organizistischer Theorien, die den Staat als kollektive Persönlichkeit betrachten, belegt werden.

[16] Obwohl Klassen in ihrer inneren Struktur durch „Mutualismus“ gekennzeichnet sind, agieren sie als Gruppen „egoistisch“. In Sax (1887, S. 144 FN) setzt er „Mutualismus” mit „Gemeinsinn” gleich.

[17] Siehe insbesondere Sax (1887, S. 32 f.).

die ökonomischen Grundverhältnisse zurückgeführt werden und wiesen „innere Wesensgleichheit“ auf.[18] Daraus wird klar, dass Sax eine positive oder beschreibende Theorie anstelle einer normativen Theorie aufzubauen versucht, obwohl im Text nicht immer klar ist, ob er z. B. das tatsächliche Ausmaß von Staatsausgaben und Besteuerung erklären oder Regeln für eine optimale Allokation zwischen privatem und öffentlichem Sektor für die Volkswirtschaft vorgeben will.

Der Gegenstand der theoretischen Staatswirtschaft als einer angewandten Wirtschaftstheorie wird von den „collectivistischen Zwecksetzungen” abgeleitet, die auch die verschiedenen Gruppen und deren Verhalten bestimmen. Obwohl ein ganzes Kapitel[19] davon handelt, drückt sich Sax nicht sehr klar darüber aus, was die spezifischen „collectivistischen Zwecksetzungen” und Bedürfnisse sind. Ebenso wie seine ungenaue Abgrenzung des öffentlichen Sektors vom privaten ist dies wieder auf seine Dichotomie zwischen „Individualismus” und „Kollektivismus“ zurückzuführen. Er nimmt an, dadurch diese schwierigen Probleme gelöst zu haben, obwohl er tatsächlich nur Begriffe zweifelhafter theoretischer Gültigkeit anbietet. Aus seinem Text geht jedoch klar hervor, dass er den Staat weder als auf ökonomische Zwecke reduzierbar noch als exogen hinsichtlich des Wirtschaftssystems betrachtet.[20] Hilfreicher ist seine Klassifizierung der kollektiven Aktivitäten in „regulierende Verwaltung”, die Individuen nur Anreize bietet, und „selbstthätige Verwaltung“, wo der Verband selbst agiert, indem er entsprechende Aktivitäten von Individuen ergänzt oder ersetzt, um „collectivistische Zwecksetzungen“ zu erfüllen. Unter den Gründen für die erste Art von Aktivitäten erwähnt Sax Koordinationszwecke[21] oder Entscheidungen einer Mehrheit, um ihren Willen einer „egoistischen“ Minderheit aufzuzwingen (unter der Annahme, dass es „allgemeine Übereinstimmung“ über die Priorität der jeweiligen „collectivistischen Zwecksetzung“ gibt). Für die „selbstthätige Administration“ werden Argumente in Richtung auf Marktversagen und meritorische Bedürfnisse angeführt.

Sax selbst verwendet seine Klassifizierung zur Unterscheidung zwischen zwei Zweigen in der „theoretischen Staatswirthschaft“, wobei sich beide mit den ökonomischen Aspekten des „Kollektivismus“ befassen. Die Theorie der Wirtschafts-

---

[18] Sax (1887, S. 3).

[19] Sax (1887, S. 381 ff.).

[20] Siehe insbesondere Sax (1887, S. 387).

[21] Insbesondere erkennt Sax (1887, S. 392) eine Art von Gefangenendilemma-Situation (ohne die Frage zu untersuchen, ob der Staat die geeignete Institution für die Erfüllung der Koordinationsaufgabe ist): „Ein solches Dazwischentreten der collectivistischen Macht hat entweder den Zweck und Effect, diejenige Thätigkeit jedes Einzelnen herbeizuführen, welche er motu propriu üben würde, wenn er wüsste, dass jeder Andere gleich handelt, die er aber ohne Sicherung in letzterer Hinsicht nicht übt, weil er nicht weiss, ob Andere nicht anderes handeln und ihn dadurch benachtheiligen.“

politik („Volkswirthschaftspflege“) handelt ihm zufolge von ökonomischen Zwecken und Handlungen kollektiver Verbände, sowohl kausal wie teleologisch, während die theoretische Finanzwissenschaft („Finanztheorie“) sich mit dem Verhalten von Gruppen befasse, die kollektive Zwecke in der Wirtschaft verfolgten. Diese Unterscheidung wirkt unklar, aber der Grundgedanke dahinter könnte darin bestehen, dass die Wirtschaftspolitik fragen muss, warum der Staat eingreift, während sich die Finanzwissenschaft mit Fragen der Umsetzung dieser Eingriffe befasst.[22] Doch werden die Ziele der Wirtschaftspolitik, sogar die ökonomischen, als gegeben angenommen. Es gebe ein Gesamtziel der sozialen Wohlfahrtsmaximierung („Höchstmass von Gesammt-Erhaltung und Entfaltung der Verbandsglieder“)[23] und eine Hierarchie von Zwischenzielen, die aus höheren (gegebenen) Zielen abgeleitet werden. Hier wird bereits die Ziel-Mittel-Struktur der Theorie der Wirtschaftspolitik in Betracht gezogen.[24] Die durch diesen Ansatz aufgeworfenen Probleme werden aber noch nicht erkannt, neuerlich aufgrund von Saxs fälschlicher Auffassung, dass die Unterscheidung zwischen „Individualismus“ und „Kollektivismus“ allein ausreicht, eine theoretische Grundlage für politisches Handeln zu bilden. Eine weitere Interpretation von Saxs Unterscheidung zwischen der Theorie der Wirtschaftspolitik und der Finanzwissenschaft, die auch textlich belegbar ist,[25] besteht darin, wirtschaftspolitische Ziele der ersteren und (finanzielle) Beschränkungen der letzteren zuzuweisen. Jedenfalls sollten die Theorie der Staatswirtschaft und insbesondere die Finanzwissenschaft als angewandte Wirtschaftstheorie betrachtet werden, und die Phänomene, mit denen sie sich beschäftigen, müssten analog zu jenen der Privatwirtschaft erklärt werden. Dieses Forschungsprogramm gibt sich Sax selbst vor.

3.3.2 „Allgemeine ökonomische Kategorien” und ihre Anwendung auf den öffentlichen Sektor

Der Großteil von Saxs Buch aus 1887 widmet sich einer Diskussion der „allgemeinen ökonomischen Kategorien”, die er weitgehend von anderen Autoren der Österreichischen Schule übernimmt (insbesondere Menger, aber auch Wieser und Böhm-Bawerk), und deren Anwendung auf die Staatswirtschaft, also den öffent-

[22] In diesem Sinn, jedoch nur für die engere Frage der kollektiven Produktion, Sax (1887, S. 403). Eine ähnliche Unterscheidung wird in Sax (1924, S. 197 f.) getroffen.

[23] Sax (1887, S. 397 f.).

[24] Spätere Weiterentwicklungen dieses Paradigmas, die schließlich zur modernen Theorie der Wirtschaftspolitik führten, sind in den Arbeiten von Autoren der Österreichischen Schule wie Braun (1929) und Robbins (1932) zu finden.

[25] Sax (1887, S. 410–418, insb. S. 417). Hier ist Sax hinsichtlich Umverteilung und Sozialpolitik sehr skeptisch, obwohl er ausdrücklich die Ansicht der „Manchester-Schule“ ablehnt, dass der Staat von wirtschaftspolitischen Interventionen Abstand nehmen sollte. Innerhalb seines eigenen Systems scheinen beide Aussagen nicht hinreichend begründet zu sein.

lichen Sektor. Diese Kategorien beschreiben das „Wesen" ökonomischer Phänomene und sind somit die grundlegenden Bausteine seiner theoretischen Struktur. Diese lautet, etwas verkürzt, folgendermaßen: Bedürfnisse müssen durch Güter befriedigt werden; dafür braucht man Arbeit. Die Befriedigung der Bedürfnisse wird durch subjektive Werte geleitet, das Kernelement aller Theorien der Österreichischen Schule. Güter können entweder sofort oder als Kapital zur Befriedigung künftiger Bedürfnisse verwendet werden. Durch den Einsatz von Arbeit und im Lauf der Zeit werden Kapitalgüter umgewandelt; ihr Wert bestimmt die Kosten. Durch den Vergleich von (subjektiven) Kosten und Erträgen entscheidet der Haushalt, wie viel gearbeitet werden soll, was wieder das Einkommen bestimmt. Es ist anzumerken, dass diese Theorie eine „reale" ist, da die Grundbegriffe in Gütern formuliert werden, während Geld keine bedeutende Rolle spielt. In seinem Buch werden die „allgemeinen ökonomischen Kategorien" nach einander in ihrer logischen Reihenfolge besprochen und besondere Aspekte, die im „Kollektivismus" auftreten, jeweils hervorgehoben.

Bezüglich der Bedürfnisse werden jeweils eine objektive und eine subjektive Bedeutung angeführt, wobei der subjektive Begriff natürlich wichtiger ist. Hinsichtlich der Probleme der Finanzwissenschaft betont Sax die Existenz von „Collectivbedürfnissen" und behauptet, diese von den „Collectivzwecken" analog zu seiner Ableitung von individuellen Bedürfnissen abzuleiten. Obwohl er explizit das grundlegende Axiom des methodologischen Individualismus, wonach nur Individuen (und nicht der Staat) sich Ziele setzen, akzeptiert, ist seine Lösung dieses Problems ziemlich unklar: „[...] Insofern sind also alle Collectivbedürfnisse Bedürfnisse der im Collectivismus verbundenen Personen. Aber [...Collectivbedürfnisse] erstehen für die Individuen daher nur, weil, resp. also wenn und soweit, der Verband, in den sie eingegliedert sind, sich bestimmte Zwecke setzt."[26]

Die Individuen sind sich nach Sax nicht immer der Kollektivbedürfnisse bewusst und müssten manchmal sogar gezwungen werden, da nicht jedes Individuum notwendigerweise an jeder Handlung des Staates teilnimmt. Nur wenn Individuen sich ihrer bewusst sind, äußern sie sich in „subjectiven Collectivbedürfnissen". Diese „subjectiven Collectivbedürfnisse" werden zusammen mit den Einzelbedürfnissen nach ihrer Intensität geordnet, wobei zwischen den beiden nicht wesentlich unterschieden wird. Darin liegt eine Schwierigkeit verborgen, die Sax später erkannte und zu überwinden versuchte, indem er seine Position veränderte.[27] Dabei unterschied er zwei Arten von kollektiven Bedürfnissen: jene, die ebenso befriedigt werden können wie private Bedürfnisse, und „eigentliche Kollektivbedürfnisse", für die das nicht gilt, da kein spezifischer Nutzenanteil für das Individuum bestimmt werden kann. Letzteres heißt, modern formuliert, dass das

[26] Sax (1887, S. 192).

[27] Sax (1924, S. 208).

Ausschlussprinzip nicht gilt. In diesem Fall, folgert Sax, muss die Bewertung kollektiv erfolgen – eine Schlussfolgerung, die bedeutende Konsequenzen für seine Theorie hat, wie weiter unten gezeigt werden soll. Für den Augenblick reicht die Feststellung, dass in Saxs System eigentlich eine Grundlage für nicht-subjektive Kollektivbedürfnisse (insbesondere die „eigentlichen Kollektivbedürfnisse") fehlt. Diese sind als solche mit dem methodologischen Individualismus, der ein Eckpfeiler der Wirtschaftstheorie der Österreichischen Schule ist, nicht vereinbar.

Hinsichtlich des Begriffs der Güter besteht Sax vielfach darauf, Dienstleistungen von den Gütern auszunehmen, wobei er letztere ausschließlich mit Sachgütern gleichsetzt. Kollektivgüter enthalten seiner Ansicht nach also keine „Collectivdienste" (ein Begriff, den er ebenfalls ablehnt, da beispielsweise Rechtsschutz als Bedürfnis, aber nicht als „Collectivgut" oder als „Dienstleistung" betrachtet werden kann). Kollektivgüter oder öffentliche Güter sind für Sax „Objecte des Collectivbesitzes".[28] Sie beinhalten Güter für den öffentlichen Konsum und „staatswirthschaftliche Capitalien", die indirekt kollektive Bedürfnisse befriedigen. Unter letztere Kategorie subsumiert Sax sowohl für die Produktion durch den Staat eingesetzte Kapitalgüter wie auch Güter, die vom Staat an Privatpersonen entweder als Lohn für Arbeit und Dienstleistungen oder als Transferleistungen gegeben werden. In dieser Theorie wird der Begriff der öffentlichen Güter also nicht durch ökonomische, sondern durch institutionelle Kriterien bestimmt, und zwar durch den Staatsbesitz. Dieser Aspekt steht in deutlichem Gegensatz zu späteren Entwicklungen in der Theorie der öffentlichen Güter. Erst in letzter Zeit wurde wieder, insbesondere durch die Neue Politische Ökonomie und die Institutionenökonomik, das Augenmerk auch auf eine institutionelle Auffassung von öffentlichen Güter gelegt.

Sax unterscheidet weiters zwischen Arbeit und Dienstleistungen: Die Tätigkeit des Menschen gilt nur als Arbeit, wenn sie mit der Produktion und Erhaltung von Sachgütern befasst ist, nicht bei Interaktionen mit anderen Menschen. Auch dies erscheint aus heutiger Sicht nicht überzeugend. Wie er selbst zugibt, gibt es Fälle, in denen eine klare Unterscheidung eventuell nicht möglich ist.[29] Beamte erbringen Dienste, das ist jedoch nicht „Arbeit". Sie erhalten daher keinen Lohn; ihr Gehalt ist stattdessen als „Honorar" zu betrachten. Laut Sax entstehen in der Staatswirtschaft keine spezifischen Probleme für die Arbeit.

[28] Sax (1887, S. 220).

[29] Sax (1887, S. 243). Es ist interessant, dass Saxs Theorie über den öffentlichen Sektor eine Bewertung der öffentlichen Dienstleistungen nach den Zahlungen an jene, die diese Dienstleistungen erbringen – eine in der modernen Volkswirtschaftlichen Gesamtrechnung durchaus übliche Vorgangsweise – ausschließt; diese wird von ihm ausdrücklich als „theoretisch falsch" bezeichnet, da sie auf der Arbeitswertlehre beruhe (1887, S. 234).

Der Begriff des Werts spielt in Saxs Theorie eine bedeutende Rolle. In diesem Punkt akzeptiert er zur Gänze die Position der Österreichischen Schule, zitiert jedoch neben Menger, Wieser und Böhm-Bawerk auch (zustimmend) Jevons und Walras. Sax erörtert, wie der Wert von Gütern in der isolierten Volkswirtschaft, in der Privatwirtschaft und in der Staatswirtschaft bestimmt wird. Die Grundzüge werden bereits in der isolierten Volkswirtschaft aufgezeigt. Es gibt eine komplexe Beziehung zwischen Bedürfnissen und Gütern, die nicht eindeutig ist; jedoch bestimmen die Präferenzen der Individuen den Wert der Güter, indem sie ihn dessen Grenznutzen gleichsetzen (Sax verwendet diesen Terminus im Sinne von Wieser). Damit Produktion stattfindet, muss der Grenznutzen des zu produzierenden Gutes das Grenzleid der für die Produktion dieses Guts erforderlichen Arbeit übersteigen.[30] Sax behauptet, dass die von ihm dargelegten Wertgesetze nur „teilweise Gültigkeit" in der isolierten Volkswirtschaft, jedoch „universelle Gültigkeit" in der realen Wirtschaft haben, in der alle Güter durch Tausch erworben werden können. Der Tauschwert der Güter wird durch die individuellen Bewertungen bestimmt, es ergibt sich jedoch eine Art Durchschnittsbewertung aus dem sozialen Kontext. Sax erklärt dies, indem er auf das von Menger gegebene Beispiel des bilateralen Tauschs verweist, führt jedoch nicht aus, wie die Tauschwerte und Marktpreise tatsächlich bestimmt werden.

Eine der Kernaussagen in Saxs Buch aus dem Jahr 1887 ist die Analogie der Bewertung in der Privat- und der Kollektiv- oder Staatswirtschaft. Er versucht daher, finanzwissenschaftliche Zusammenhänge in erster Linie anhand seiner Werttheorie zu erklären, wobei die Steuern als Ausdruck kollektiver Bewertung gesehen werden. Individuen transferieren Güter an den Staat, der wieder ihre kollektiven Bedürfnisse befriedigt. Die Steuern lassen sich daher nach Sax aus der Bewertung der Güter durch die Individuen ableiten. Manchmal könne man sie sogar als Ausdruck geoffenbarter Präferenzen der Bürger bezüglich ihrer kollektiven Bedürfnisse betrachten. Dies führt laut Sax zu einer harmonischen Befriedigung von individuellen und kollektiven Bedürfnissen, also zu einer Art Gleichgewicht. Diese Ideen bilden die Grundlage von Saxs Theorie der kollektiven Bewertung und sind, wie noch erörtert wird, die fragwürdigsten seiner Arbeit. Er erkannte selbst einige der Probleme dieses Ansatzes, da er in seinem späteren Artikel (Sax 1924) seinen Standpunkt änderte. Für die „eigentlichen Kollektivbedürfnisse" muss, so erkannte er, ein kollektives Bewertungsverfahren stattfinden. Somit kann die Bestimmung des Gesamtausmaßes der Besteuerung nicht auf individuellen Präferenzen beruhen, sondern muss sich auf Gruppenentscheidungen und die Präferenzen einer regierenden Elite stützen. Allerdings hat Sax nicht gänzlich die durch seine Theorie aufgeworfenen Probleme erfasst, wie später noch gezeigt wird.

[30] Auch das ist wieder ein „Österreichischer" Aspekt von Sax, der dies richtigerweise der Arbeitswertlehre entgegensetzt, bei welcher der Wert der Arbeit den Wert der Güter bestimmt statt umgekehrt.

Hinsichtlich der restlichen „allgemeinen ökonomischen Kategorien" konzentriert sich Saxs Erläuterung hauptsächlich auf Aspekte ihrer theoretischen Einheit innerhalb seines durch Überlegungen der Österreichischen Schule geprägten Systems der staatswirtschaftlichen Theorie. Kapital in der isolierten Volkswirtschaft bedeutet Produktionsgüter für die Befriedigung künftiger Bedürfnisse. Für die Staatswirtschaft treten keine spezifischen kapitalbezogenen Probleme auf.

Saxs Auffassung von Kosten ist ebenfalls sehr stark Österreichisch. Wieser folgend sieht er sie als Opportunitätskosten bzw. entgangenen Nutzen. Kosten bestimmen nicht den Wert von Konsumgütern, die Kausalkette läuft vielmehr in die umgekehrte Richtung. Die Kostenrechnung dient als Planungsinstrument für die Zukunft und zur Kontrolle der Eignung von Plänen in der Vergangenheit.[31] Für die Kollektivwirtschaft behauptet Sax, dass Kosten die gleiche Funktion für die kollektive Güterproduktion, den Erwerb von Konsumgütern, die Bezahlung von Dienstleistungen und altruistische Transferleistungen haben wie im Fall der Privatwirtschaft für private Güter. Kosten spielen auch eine wesentliche Rolle in der Bestimmung des Ausmaßes von für kollektive Zwecke verfügbaren Gütern. Dieses Ausmaß wird durch die individuellen Bedürfnisse nach kollektiven Zwecken bestimmt, kann jedoch durch die Vertreter der Individuen beschlossen werden, insbesondere im Fall der „eigentlichen Kollektivbedürfnisse". Somit postuliert Sax einen Zusammenhang zwischen öffentlichen Gütern (und der Größe des öffentlichen Sektors) einerseits und der Besteuerung andererseits. Er führt jedoch keinen Entscheidungsmechanismus an, der institutionell etabliert oder anreizkompatibel ist, um diesen Zusammenhang zu gewährleisten, und gibt auch keine Erläuterung darüber, was im Fall von Inkonsistenzen zwischen den beiden Seiten der Staatswirtschaft passiert. Obwohl in einem gewissen Ausmaß eine Anerkennung von politischen wie ökonomischen Elementen in der Bewertung von Kosten im öffentlichen Sektor erfolgt, beschränkt sich Sax darauf, auf das Wechselspiel von Egoismus und Altruismus zu verweisen, wenn er das Verhalten des Staates anspricht. Da ihm ein geeigneter theoretischer Ansatz zu dieser Frage fehlt, sind seine polemischen Argumente gegen andere Theorien seiner Zeit nicht wirklich überzeugend.

Da die Produktion keinen primären Zweck der Staatswirtschaft darstellt, sind Erträge hier weniger wichtig als das Einkommen, wobei das spezifische kollektive Einkommen aus der Privatwirtschaft entnommen wird. Überraschend ist, dass Sax spezifische Eigenschaften eines kollektiven Einkommens im Gegensatz zum privaten Einkommen verneint. Er betrachtet das Zwangselement als Beiwerk öffentlicher Einnahmen, das nicht zum „Wesen" dieses Phänomens gehört. Da der öffentliche Haushalt durch einheitliche Planung gekennzeichnet ist, ist er analog

[31] Sax (1887, S. 336 ff.). Hier zeigt er indirekt, dass ihm die Informations- und die Koordinationsfunktion des Preissystems bewusst sind.

zum privaten Haushalt zu sehen. Die einzige spezifische Eigenschaft des öffentlichen Haushalts ist sein längerer Zeithorizont, es gibt jedoch sonst keine wesentlichen Unterschiede bezüglich der intertemporalen Entscheidungsstrukturen und der Tausch- und Produktionsmöglichkeiten zwischen privatem und öffentlichem Haushalt.

3.3.3 Die „ökonomischen Social-Vorgänge" in der Finanzwissenschaft

Saxs Erörterung der „ökonomischen Social-Vorgänge" und der entsprechenden Begriffe der „socialen Grundverhältnisse" ist im Vergleich zu den langwierigen Ausführungen über die „allgemeinen ökonomischen Kategorien" wesentlich kürzer und weniger tiefgehend. Dies spiegelt seine Ansicht wider, dass diese nicht so „wesentlich" für die Wirtschaftswissenschaften sind wie die „allgemeinen ökonomischen Kategorien". Es ist jedoch auch bis zu einem gewissen Grad ein Schwachpunkt in Saxs Theorie des öffentlichen Sektors, in dem doch soziale Beziehungen eine sehr zentrale Rolle spielen. Tatsächlich spiegelt Saxs Theorie manche grundlegenden Schwierigkeiten der Sozialwissenschaften wider, und es überrascht nicht, dass einige davon bisher nach wie vor nicht zufrieden stellend gelöst werden konnten. Unter den „socialen Grundverhältnissen" erörtert Sax (anscheinend ohne jede innere systematische Taxonomie, jedoch im Anschluss an die entsprechende Entwicklung der „allgemeinen ökonomischen Kategorien") Besitz, Besitzkampf, Arbeitsgemeinschaft, Tausch, Arbeitsteilung, Dienstleistungen sowie „mutualistische" und altruistische Verbindungen.

Besitz wird als eine der grundlegenden sozialen Kräfte gesehen; er basiert weitgehend auf Macht und tritt in der Privatwirtschaft in der Erscheinungsform des Privateigentums und in der Kollektivwirtschaft weniger eindeutig auf (als Kollektiveigentum der Mitglieder der jeweiligen Gruppen, aber als Sonder- oder Privateigentum gegenüber anderen Gruppen). Da es kein stabiles Gleichgewicht der egoistischen individuellen Bestrebungen nach Besitz gibt, ist ein weiterer „ökonomischer Social-Vorgang" beobachtbar: der Kampf um den Besitz. Infolge dieses Phänomens ist es notwendig, den Besitz in der Privatwirtschaft zu schützen. Im „Kollektivismus" gibt es ebenfalls eine ambivalente Situation: Innerhalb der Gruppe herrscht „mutualistisches" und altruistisches Verhalten vor, gegenüber anderen Gruppen ist Egoismus die vorherrschende Kraft.

Wie der Besitz und der Besitzkampf wird der soziale Aspekt der Arbeit von Sax nicht erklärt, sondern wie selbstverständlich als eine Art „natürliche", der Menschheit innewohnende Kraft angenommen. Er unterscheidet zwischen freien (auf Verträgen oder „Mutualismus" basierenden) und unfreien (versklavten) Arbeitsgemeinschaften, wobei erstere letztere in der Geschichte der Privatwirtschaft ersetzen. Unfreie Arbeitsgemeinschaften sind kollektivistisch entstanden und wurden

kollektivistisch abgeschafft. Laut Sax können freie Arbeitsgemeinschaften nur in einer Marktwirtschaft vorherrschen.

Tausch und Arbeitsteilung sind Phänomene, die in der Privatwirtschaft besonders wichtig sind. Die durch Tausch eingegangene soziale Beziehung ist nur vorübergehend, kann in manchen Fällen jedoch dauerhaft werden. Die Arbeitsteilung geht Hand in Hand mit der Spezialisierung. Sax beschreibt kurz die Arbeitsteilung, versucht jedoch nicht, eine theoretische Erklärung zu liefern. Im „Kollektivismus“ können Tausch und Arbeitsteilung zwischen verschiedenen Staaten auftreten, es kann jedoch auch Tauschhandlungen zwischen Kollektivgemeinschaften und Individuen geben.

Wie bereits erwähnt, betrachtet Sax Dienstleistungen nicht als Güter (oder als einer anderen „allgemeinen ökonomischen Kategorie“ zugehörig). Vielmehr ordnet er sie den „socialen Grundverhältnissen” zu, da sie die Beziehung von Mensch zu Mensch und nicht die grundlegendere Beziehung von Mensch zu Natur widerspiegeln. Die Ziele der Dienstleistungen liegen meist außerhalb der Wirtschaft, und sie sind nicht durch Tausch erhältlich. Hinter Saxs ökonomischem Konzept der Dienstleistungen liegt ein gewisser Transfergedanke. Sie erscheinen sowohl im „Individualismus” wie im „Kollektivismus”, wobei sie in letzterem besonders wichtig sind und durch die Gemeinschaft vermittelt werden. Spezielle Gemeinschaften entstehen auch durch die Kräfte des „Mutualismus“ und des „Altruismus“. In der Privatwirtschaft gibt es z. B. Institutionen wie die Familie und Gemeinschaften wie Versicherungen; in der Kollektivwirtschaft gibt es bestimmte analoge Organisationen. Der „Kollektivismus“ selbst wird dann auch von Sax als eine universelle mutualistisch-altruistische Gemeinschaft gesehen. Heute muss wohl Saxs Versuch, die Vielseitigkeit und Dynamik des politischen Lebens mittels so einfacher Formeln (und seiner „socialen Grundverhältnisse“ im Allgemeinen) zu beschreiben, als naiv betrachtet werden, doch sollte nicht übersehen werden, dass dieser Ansatz mit einer gewissen Konsequenz aus seiner Methodologie, das „Wesen“ der ökonomischen Phänomene im Verhältnis zur isolierten Volkswirtschaft zu sehen, folgt.

3.3.4 Kollektive Bewertung und staatliche Preisbildung

Wie bereits ausgeführt, wird der Höhepunkt von Saxs Arbeit in jenen Teilen erreicht, die sich mit seiner Theorie der kollektiven Bewertung beschäftigen. Dabei ist sein Hauptziel, das Ausmaß und die verschiedenen Arten der vom Staat erhaltenen Zahlungen zu erklären. Er nähert sich dem Problem, indem er anerkennt, dass für die Befriedigung kollektiver Bedürfnisse Güter von der privaten Wirtschaftseinheit an den Staat übertragen werden müssen. Aus ökonomischer Sicht werden diese Gütertransfers laut Sax durch deren jeweiligen Wert gesteuert. In

Wirklichkeit erfolgt dies jedoch über die politischen Instanzen.[32] Darüber hinaus unterscheiden sie sich nach den verschiedenen Arten von kollektiven Bedürfnissen und dem verschiedenen Ausmaß der subjektiven Teilnahme der Gemeinschaftsmitglieder an der Befriedigung dieser Bedürfnisse. Hier unterscheidet Sax zwischen „universellen Collectivthätigkeiten", die alle Mitglieder einer Gruppe gemeinsam betreffen, und „particularen Collectivthätigkeiten", bei denen einzelne Mitglieder der Gruppe betroffen sind. Erstere Kategorie kann weiter in Tätigkeiten, die alle Mitglieder der Gruppe gleichermaßen betreffen, und jene, die sie in unterschiedlichem Ausmaß betreffen, unterteilt werden. Die theoretische Grundlage dieser Aufzählung ist nicht ganz klar, es kann jedoch aufgrund von Saxs Erörterung der „indirecten Effecte" angenommen werden, dass er externe und Spillover-Effekte in Betracht zieht.

Sax konzentriert sich besonders auf zwei Arten der „particularen Collectivthätigkeiten", die er als „öffentliche Unternehmung" bzw. „öffentliche Anstalt" bezeichnet. Erstere befasst sich mit der Bereitstellung von Privatgütern. Obwohl der Staat wie ein Monopol Preise festlegen könnte, werden aufgrund der kollektiven Zwecke fiktive Wettbewerbspreise durch die öffentlichen Einrichtungen festgelegt; Sax nennt sie „Taxpreise" – ein Begriff, der später vielfach (unter anderem von Lindahl) übernommen wurde. Er rechtfertigt „öffentliche Unternehmungen", indem er das Beispiel von Eisenbahnen heranzieht, wobei er Argumente wie abnehmende Durchschnittskosten, aber auch Vorstellungen von einem politischen Preis im Fall eines Monopols anführt. Auch hier bezieht sich Sax auf seine Unterscheidung zwischen individuellen und kollektiven Bedürfnissen und weist darauf hin, dass eine politische Entscheidung letztendlich einen Ausgleich zwischen diesen Bedürfnissen herbeiführen muss.[33] Obwohl die von den „öffentlichen Unternehmungen" verrechneten „Taxpreise" reale (ökonomische) Preise sind, werden sie tatsächlich doch politisch beeinflusst, und es ist die Aufgabe der Wirtschaftspolitik, sie im Detail zu bestimmen. Sax beharrt darauf, dass die geeignete theoretische Grundlage für die staatliche Preisbildung in der Theorie der subjektiven Bedürfnisse und der Werttheorie zu suchen ist. Wenn „Taxpreise" höher als die entsprechende Bewertung durch die Individuen (d. h. als der Grenznutzen) sind, könnte die Differenz als indirekte Steuer betrachtet werden. Damit bleibt jedoch die Frage offen, wie die Größe dieser Quasisteuer und somit „Taxpreise" im Allgemeinen zu bestimmen sind.

„Öffentliche Anstalten" sind stärker durch den Aspekt der kollektiven Zwecke geprägt als „öffentliche Unternehmungen". Hier stellt der Staat altruistisch für private Individuen Güter bereit oder erbringt Dienstleistungen, um individuelle Bedürfnisse zu befriedigen, deren Befriedigung als kollektives Bedürfnis betrachtet

---

[32] Sax (1887, S. 444 ff.).

[33] Siehe insbesondere Sax (1887, S. 456).

wird.[34] In diesem Fall ist die Rechtfertigung aufgrund des Kollektivzwecks noch offensichtlicher. Typische Beispiele für das, worauf sich Sax bezieht, wenn er von „öffentlichen Anstalten“ spricht, sind meritorische Güter wie Bildung. Die Preise werden in diesem Fall „Gebühren“ genannt und müssen ebenfalls anhand der Präferenzen der Individuen bestimmt werden. Da diese jedoch nicht allgemein bekannt sind, müssen durchschnittliche Schätzungen für eine pragmatische Lösung reichen. Sax macht zwar mehrere Bemerkungen darüber, wie die „correcten Gebühren" durch öffentliche Entscheidungsträger festzulegen sind, hat jedoch keine klare theoretische Grundlage dafür.

Bei den „universellen Collectivthätigkeiten" unterscheidet Sax zwischen „generellen", bei denen alle Mitglieder der Gemeinschaft gleichermaßen betroffen sind, und „speciellen“ Tätigkeiten, bei denen verschiedene Teile der Bevölkerung unterschiedlich betroffen sind. Das Unterscheidungsmerkmal zwischen für „specielle universelle Collectivthätigkeiten" zu bezahlenden „Specialsteuern" und „Gebühren" ist, dass bei ersteren der Nutzen allen Mitgliedern der Gruppe kollektiv zukommt und es daher nicht möglich ist, eine Bewertung nach speziellen Nutzen vorzunehmen. Ähnliche Überlegungen gelten für „specielle Collectivthätigkeiten", bei denen alle Mitglieder der Gemeinschaft unterschiedlich betroffen sind, wobei eine besondere Art von Bezahlung vom Staat verrechnet werden muss. Sax bezeichnet diese als „Umlagen".

3.3.5 Saxs Grundlagen für eine Steuertheorie

Kollektive Bedürfnisse werden durch die kollektive Nutzung von Gütern, öffentliche Transferleistungen an Privatpersonen und öffentliche Dienstleistungen befriedigt. Diese kollektiven Tätigkeiten müssen durch Steuern finanziert werden. Das Grundprinzip der kollektiven Bewertung lautet nach Sax: „Die Steuern bestimmen sich durch den Güterwerth.“[35] Würden Individuen ihre kollektiven Bedürfnisse genau so wie ihre individuellen Bedürfnisse behandeln, würden erstere mit letzteren zugleich koordiniert. Wenn nicht ausreichend Einsicht für kollektive Bedürfnisse herrscht, sollte der öffentliche Entscheidungsträger, insbesondere der Staat, Zwang anwenden. Dies beinhaltet jedoch gemäß Sax keine wesentliche Veränderung des allgemeinen Prinzips, wonach der Wert die Steuern bestimmt. Sax gab 1924 allerdings unter dem Einfluss von Wicksell (1896) und Lindahl (1919) zu, dass Unterschiede im Fall des Entscheidungsmechanismus zur Erreichung einer kollektiven Bewertung bestehen. Nur kollektive Tätigkeiten, die spezifischen, identifizierbaren Individuen zugute kommen, können einer individuellen Bewertung unterzogen werden, auf der Grundlage der Kosten aus dem Verzicht auf Güter durch die Bezahlung von Steuern einerseits und des von der beab-

[34] So Sax (1887, S. 471).

[35] Sax (1887, S. 506).

sichtigten kollektiven Verwendung dieser Güter abgeleiteten Nutzens andererseits. Dies gilt für die oben besprochenen „particularen Collectivthätigkeiten” und jene „universellen Collectivthätigkeiten”, bei denen das Individuum gesondert zu einem Kostenbeitrag verhalten werden kann, wodurch „Bewertungen“ ermöglicht werden.

Für die „eigentlichen Collectivbedürfnisse” ist dies jedoch nicht möglich, da dies bedeuten würde, dass Steuern freiwillig gezahlt werden müssten – eine Schlussfolgerung, die Sax als „absurd“ ablehnt. Stattdessen stellt er fest, dass (aufgrund der Nicht-Ausschließbarkeit, wie man heute sagen würde) eine kollektive Bewertung für jene Kollektivbedürfnisse vorgenommen werden muss, bei denen die einzelnen Nutzenanteile nicht gemessen und ausgesondert werden können. Hier befürwortet er folgende Regeln für die in der Gemeinschaft für die Bestimmung der Höhe der Steuern Verantwortlichen: Die „absolute“ Höhe der Steuer (das Gesamtniveau) wird durch das Erfordernis bestimmt, dass Kollektivzwecke auf bestmögliche Art und Weise zu Mindestkosten für die Individuen erfüllt werden müssen. Die „relative“ Höhe der Steuer (relative Steueranteile) wird durch die Bedingung bestimmt, dass die Kostenanteile für alle Individuen gemäß der „mutualistischen“ Beziehung subjektiv gleich sein müssen. Wenn es eine Übereinkunft auf der Ebene der Regierung gibt, stimmen die kollektive Kostenbewertung und die Kostenbewertung aus der Sicht der Individuen überein. Hier spricht Sax von einer „Gesammtwerthung“. Sowohl für das Individuum wie für die Gemeinschaft darf der „Kostenwert” (Abzug von Ressourcen aus der Verfügungsgewalt des Individuums) den „Nutzwert” (Befriedigung kollektiver Bedürfnisse) der von den Individuen an die Gemeinschaft durch Zahlung der Steuern übertragenen Güter nicht übersteigen. Diese Regeln maximieren laut Sax den kollektiven Nutzen, während sie zugleich die durch die einzelnen Steuerzahler zu zahlenden Steuern minimieren.[36]

Es ist ziemlich schwierig, Saxs Formulierungen sinnvoll zu interpretieren. Zunächst scheint er die absolute Höhe der von einem Individuum zu zahlenden Steuern mit den Gesamtsteuereinnahmen zu verwechseln; dies kann jedoch auf seine schwerfällige Terminologie zurückzuführen sein. Wichtiger aber ist, dass er anscheinend auch Grenznutzen mit Einzelbedürfnissen sowie Gesamtnutzen mit Kollektivbedürfnissen gleichsetzt (siehe Musgrave 1959, S. 71, FN 1), obwohl seine Formulierungen auch in dieser Hinsicht nicht sehr klar sind. Insbesondere wenn er feststellt, dass die für „collective Zwecke“ zu bezahlenden Gesamtkosten unter den Steuerzahlern gemäß ihrem Vermögen zu verteilen sind, um sicherzustellen, dass der „Nutzwert“ nicht unter dem „Kostenwert“ liegt, beruft er sich fälschlicherweise auf Durchschnitts- statt auf Grenzbewertungen. Sein so genanntes „Aequivalenzprincip“, das den Zusammenhang zwischen der „relativen” und der „absoluten“ Höhe der Besteuerung liefern soll, wird nirgends genauer definiert.

[36] Sax (1924, S. 216 ff.).

Ungeachtet dieser Mängel sollte hervorgehoben werden, dass Sax als erster Autor versucht hat, Bedingungen für ein politisch-ökonomisches Gleichgewicht zu formulieren, in dem – basierend auf den individuellen Bewertungen von kollektiven wie individuellen Bedürfnissen – sowohl das absolute Volumen der Besteuerung (und unter den Bedingungen der Vollbeschäftigung und eines ausgeglichenen Budgets auch das Volumen der Staatsausgaben) wie auch die Verteilung der Steuern auf die Steuerzahler simultan bestimmt werden. Er ist der Ansicht, dass diese Art von Gleichgewicht zum maximal erzielbaren Steuereinkommen und zugleich zur kleinstmöglichen individuellen Steuerbelastung führt, d. h. dass der maximale kollektive Nutzen sowohl im Sinn der Summe der individuellen Zufriedenheiten wie auch der „Wohlfahrt der Gemeinschaft" erzielt wird. Das erinnert an spätere (im Gegensatz zu Sax analytisch korrekte) Gleichgewichtskonzepte, die der Maximierung einer Sozialen Wohlfahrtsfunktion unter der Nebenbedingung der Pareto-Effizienz entsprechen.[37] Auch Samuelsons Erkenntnis, dass nur „Pseudonachfragefunktionen" für öffentliche Güter festgelegt bzw. berechnet werden können, ist implizit in Saxs Interpretation dieses politisch-ökonomischen Gleichgewichts als eine Situation enthalten, die auftreten „würde", wenn die Individuen Güter in ihrem Besitz freiwillig nach dem Bewertungsprinzip nutzen würden.

Die Kollektivwertung muss jedoch aufgrund der „eigentlichen Collectivbedürfnisse" zwangsweise erfolgen, und das Gleichgewicht muss aufgrund von Gemeinschaftsentscheidungen ermittelt werden. Nichtsdestoweniger sollte es tatsächlich als Gleichgewicht zwischen individuellen und kollektiven Bedürfnissen gesehen werden. Die allgemeine Einigung darüber wird durch die Kräfte des „Collectivismus" erreicht, und es gibt keine Ausnutzung durch Mitglieder der herrschenden Klasse. Da andererseits „öffentliche Güter" nicht in spezifische Anteile für verschiedene Einzelbedürfnisse unterteilt werden können, lehnt Sax die voluntaristische Lösung von Wicksell und Lindahl ab. Für ihn beruhen Steuern nicht auf Tausch, sondern auf Zwang. Wird jedoch die „wirtschaftlich richtige" Kollektivbewertung (die mit den individuellen Präferenzen für „Collectivzwecke" übereinstimmt) umgesetzt, dann gibt es ein Gleichgewicht zwischen der herrschenden Gruppe (der Regierung) und den Steuerzahlern, obwohl Sax dieses als „prekäres Gleichgewicht" charakterisiert.

Eine grundlegende Frage jeder Gleichgewichtstheorie in den Wirtschafts- oder Politikwissenschaften ist, ob das Gleichgewicht tatsächlich erreicht wird. Sax ist sich dieses Problems einigermaßen bewusst, behandelt es jedoch nicht tiefer. Das Regierungsprogramm muss laut Sax akzeptiert werden. Wenn die herrschende Gruppe zu sehr von einer Politik abweicht, die den Präferenzen der Gemeinschaftsmitglieder entspricht, wird das politisch-ökonomische Gleichgewicht ge-

[37] Die korrekte Formulierung stammt von Samuelson (1969). Allerdings weicht sein Begriff „öffentlicher Güter" von jenem Saxs stark ab.

stört und die regierende Gruppe ersetzt. Es kann Reaktionen des „Individualismus" gegen Verletzungen des politisch-ökonomischen Gleichgewichts geben, die der Besteuerung Schranken auferlegen, zum Beispiel in Form von Steuerrevolten. Sax gibt somit die Existenz von Ungleichgewichten zu, nimmt jedoch an, dass das politisch-ökonomische Gleichgewicht im Allgemeinen stabil ist.

Er beschreibt Anpassungsprozesse in Form von Abweichungen zwischen durch Steuerzahlungen von Individuen finanzierten Gesamtsteuereinnahmen und der Befriedigung von kollektiven Bedürfnissen. Wird kein politisch-ökonomisches Gleichgewicht erreicht, müssen die Steuern geändert werden. Solche Änderungen von Steuern können als Anpassungsprozesse in Richtung dieses Gleichgewichts interpretiert werden. Länger anhaltende Ungleichgewichte werden durch technologische Veränderungen, neue Bedürfnisse sowie „Irrthum [...und] Unkenntniss" seitens der Regierung und deren mangelhafte Kenntnis individueller Umstände erklärt.[38] Im Allgemeinen behauptet Sax, dass Anpassungsprozesse in der Staatswirtschaft länger als in der Privatwirtschaft dauern; er versucht jedoch nicht, Regelmäßigkeiten derartiger Prozesse zu spezifizieren.

Sax zieht aus seiner Theorie mehrere Schlüsse. Er behauptet z. B., dass sie die Notwendigkeit verschiedener Arten von Steuern erklärt und dass Steuersysteme daher nicht einfach als Auswüchse historischer Prozesse betrachtet werden sollten, sondern auch theoretisch zu rechtfertigen und zu erklären sind, eine Aufgabe der Theorie der Finanzwissenschaft. Seine Schlussfolgerungen über differenzierte Steuersysteme überzeugen jedoch nicht, genauso wenig wie seine Rechtfertigung einer progressiven Einkommensteuer durch abnehmende Bedürfnisstärken (auch in Sax 1892).

Man beachte auch, dass Sax versucht, das Äquivalenzprinzip und das Leistungsfähigkeitsprinzip in der Finanzwissenschaft in Einklang zu bringen, weil in seinem Gleichgewicht jeder Steuerzahler das gleiche Opfer – gemessen in entgangenen Nutzen – bringen muss. Darüber hinaus könnte es ihm zufolge auch eine gewisse Differenzierung der Steueranteile gemäß verschiedenen Kollektivbedürfnissen geben, wobei keine Aggregation über den gesamten öffentlichen Sektor notwendig ist. Sax lehnt explizit Theorien des Opferprinzips, die auf Konzepten wie „Gerechtigkeit" beruhen, als ethische und nicht-ökonomische Erklärungen ab. Er behauptet, dass seine Theorie die „Leistungsfähigkeit" innerhalb der Wirtschaftswissenschaften selbst erklärt. Steuern für Umverteilungszwecke werden jedoch nicht durch Saxs Theorie der kollektiven Bewertung abgedeckt. Im Gegensatz zu dem von seiner Theorie analysierten Gleichgewichtszustand gelten diese als außerhalb der Theorie bestimmt und ergeben sich aus dem „Besitzkampf". Besteuerung

[38] Sax (1887, S. 521); siehe auch Sax (1924, S. 221, S. 226).

im Interesse der Wirtschaftspolitik (wie z. B. Sozialpolitik) wird ebenfalls als exogen gegeben betrachtet.

3.4 Sax und die moderne Finanzwissenschaft

3.4.1 Ungelöste Probleme in Saxs Theorie

Nachdem die Hauptpunkte von Saxs umfangreicher und für heutige Leser schwieriger Arbeit umrissen wurden, soll nun eine konstruktive Kritik versucht werden. Natürlich ist es sehr leicht und vielleicht nicht fair, einem Autor, der vor über einem Jahrhundert geschrieben hat, die Vernachlässigung bestimmter Aspekte, derer wir uns heute bewusst sind, vorzuwerfen. Beim Versuch einer Beurteilung, ob Sax die selbst auferlegte Aufgabe erfüllt hat, eine theoretische Erklärung der Staatswirtschaft zu entwickeln, indem er gerade die für die Privatwirtschaft gültigen Prinzipien anwendet, sollten wir uns daher auf jene Themen konzentrieren, die relevant und nach wie vor weitgehend ungelöst sind. Beispielsweise ist Saxs Ausschluss der Dienstleistungen aus dem Begriff der Güter nicht zielführend, doch der von ihm angeführte Grund dafür (die Unterscheidung zwischen den Beziehungen Mensch – Natur und Mensch – Mensch) könnte als wichtig betrachtet werden, insbesondere innerhalb seiner „Österreichischen" Methodologie.

Ein weiteres ungelöstes und für seine gesamte theoretische Struktur entscheidendes Problem in Saxs Arbeit ist die Beziehung zwischen „Individualismus" und „Kollektivismus", d. h. die Frage, wie kollektive Phänomene von den Handlungen von Individuen abhängen. Sax besteht mehrmals auf dem für die Österreichische Schule grundlegenden Axiom des methodologischen Individualismus, laut dem nur Individuen handeln können. Andererseits werden kollektive Verbände und insbesondere der Staat manchmal behandelt, als ob sie tatsächliche Entscheidungsträger wären. Sax selbst scheint anzudeuten, dass Individuen nicht unbedingt bei jeder kollektiven Handlung direkt mitwirken müssen. Für ihn sind Macht und Zwang wichtige Elemente des politischen Lebens und erfordern keine spezifische Erklärung bzw. Analyse innerhalb seines Systems. Dadurch bleiben jedoch die Entstehung und die Veränderung von Gruppen und Verbänden sowie deren institutionelle Umsetzung unerklärt, und diese Auslassung stellt eine wesentliche Schwachstelle in einer Theorie dar, die versucht, Aspekte des öffentlichen Sektors zu erklären.

Einige Hinweise, wie dieses grundlegende Problem der Sozialwissenschaften zu lösen ist, sind jedoch in Saxs Klassifizierung der Verbände zu finden.[39] Darin entwickelt er eine Taxonomie kollektiver Verbände nach personellen und territo-

---

[39] Sax (1887, S. 418 ff.).

rialen Kriterien. Dies ist für sich genommen noch nicht von großem Interesse; wichtig ist jedoch seine Bemerkung, dass diese „collectiven Entscheidungsträger" nur oberflächliche Unterschiede aufweisen, während das Wesen der ökonomischen Prozesse für alle gleich ist. Die Erkenntnis dieser wesentlichen Einheitlichkeit der ökonomischen Prozesse wird von ihm als ein Hauptvorteil einer allgemeinen Theorie im Gegensatz zu einer instrumentellen oder historischen Analyse angesehen. Sax scheint also Entscheidungsträger auf verschiedenen Ebenen wie Individuen, Haushalte, Gruppen und Staaten als ähnlich zu betrachten. Zumindest die Beziehungen zwischen ihnen können mittels der gleichen Methoden analysiert werden.

Dies legt folgenden Ansatz für eine Analyse sozialer Interaktionen nahe.[40] „Collective Verbände" sollten nicht nur als formelle oder informelle Gruppen gesehen werden, sondern eher als ein beliebiges (künstliches) Aggregat aus Individuen mit den gleichen Präferenzen bezüglich bestimmter Bedürfnisse. In dieser (und nur in dieser) Hinsicht ist eine „interpersonelle Aggregation" von Nutzen möglich. Formelle Gruppen und Organisationen können (müssen aber nicht) mit derart definierten „collectiven Verbänden" übereinstimmen. Der Staat könnte auch ein derartiger „collectiver Verband" sein, jedoch nur insofern, als er gemeinsame Präferenzen der ihn bildenden Individuen darstellt. Ansonsten müsste er als „collectiver Verband", dem nur Teile der Bevölkerung (die „herrschende Klasse") angehören, betrachtet werden. Dieser Ansatz würde zu einer sehr großen Anzahl an Entscheidungsträgern führen, wobei jedes Individuum mehreren „collectiven Verbänden" angehört und auch seine eigene Identität als Entscheidungsträger beibehält. „Collective Zwecke" sind dann die gemeinsamen Interessen der den jeweiligen „collectiven Verbänden" angehörenden Menschen, und „collective Handlungen" können nur Handlungen der verschiedenen Individuen sein – eine dem methodologischen Individualismus entsprechende Interpretation. Zum Zweck der analytischen Einfachheit könnte jeder einzelner „collective Verband" jederzeit als eine homogene Entscheidungseinheit, die mit anderen Entscheidungseinheiten (einschließlich Individuen) interagiert, behandelt werden. Ein derartiger Ansatz könnte als Ausgangspunkt für die Entwicklung einer Theorie der Finanzwissenschaft fungieren, ohne den methodologischen Individualismus der Österreichischen Schule aufzugeben.

Ein weiteres offenes und mit dieser Erklärung der Gruppen eng verbundenes Problem besteht darin, ob Saxs Theorie positiv oder normativ ist. Man könnte argumentieren, dass diese Unterscheidung innerhalb der Methodologie der Österreichischen Schule nicht sehr wichtig ist, da die soziale Ontologie eine wesent-

[40] Neck (1989). Für einen verwandten Vorschlag aus normativer Sicht vgl. Frey (2001).

liche Einheitlichkeit zwischen dem, was ist, und dem, was sein sollte, impliziert.[41] Wird diese Interpretation nicht akzeptiert, dann muss (trotz seiner wiederholten Verwendung von Wörtern wie „gerechtfertigt") sowohl aufgrund seines Texts wie seiner früheren Arbeiten über Methodologie angenommen werden, dass er versucht hat, eine positive Theorie zu entwickeln. In diesem Fall ist seine Arbeit noch mehr einer Kritik ausgesetzt, wie sie Wicksell (1896) geäußert hat: Es kann nicht als selbstverständlich angenommen werden, dass jene Institutionen, die für die „ökonomisch correcten" Bewertungen gemäß den Bedingungen des politisch-ökonomischen Gleichgewichts erforderlich sind, bereits existieren. Eine Theorie der Finanzwissenschaft muss auch eine Analyse von Entscheidungsmechanismen beinhalten und erklären, wer die Entscheidungen über Besteuerung und Staatsausgaben trifft und wie diese dann getroffen werden. Wenn das politisch-ökonomische Gleichgewicht eine positive Bedeutung haben soll, muss es für die Regierung Anreize geben, die „ökonomisch correcte" Höhe und Struktur der Besteuerung umzusetzen, und für private Wirtschaftssubjekte, die „correcte" Menge an öffentlichen Gütern zu verlangen und die entsprechenden Steuern zu zahlen (auch wenn das Ausschlussprinzip nicht gilt).

Sax selbst lehnt einen möglichen Lösungsversuch für dieses Problem, die Wicksell-Lindahl-Lösung der (annähernden) Freiwilligkeit bei der simultanen Gestaltung von Steuern und Staatsausgaben, explizit ab.[42] Andererseits kritisiert Sax auch „politische" Theorien der Finanzwissenschaft, die die Staatswirtschaft nur als Ausdruck des Egoismus der herrschenden Klassen sehen und Steuern und Staatsausgaben ausschließlich als durch politische Macht bestimmt betrachten.[43] Daraus ergibt sich die Frage, ob Saxs Theorie des öffentlichen Sektors tatsächlich eine ökonomische oder eine politische Theorie ist, und, noch wichtiger, wie er die Beziehung zwischen Politik und Wirtschaft versteht.

Unseres Erachtens kann die Position von Sax wie folgt interpretiert werden: Es gibt einen Gleichgewichtszustand zwischen den Absichten und den Handlungen der herrschenden Klasse einerseits und jenen der regierten Menschen andererseits.

---

[41] Diese Interpretation entspricht der – allerdings sehr umstrittenen – Position von Kauder (1958), die die Österreichische Schule in Beziehung zur Philosophie von Aristoteles setzt. Dies würde auch die implizit optimistische Einstellung von Sax gegenüber der Fähigkeit paternalistischer Regierungen, das politisch-ökonomische Gleichgewicht der kollektiven Bewertung zu erreichen, erklären. Auch die „praxeologischen" Ansichten von Mises und seinen amerikanischen Anhängern entsprechen dieser Position. Vgl. z. B. Hutchison (1981, Kap. 6 und 7). Zu einer neueren Interpretation von Ideen der Österreichischen Schule im Lichte der aristotelischen Philosophie siehe Crespo (2002).

[42] Sax (1924, S. 226 ff.).

[43] So wäre er auch nicht mit dem zeitgenössischen Ansatz von Goldscheid (1926) einverstanden gewesen, der die Entwicklung fiskalpolitischer Institutionen anhand der Kräfte des Klassenkampfes zu erklären versuchte.

Gibt es eine Tendenz in Richtung egoistischer Handlungen seitens der herrschenden Klasse, entsteht Widerstand, der zum Teil von altruistischen Anführern (moderner: politischen Unternehmern) geleitet wird. Sax beschreibt mehrmals Elemente eines derartigen Anpassungsprozesses im Falle wesentlicher Verletzungen des politisch-ökonomischen Gleichgewichts, analysiert ihn jedoch nie im Detail. Der Grund für diese Vernachlässigung mag sein, dass Saxs Theorie diese Prozesse und Erscheinungen des „collectiven Egoismus" im Allgemeinen als „Störungen" betrachtet, die nur in bestimmten Fällen relevant sind, im Gegensatz zu den allgemeinen Gesetzen der Wirtschaft, die allein „wesentlich" sind.[44] Er sieht also zwar das Problem des Ungleichgewichts für das politische System, doch endet damit seine Analyse, und es wird a priori Stabilität angenommen, ohne eine Erklärung hinsichtlich der institutionellen Arrangements zu liefern. Dies ist jedenfalls ein Schwachpunkt in Saxs Arbeit. Das gleiche gilt jedoch auch für die walrasianische Wirtschaftstheorie bezüglich des ökonomischen Ungleichgewichts. Eine methodologische Konsequenz aus diesem Mangel für die heutige Finanzwissenschaft kann darin bestehen, die ausschließliche Konzentration auf das wirtschaftliche System aufzugeben und eine interdependente Analyse der Kräfte des politischen Systems einzubauen.[45] Darüber hinaus sollte eine explizite Ungleichgewichtsanalyse durchgeführt werden. Diese Ziele werden unter anderem von der Österreichischen Schule in den letzten Jahren verfolgt.

3.4.2 Sax und die herrschende neoklassische Finanzwissenschaft

Für eine adäquate Beurteilung einer Arbeit wie jener von Sax muss man sie in den Strom der ökonomischen Theoriegeschichte stellen. Natürlich konnten viele Ideen, welche im Lauf der über hundert Jahre entwickelt wurden, die seit der Veröffentlichung des Buchs von Sax vergangen sind, nicht von ihm erahnt werden. Seine Vernachlässigung der „Stabilisierungs-" und „Umverteilungs-Abteilungen" des Budgets zum Beispiel basiert auf den liberalen fiskalpolitischen Prinzipien, die zu seiner Zeit (zumindest theoretisch) beinahe universell anerkannt waren, insbesondere der Idee des stets ausgeglichenen Budgets, dem Einsatz von Besteuerung ausschließlich zur Erzeugung staatlicher Einnahmen und der Beschränkung der Staatsausgaben ausschließlich auf „notwendige" Zwecke (Schumpeter 1954, S. 769 f.). Die Idee, die Besteuerung auch zur Veränderung der Einkommens- und Vermögensverteilung zu verwenden, war zwar bereits von Adolph Wagner und Arthur Cecil Pigou entwickelt worden, wurde jedoch von den meisten Ökonomen der Österreichischen Schule abgelehnt. Das Konzept von meritorischen

[44] Siehe z. B. Sax (1924, S. 200). Kauder (1958) entspricht auch dieser Interpretation. Für eine analoge Interpretation des „Methodenstreits" vgl. Bostaph (1978).

[45] Dies ist auch das Forschungsprogramm der Neuen Politischen Ökonomie. Neuere Analysen des Verhältnisses der Neuen Politischen Ökonomie zur Ökonomik der Österreichischen Schule finden sich unter anderem bei Boettke und López (2002) und Ikeda (2003).

Bedürfnissen wurde und wird ebenfalls von den Ökonomen der Österreichischen Schule als nicht-ökonomisch und daher keiner genaueren Analyse bedürftig betrachtet. Auch hier entspricht Sax den zu seiner Zeit vorherrschenden Ansichten. Das Gleiche kann auch über seine Vernachlässigung einer gründlichen Analyse steigender Skalenerträge (obwohl er sinkende Durchschnittskosten erwähnt), externer Effekte bei Konsum und Produktion, unvollständiger Informationen und anderer möglicher Gründe für die Rechtfertigung staatlichen Handelns im Rahmen der neoklassischen Theorie gesagt werden.

Sieht man sich jedoch die Höhepunkte in der Entwicklung der herrschenden Richtung der Finanzwissenschaft genauer an, kann man sagen, dass einige von Saxs Ideen integrale Bestandteile dieser Theorie geworden sind.[46] Finanzwissenschaftliche Theoretiker haben einige von Saxs Problemen aufgegriffen, insbesondere aus normativer Sicht, und sich dabei auf die Ableitung einer Pareto-optimalen (effizienten) bzw. sogar einer eine Soziale Wohlfahrtsfunktion maximierenden Allokation von öffentlichen und privaten Gütern konzentriert. Diese Fragen wurden ursprünglich in erster Linie hinsichtlich der Alternativen Äquivalenz- oder Nutzen- versus Leistungsfähigkeitsprinzip diskutiert. Wie oben dargestellt, inkludiert Sax Elemente beider Ansätze in seiner Arbeit, obwohl er meist nur als Verfechter des Nutzenprinzips zitiert wird.[47] Jedenfalls ist eine der Schlüsselideen späterer normativer Theorien der Finanzwissenschaft in Saxs Theorie der kollektiven Bewertung enthalten: die Regel, die Staatsausgaben bis zu dem Punkt auszuweiten (bzw. einzuschränken), an dem der Grenznutzen des öffentlichen Guts (wie auch immer dieser bewertet wird) mit dem Grenznutzen der vom Markt bereitzustellenden privaten Güter ausgeglichen wird. Dass dabei über die Grenznutzen (besser: die Grenzraten der Substitution) zwischen dem öffentlichen und einem repräsentativen privaten Gut für alle Wirtschaftssubjekte summiert werden muss, konnte Sax nicht erkennen, da er – wie bereits kritisiert – die Kollektivguteigenschaft nicht richtig erfasste.

Spätere Autoren, die nicht an die Ideen der sozialen Ontologie gebunden waren, wurden sich zunehmend der Grenzen des Äquivalenzprinzips für eine funktionsfähige positive Theorie (im Gegensatz zu einer normativen Theorie) der Finanzwissenschaft bewusst. Sogar wenn man von den Problemen der meritorischen Bedürfnisse und der Umverteilung absieht, ist es nicht allgemein möglich, eine Allokation zu erreichen, die zur Gänze den Präferenzen der Steuerzahler entspricht,

[46] Ein Abriss einiger moderner Entwicklungen in der neoklassischen Finanzwissenschaft, die auf die Arbeit von Sax zurückgeführt werden können, wird im Beitrag von Weber in Hicks und Weber (1973, S. 149 ff.) versucht.

[47] Tatsächlich will er Schlüsse über den Leistungsfähigkeitsansatz aus einer marginalistischen Theorie heraus ableiten, die genau wie der Nutzenansatz Steuern als Preise für öffentliche Güter betrachtet. Siehe auch Musgrave (1959, S. 69), Musgrave und Peacock (1967, S. IX).

weil Präferenzen von Trittbrettfahrern nicht geoffenbart werden, wenn das Ausschlussprinzip nicht gilt. In diesem Fall ist ein Markt aus neoklassisch-walrasianischer Sicht nicht in der Lage, von sich aus die durch das Äquivalenzprinzip gebotene effiziente Lösung umzusetzen. Dies wurde bereits von Wicksell erkannt, der ausdrücklich feststellte, dass Steuerprogramme auf der politischen Ebene bestimmt werden müssen (und in der Praxis auch werden). Für ihn bestand daher die von einer Theorie der Finanzwissenschaft zu beantwortende Hauptfrage darin, wie eine Gruppenentscheidung herbeigeführt werden kann, die ein Maximum an Bedürfnisbefriedigung sichert. Wicksells eigene Antwort auf diese Frage – annähernde Einstimmigkeit und freiwillige Handlung – ist für die Ziele einer positiven Analyse jedoch keine praktikable Lösung.[48] Sax (1924) selbst lehnte auch tatsächlich Wicksells Freiwilligkeits-Lösung (und auch jene von Lindahl) ab, versäumte es allerdings, eine Idee zu entwickeln, wie sein politisch-ökonomisches Gleichgewicht umzusetzen ist.

Spätere Autoren konzentrierten sich in erster Linie auf eine genauere Formulierung der Gleichgewichtsbedingungen. Die Bedingungen für allokative Effizienz unter Einbeziehung öffentlicher Güter wurden von Samuelson (1969) beschrieben, der auch einen Ansatz zur Synthese des Nutzen- und des Leistungsfähigkeitsansatzes für die Steuertheorie lieferte, wonach Sax gesucht hatte. Durch Erweiterung von Lindahls Analyse des partiellen Gleichgewichts auf das allgemeine Gleichgewicht zeigte Samuelson, dass dieser Ansatz zu einer Vielzahl Pareto-optimaler Lösungen führt. Eine eindeutige Lösung kann sich nur dann ergeben, wenn die „Distributionsabteilung" des Budgets ausdrücklich berücksichtigt wird bzw., anders ausgedrückt, wenn eine Soziale Wohlfahrtsfunktion eingeführt wird. Der Sonderfall der Pseudo-Laisser-faire-Lösung ohne Pauschalumverteilung kann aufgrund eines walrasianischen Modells keine normative Priorität beanspruchen. In diesem theoretischen Rahmen müssen, wenn man zu einer eindeutigen Lösung gelangen will, Nutzen/Allokation und Umverteilung/Gerechtigkeit gemeinsam betrachtet werden. Neuere Entwicklungen in der normativen Finanzwissenschaft gingen von diesem Punkt aus und erarbeiteten zweitbeste Lösungen für Fälle, in denen Pauschalsteuern nicht möglich sind, im Rahmen des Ansatzes von Sozialen Wohlfahrtsfunktionen. Der normative voluntaristische Ansatz und die Befürwor-

---

[48] Eine neuere Bekräftigung von Wicksells Position und ihre Kombination mit einem Argument für Verfassungsregeln zur Bestimmung des Umfangs des öffentlichen Sektors werden von Buchanan (1976) gegeben; siehe auch Buchanan (1975), Brennan und Buchanan (1980, 1985). Buchanan plädiert für einen Verfassungsansatz, bei dem Gleichheitsnormen als verfassungsmäßig gesicherter Schutz vor Ausbeutung durch die staatliche Politik betrachtet werden. Seine grundlegende Idee, die er von Wicksell ableitet, ist die Übertragung des Tauschparadigmas von der wirtschaftlichen Ebene auf die politische Verfassungsebene. Dabei wird das Schwergewicht auf das Verfahren, durch das Entscheidungen getroffen werden, statt auf deren Ergebnisse gelegt. Diese – normative – Position von Buchanan und seinen Anhängern hat viel mit den Kritikpunkten der Österreichischen Schule an Interventionismus, Sozialismus und Bürokratie gemeinsam.

tung einer Trennung von Verteilung und Allokation müssen auf anderen theoretischen Überlegungen aufbauen, wie etwa den verfahrensorientierten Vorstellungen Buchanans über Gleichheit und „Gerechtigkeit“.

Es ist interessant zu sehen, dass sowohl Sax wie Samuelson sich in der Tradition des Nutzenprinzips bewegten, jedoch Freiwilligkeit als Lösung ablehnten. Samuelson erkannte klar, auch in Übereinstimmung mit (zumindest dem späteren) Sax, dass sein Pseudo-Nachfragealgorithmus zur Berechnung des allgemeinen Wohlfahrtsmaximums „für individuell motiviertes Marktverhalten nicht relevant ist“,[49] da Präferenzen im Fall der Nichtausschließbarkeit nicht geoffenbart werden. Somit wird paradoxerweise von einem der brillantesten Verfechter dieses Zweigs der Finanzwissenschaft aufgezeigt, dass der Gleichgewichtsansatz nicht zu einer praktikablen Theorie führt. Die Entscheidung über öffentliche Güter und Steuern muss dem politischen System überlassen werden. Dementsprechend wurden sowohl in der normativen Literatur über anreizkompatible Planungsmechanismen wie in positiven politischen Theorien systematische Studien über die strategischen Fragen, die sich aus dem Trittbrettfahrerverhalten bei Nichtausschließbarkeit ergeben, durchgeführt. Dennoch gilt nach wie vor, dass die meisten Nachfolger von Sax nur seine Idee des politisch-ökonomischen Gleichgewichts erweitert haben, während andere, aus der Sicht einer positiven Theorie vermutlich interessantere Probleme, wie Anpassungsprozesse zum Gleichgewicht oder Ungleichgewichtsprozesse, in der herrschenden Richtung der Finanzwissenschaft weitgehend vernachlässigt wurden, obwohl Hinweise darauf in der Arbeit von Sax zu finden sind.[50]

3.4.3 Sax und die neuere Nationalökonomie der Österreichischen Schule

Angesichts der neuerdings wieder stärker gewordenen Bedeutung der Österreichischen Schule der Nationalökonomie könnte es von Interesse sein, den Einfluss anderer Denker dieser Schule auf die Arbeiten von Sax und die Beziehung seiner Arbeit zu dem, was spätere Vertreter der Österreichischen Schule der Nationalökonomie über den öffentlichen Sektor sagen, zu untersuchen. Bezüglich der Frage, wie „Österreichisch" Sax war, wurde bereits darauf hingewiesen, dass seine allgemeine Methodologie, von der isolierten über die private zur kollektiven Wirtschaft vorzugehen, typisch für die Österreichische Schule ist und als direkt von

[49] Samuelson (1969, S. 106).

[50] Dennoch wäre es nicht angemessen, Sax als einen Vorläufer der Neuen Politischen Ökonomie zu betrachten. Daher ist Freys (1985, S. 146) Bemerkung, dass Sax (und Lindahl) „durch die Existenz von öffentlichen Gütern hervorgerufene Probleme, einschließlich der Schwierigkeit, Interessengruppen zu bilden“ diskutierten, angesichts der vorhandenen Texte etwas missverständlich.

Mengers Ansatz abgeleitet interpretiert werden kann.[51] Auch Saxs wirtschaftstheoretische Aussagen sind von Arbeiten der Österreichischen Schule stark beeinflusst, insbesondere seine Theorie des subjektiven Werts, bei der der Wert durch menschliche Wahlentscheidungen innerhalb der gesamten „Ziel-Mittel-Struktur" bestimmt wird und sogar unabhängig von der Möglichkeit des Tauschs sein könnte. Andere grundsätzlich der Österreichischen Schule zuzurechnende Ideen, die in Saxs Arbeit aufscheinen, sind die Ordnung der individuellen Bedürfnisse nach ihrer Intensität, die Betonung der Bedeutung von ökonomischen anstatt von technischen Eigenschaften der Güter, die Bedeutung der intertemporalen Entscheidungsstruktur und der Planung für die Zukunft, die Theorie des Kapitals (aufbauend auf der Idee, dass künftige Bedürfnisse unterschätzt werden), die Auffassung von Kosten als geopferter Nutzen, die Theorie der Bestimmung des Werts von Produktionsfaktoren durch Zurechnung und die (allerdings unvollständige) Anerkennung von Subjektivismus und methodologischem Individualismus. Man kann sagen, dass Sax in fast jeder Hinsicht der Österreichischen Schule angehörte.[52]

Die einzige Ausnahme scheint seine Vernachlässigung einer expliziten Analyse von Koordinationsphänomenen zu sein. Obwohl Mengers (1883) methodologische Untersuchung, die auch eine Erklärung des Ursprungs sozialer Institutionen enthält, bereits erschienen war, als Sax seine Theorie der kollektiven Volkswirtschaft entwickelte, baute er keines dieser Konzepte in seine Erklärung der öffentlichen Wirtschaft ein, die ausschließlich auf dem Konzept der regulierenden Kraft des Werts basiert. Dies könnte auch ein fruchtbarer Ausgangspunkt für eine Untersuchung darüber sein, wie die neuere Wirtschaftstheorie der Österreichischen Schule für die Finanzwissenschaft nutzbar gemacht werden könnte. Da insbesondere die Frage, wie bestimmte Staatsausgaben und Steuern eigentlich zustande kommen und sich im Lauf der Zeit entwickeln, noch nicht sehr intensiv untersucht wurde, soll hier ein wenig über die Möglichkeit spekuliert werden, die Nationalökonomie der Österreichischen Schule auf das Problem anzuwenden, Staatsausgaben und Steuern zu erklären. Ausgehend von jüngeren Arbeiten von Vertretern dieser Schule[53] sollen Beispiele für einige der Elemente der theoretischen Struktur der Nationalökonomie der Österreichischen Schule, wie sie heute verstanden

---

[51] Siehe insbesondere Saxs (1887, S. 6) Zitierung von Mengers (1871) Interpretation von Aristoteles, die Elemente des epistemologischen Realismus, der sozialen Ontologie und des Essentialismus enthält, welche später in der Praxeologie erhalten wurden; siehe dazu Kauder (1958).

[52] Dies gilt allerdings nicht für die Stellung von Sax (und anderen Autoren seiner Zeit) zu Positionen der neueren Österreichischen Schule. Beispielsweise kommt eine wohlfahrtsökonomische Analyse aus der Sicht der neueren „Austrian Economics" zu normativen Schlussfolgerungen, die von jenen der traditionellen neoklassischen (einschließlich der älteren Österreichischen) Autoren sehr verschieden ist. Vgl. dazu Cordato (1992).

[53] Siehe insbesondere die im ersten Kapitel dieses Buches angegebene Literatur.

wird, identifiziert werden, die für die Probleme der Finanzwissenschaft relevant sein könnten. Dabei konzentrieren wir uns insbesondere auf jene Aspekte, die bereits in den Arbeiten der ersten Generation der Österreichischen Schule enthalten sind, insbesondere bei Sax, die von Finanzwissenschaftlern danach jedoch nicht intensiv weiter verfolgt wurden.

Es wurde bereits darauf hingewiesen, dass die Österreichische Schule durch eine spezifische philosophische Grundlage gekennzeichnet war und vielfach noch ist, die Kauder als soziale Ontologie und Mises und seine Schüler als Praxeologie bezeichneten, obwohl es Interpretationsunterschiede zwischen diesen Gedankengebäuden gibt (siehe White 1984). In diesem System ist der philosophische Realismus die erkenntnistheoretische Position. Dementsprechend untersucht die Nationalökonomie das Wesen ökonomischer Phänomene mittels der genetisch-kausalen Methode. Daraus ergibt sich, dass es keine Simultanität gibt; nur die Konsumentenbewertung erklärt Kosten und Preise. Die Existenz von überall und jederzeit gültigen Gesetzen und Konzepten wird vorausgesetzt. Diese exakten Gesetze sind ontologischer Natur und Gegenstand der Volkswirtschaftstheorie, im Gegensatz zu konkreten Fällen, die von der Geschichte und der Statistik analysiert werden. Hier ist die aristotelische Unterscheidung zwischen Materie (Gesetzen) und Form (konkreten Fällen) Grundlage für die Zuordnung verschiedener Aufgaben zur Theorie einerseits und zu anderen wissenschaftlichen Ansätzen andererseits. Darüber hinaus waren die frühen Vertreter der Österreichischen Schule Ontologen in einem normativen Sinn: Sie glaubten an einen Generalplan der Realität, der nicht nur das, was ist, sondern auch das, was sein sollte, aufzeigt. Es gibt in dieser Denkweise keinen Unterschied zwischen Kausalität und Teleologie.

Obwohl diese Position direkt zur Unterstützung der freien Marktwirtschaft herangezogen werden könnte, wurde diese Schlussfolgerung erst durch spätere Vertreter der Österreichischen Schule, insbesondere Mises, gezogen. Die Gründergeneration hielt sich noch sehr eng an die paternalistischen Ansichten über eine Regierung, die in der österreichischen Sozialphilosophie des neunzehnten Jahrhunderts sehr verbreitet waren.[54] Diese Position in der Staatswissenschaft geht auch aus Saxs Arbeiten hervor, zumindest aus seinem Buch aus dem Jahr 1887, in dem er

[54] Kauder (1958, S. 420) liefert eine ausführliche Analyse des Spannungsfelds zwischen dem Laisser-faire-Prinzip und der Ansicht, dass „der väterliche Staat gänzlich weise ist und die Bürger nicht intelligent genug sind, um sich um ihre eigene Wohlfahrt zu kümmern". Man kann sagen, dass die frühen Angehörigen der Österreichischen Schule (einschließlich Sax) in ihrer Auffassung des Staates den Subjektivismus und den methodologischen Individualismus nicht bis zur letzten Konsequenz verfolgten. Dieser Gedanke liegt auch Brauns (1929, S. 15–20) Kritik von Sax zugrunde; ihr zufolge gibt es keine Vergleichbarkeit zwischen individuellen und kollektiven Bedürfnissen, und kollektive Zwecke müssen streng von ökonomischen Fragen getrennt werden. Ähnliche Ansichten sind in Mises' Theorie des Interventionismus enthalten; siehe Lavoie, „The Development of the Misesian Theory of Interventionism" in Kirzner (1982, S. 169–83).

die Ideen der „Manchester-Schule“ (den englischen Liberalismus) kritisierte. Man könnte argumentieren, dass paternalistische Ideen auch seinem Konzept des politisch-ökonomischen Gleichgewichts zugrunde liegen; es ist jedoch wahrscheinlicher, dass er dieses Gleichgewicht als Teil der ewigen Gesetze der Volkwirtschaftstheorie betrachtete. Wir haben bereits gesehen, wie Saxs Versäumnis, das politische System so gründlich und allgemein wie das wirtschaftliche System zu analysieren, ihn zu Mängeln bei seinen Auffassungen über die Analogie zwischen Bewertungsphänomenen im privaten und im öffentlichen Sektor führte.

Von den Elementen des nationalökonomischen Denkens der Österreichischen Schule, die für eine Anwendung auf die Finanzwissenschaft geeignet sein könnten, sind anzuführen: Individualismus und Subjektivismus, die explizite Berücksichtigung von Zeit und Unsicherheit, die spezifische Rolle des Unternehmers sowie die Österreichische Sicht von Koordination. Es wurden bereits Elemente des Subjektivismus in der Arbeit von Sax aufgezeigt, insbesondere in seiner Kostentheorie. Die unvollständige Übernahme von Subjektivismus und methodologischem Individualismus hat ihn zu Fehlschlüssen bezüglich der Bildung und des Wesens von Gruppen und Verbänden geführt. Unsere eigene Interpretation des Konzepts der „collectiven Verbände” versucht, das Postulat des methodologischen Individualismus, zu den Wurzeln der menschlichen Entscheidungsfindung auch bei der Erklärung von sozialen Phänomenen zurückzukehren, zur Gänze zu berücksichtigen. Darüber hinaus könnte das subjektivistische Element durch die ausdrückliche Betonung der Tatsache, dass nur die von den Individuen wahrgenommenen Interessen zur Bildung von „collectiven Verbänden“ führen, gestärkt werden. Für Probleme der Finanzwissenschaft könnte dieses Prinzip zum Verständnis der Interessenbildung beitragen. Es müsste durch Elemente der Theorie von Olson (1965) zur Erklärung der Bildung von großen Gruppen, wie etwa „selektive Anreize“, ergänzt werden.

Die anderen Elemente der nationalökonomischen Theorien der Österreichischen Schule wurden vor allem hervorgehoben, als die drei Zweige des Marginalismus gesondert genauer betrachtet wurden (Jaffé 1976). Wie können diese Ideen für die Entwicklung einer positiven Theorie der Staatswirtschaft und insbesondere der Finanzwissenschaft genutzt werden? Die Details der Entwicklung einer derartigen Theorie würden den Rahmen dieser Arbeit sprengen; es sollen jedoch einige Hinweise gegeben werden, wie an dieses Problem herangegangen werden könnte. Aus Sicht der Österreichischen Schule könnte der Staat als mit der Allokation und Verteilung von Gütern und Dienstleistungen befasste Institution betrachtet werden, ähnlich den Institutionen eines Systems von Märkten. Analog zum Prozess der Marktbildung, der von mehreren Autoren der Österreichischen Schule untersucht wurde, könnte die Entwicklung des öffentlichen Sektors als ein Prozess der Institutionsbildung gesehen werden. Eine derartige Untersuchung sollte nicht als Übung in historischen Analysen verstanden werden, sondern als ein Modell dafür, wie die Evolution des öffentlichen Sektors erfolgen könnte. In einem stärker „Österreichischen“ (d. h. praxeologischen) methodologischen Geist würde sie als Versuch, das „Wesen“ des Phänomens der Entwicklung des öffentlichen Sektors zu erfassen, interpretiert werden können. Eine ähnliche Analyse wurde von Menger in seiner Erklärung der Evolution des Geldes und von anderen Autoren der Österreichischen Schule bei der Erklärung von Bewegungen von der Möglichkeit zur Wirklichkeit als aristotelische „Entelechie“ in einer fiktiven Geschichte (wie in den zahlreichen Robinson-Crusoe-Parabeln) durchgeführt.

Was aus Sicht der Österreichischen Schule bei einer derartigen Analyse wichtig ist, ist der ungeplante Aspekt von Staatsausgaben und Besteuerung: Die Größe des öffentlichen Sektors wird als Ergebnis einer (mehr oder weniger) „organischen“ Entwicklung einer Institution gesehen, die sich aus der egoistischen Interaktion von individuellen Subjekten ergibt, und nicht als Ergebnis eines kollektiven Entwurfs eines geplanten Mechanismus. Es ist keine bewusste „kollektive Handlung” von rational agierenden Individuen daran beteiligt, sondern das politische System wird als „spontane Ordnung“ im Sinne Hayeks, als nicht zielgerichtete soziale Organisation gesehen.[55] Wenn dabei die praxeologische Normativität aufgegeben wird, könnte eine solche Analyse den in den wohlfahrtstheoretischen Versionen der Theorien öffentlicher Güter und optimaler Besteuerung impliziten (und in „positiven” Interpretationen dieser Theorien expliziten) funktionalistischen Trugschluss vermeiden, da dann keine Aussagen über Entwicklungen in Richtung erhöhter „sozialer Wohlfahrt“ oder „Effizienz“ oder auch eines „optimalen“ Staatsbudgets gemacht werden müssten.[56] Dadurch könnte Saxs ursprüngliche Absicht, die Staatswirtschaft mittels der gleichen Prinzipien wie die Privatwirtschaft zu er-

[55] Vgl. dazu die zahlreichen Arbeiten von Hayek zur spontanen Ordnung und O'Driscoll (1977); siehe auch die Beiträge von Socher und Vaughn in diesem Buch. Hier weichen wir von Hayek insofern ab, als das Konzept der spontanen Ordnung nicht auf das Marktsystem beschränkt, sondern auf den öffentlichen Sektor ausgedehnt wird. Für eine Formalisierung dieser Konzepte im Sinne der Theorie der nichtkooperativen wiederholten Spiele siehe Schotter (1981).

[56] In den letzten Jahren wurden von Vertretern der Österreichischen Schule einige Untersuchungen veröffentlicht, in denen der Ansatz dieser Schule dazu benützt wird, das politische System in einer Demokratie zu analysieren und zu evaluieren. Die Ergebnisse sind, insbesondere in normativer Hinsicht, ziemlich heterogen. So kommt etwa Holcombe (2002) zu dem Schluss, dass auch politische Unternehmer und politischer Tausch im Allgemeinen nicht dazu führen, dass das politische System ähnlich effizient ist wie das System privater Märkte. Dies wird mit Verweis auf den politischen Unternehmer und auf einen dem Preissystem analogen Informationsübertragungs- und Motivationsmechanismus in der Politik von Francois (2003) bestritten. Selbst wenn das politische Gleichgewicht effizient ist, kann der politische Prozess ineffizient sein, wenn er – wie es die Österreichische Schule postuliert – wesentlich ein Ungleichgewichtsprozess ist (Sutter 2002). Dagegen steht die – von Hayek, aber auch von Popper inspirierte – Position von Wohlgemuth (2002), wonach zwar im dynamischen politischen Prozess durch „Falsifikation von Meinungen und Präferenzen“ Verzerrungen auftreten, diese aber durch die „Falsifikation von (falschen) Informationen“ infolge von demokratischen Verfassungen kompensiert werden können.

klären, durch Ideen der Österreichischen Schule erfüllt werden, jedoch auf ganz andere Weise, als er es getan hat.

3.5 Abschließende Bemerkungen

In der vorliegenden Arbeit wurde versucht, eine ausführliche Übersicht über das Werk von Emil Sax und dessen Auswirkungen auf die Finanzwissenschaft zu geben. Es wurde gezeigt, dass zahlreiche Elemente von Ansätzen der Österreichischen Schule in seiner Arbeit zu finden sind. Ausgehend von den Problemen, die Sax nicht lösen konnte, wurde darauf hingewiesen, dass der Frage der Implementierung und Entwicklung von Steuern und Staatsausgaben in der Hauptströmung der neoklassischen Wirtschaftstheorie wenig Aufmerksamkeit geschenkt wurde. Es wurde die Meinung vertreten, dass die Nationalökonomie der Österreichischen Schule zum Füllen dieser Lücke beitragen könnte. Als Nebenprodukt wurde versucht, Beispiele dafür zu geben, wie die Lektüre und Interpretation eines sehr alten und bis zu einem gewissen Grad unzulänglichen Texts dazu führen kann, fruchtbare Fragen zu stellen und neue Ansätze für alte (bis dato ungelöste) Probleme vorzuschlagen.

3.6 Literatur

Boettke, P. J. und López, E. J. (Hrsg.) (2002), Austrian Economics and Public Choice. *Sonderheft der Review of Austrian Economics* 15 (2–3).

Bostaph, S. (1978), The Methodological Debate between Carl Menger and the German Historicists. *Atlantic Economic Journal* 6, 3–16.

Braun, M. S. (1929), *Theorie der staatlichen Wirtschaftspolitik*. Leipzig–Wien: F. Deuticke.

Brennan, G. und Buchanan, J. M. (1980), *The Power to Tax: Analytical Foundations of a Fiscal Constitution*. Cambridge: Cambridge University Press.

Brennan, G. und Buchanan, J. M. (1985), *The Reason of Rules: Constitutional Political Economy*. Cambridge: Cambridge University Press.

Buchanan, J. M. (1965), An Economic Theory of Clubs. *Economica*, NS 33, 1–14.

Buchanan, J. M. (1975), *The Limits of Liberty: Between Anarchy and Leviathan*. Chicago: University of Chicago Press.

Buchanan, J. M. (1976), Taxation in Fiscal Exchange. *Journal of Public Economics* 6, 17–29.

Cordato, R. E. (1992), *Welfare Economics and Externalities in an Open Ended Universe: A Modern Austrian Perspective*. Dordrecht: Kluwer.

Crespo, R. F. (2002), Reappraising Austrian Economics' Basic Tenet in the Light of Aristotelian Ideas. *Review of Austrian Economics* 15, 313–333.

Dolan, E. G. (Hrsg.) (1976), *The Foundations of Modem Austrian Economics*. Kansas City: Sheed & Ward.

Francois, A. (2003), The Political Entrepreneur and the Coordination of the Political Process: A Market Process Perspective of the Political Market. *Review of Austrian Economics* 16, 153–168.

Frey, B. S. (1978), *Modern Political Economy*. Oxford: M. Robertson.

Frey, B. S. (1985), State and Prospect of Public Choice: A European View. *Public Choice* 46, 141–161.

Frey, B. S. (2001), A Utopia? Government without Territorial Monopoly. *Journal of Institutional and Theoretical Economics* 157, 162–175.

Goldscheid, R. (1926), Staat, Öffentlicher Haushalt und Gesellschaft: Wesen und Aufgaben der Finanzwissenschaft vom Standpunkte der Soziologie. In: Gerloff, W. und Meisel, F. (Hrsg.), *Handbuch der Finanzwissenschaft*, 1. Aufl., Bd. 1, Tübingen: J. C. B. Mohr, 146–185.

Hicks, J. R. und Weber, W. (Hrsg.) (1973), *Carl Menger and the Austrian School of Economics*. Oxford: Clarendon Press.

Holcombe, R. G. (2002), Political Entrepreneurship and the Democratic Allocation of Economic Resources. *Review of Austrian Economics* 15, 143–159.

Hutchison, T. W. (1981), *The Politics and Philosophy of Economics: Marxians, Keynesians and Austrians*. Oxford: Basil Blackwell.

Ikeda, S. (2003), How Compatible Are Public Choice and Austrian Political Economy? *Review of Austrian Economics* 16, 63–75.

Jaffé, W. (1976), Menger, Jevons and Walras De-homogenized. *Economic Inquiry* 14, 511–524.

Kauder, E. (1958), Intellectual and Political Roots of the Older Austrian School. *Zeitschrift für Nationalökonomie* 17, 411–425.

Kirzner, I. M. (Hrsg.) (1982), Method, Process, and Austrian Economics: Essays in Honor of Ludwig von Mises. Lexington, MA–Toronto: D. C. Heath.

Lindahl, E. (1919), *Die Gerechtigkeit der Besteuerung*. Lund: H. Ohlsson.

Menger, C. (1871), *Grundsätze der Volkswirthschaftslehre*, 1. Teil. Wien: W. Braumüller.

Menger, C. (1883), *Untersuchungen über die Methode der Socialwissenschaften und der politischen Ökonomie insbesondere*. Leipzig: Duncker & Humblot.

Meyer, R. (1884), *Die Principien der gerechten Besteuerung.* Berlin: W. Hertz.

Meyer, R. (1887), *Das Wesen des Einkommens.* Berlin: W. Hertz.

Mueller, D. C. (2003), *Public Choice III.* Cambridge: Cambridge University Press.

Musgrave, R. A. (1959), *The Theory of Public Finance.* New York: McGraw-Hill.

Musgrave, R. A. und Peacock, A. T. (Hrsg.) (1967), *Classics in the Theory of Public Finance.* 2. Aufl., London: Macmillan.

Neck, R. (1989), Emil Sax's Contribution to Public Economics. *Journal of Economic Studies* 16 (2), 23–46.

O'Driscoll, G. P. (1977), *Economics as a Co-ordination Problem: The Contributions of Friedrich A. Hayek.* Kansas City: Sheed Andrews & McMeel.

Olson, M. (1965), *The Logic of Collective Action.* Cambridge, MA: Harvard University Press.

Robbins, L. (1932), *An Essay on the Nature and Significance of Economic Science.* London: Macmillan.

Samuelson, P. A. (1969), Pure Theory of Public Expenditure and Taxation. In: Margolis, J. und Guitton, H. (Hrsg.), *Public Economics*, London: Macmillan, 98–123.

Sax, E. (1884), *Das Wesen und die Aufgaben der Nationalökonomie: Ein Beitrag zu den Grundproblemen dieser Wissenschaft.* Wien: A. Hölder.

Sax, E. (1887), *Grundlegung der theoretischen Staatswirthschaft.* Wien: A. Hölder.

Sax, E. (1892), Die Progressivsteuer. *Zeitschrift für Volkswirtschaft, Socialpolitik und Verwaltung* 1, 43–101.

Sax, E. (1924), Die Wertungstheorie der Steuer. *Zeitschrift für Volkswirtschaft und Sozialpolitik*, NF 4, 191–240.

Schotter, A. (1981), *The Economic Theory of Social Institutions.* Cambridge: Cambridge University Press.

Schraut, O. (1966), *Emil Sax: Leben, Persönlichkeit und Werk in moderner Sicht.* Dissertation an der Wirtschafts- und Sozialwissenschaftlichen Fakultät der Friedrich-Alexander-Universität Erlangen–Nürnberg.

Schumpeter, J. A. (1954), *History of Economic Analysis.* London: Allen & Unwin.

Sutter, D. (2002), The Democratic Efficiency Debate and Definitions of Political Equilibrium. *Review of Austrian Economics* 15, 199–209.

Vaughn, K. I. (1994), *Austrian Economics in America: The Migration of a Tradition.* Cambridge: Cambridge University Press.

White, L. H. (1984), *The Methodology of the Austrian School Economists*. Auburn: L. von Mises Institute.

Wicksell, K. (1896), *Finanztheoretische Untersuchungen und das Steuerwesen Schwedens*. Jena: Gustav Fischer.

Wieser, F. von (1924), *Theorie der gesellschaftlichen Wirtschaft*. Grundriß der Socialökonomik. 2. Aufl., Tübingen: J. C. B. Mohr (P. Siebeck).

Wohlgemuth, M. (2002), Democracy and Opinion Falsification: Towards a New Austrian Political Economy. *Constitutional Political Economy* 13, 223–246.

Kapitel 4

Der Austroliberalismus und die österreichische Wirtschaftspolitik in den 1930er Jahren*

Hansjörg Klausinger

4.1 Einführung

> „Pre-1938 Austria, where [economic] theorists were plentiful, distinguished and consulted by governments, was not an advertisement for economic success until after 1945 when, as it happens, it had lost all its distinguished older theorists without acquiring comparable replacements."

Dieser von dem britischen Historiker Eric Hobsbawm (1997, S. 100) formulierte paradoxe Zusammenhang zwischen dem wirtschaftlichen Erfolg eines Landes und der Reputation seiner Ökonomen verweist auf die zentrale Frage dieses Beitrags, nämlich inwiefern ökonomische Theorien (insbesondere des Austroliberalismus) die österreichische Wirtschaftspolitik der 1930er Jahre beeinflusst haben und sich demnach die schwache Wirtschaftsentwicklung den Empfehlungen der Ökonomen verdankt.

In den folgenden Abschnitten werden zunächst die Ökonomen der Österreichischen Schule und ihre Ideen sowie die sog. „Goldstandard-Mentalität" als das Verbindungsglied zwischen Theorie und Politik identifiziert. Für die Analyse der österreichischen Wirtschaftspolitik der 1930er Jahre ist es sodann zielführend, zwei Phasen zu unterscheiden: Die erste von 1929 bis 1933 umfasst den Beginn des Abschwungs, die Krise der Creditanstalt und den Ausbruch der tiefen Depression,

* Für Anregung und Kritik danke ich Gary Cohen, David Good und Chicaco Nakayama, den Teilnehmern des Symposiums sowie meinen Kollegen der Wirtschaftsuniversität Wien, Peter Berger, Gerhard Senft und Alfred Sitz, ohne sie mit der Verantwortung für das Endprodukt zu belasten. Eine erste Fassung dieses Aufsatzes entstand während meiner Schumpeter Fellowship an der Harvard University und ist als Working Paper des Center for Austrian Studies an der University of Minnesota erschienen; ihr Zustandekommen wurde durch die Gastfreundschaft des Weatherhead Center for International Affairs und die finanzielle Unterstützung durch die Schumpeter Gesellschaft und das Bundesministerium für Bildung, Wissenschaft und Kunst ermöglicht. Für die Erlaubnis, unveröffentlichte Passagen aus den Papieren und der Korrespondenz von Oskar Morgenstern zu zitieren, bin ich Frau Dorothy Morgenstern Thomas zu großem Dank verpflichtet.

die zweite von 1934 bis 1938 die schwache wirtschaftliche Erholung unter dem Regime des Ständestaates.

4.2 Die Österreichische Schule in den 1930er Jahren

Unter den Ökonomen[1] der Österreichischen Schule sind für unsere Zwecke die Mitglieder des „liberalen Kerns", dessen Tradition auf Carl Menger und Eugen Böhm-Bawerk zurückgeht, am wichtigsten.[2] In der Zwischenkriegszeit bestand dieser Kern aus Ludwig Mises und (als Angehörigen der nächsten Generation) aus Friedrich August Hayek, Fritz Machlup und Gottfried Haberler[3] sowie weniger bekannten Vertretern wie Richard Strigl, Martha Stephanie Braun und Erich Schiff. Diese Ökonomen bestimmten die wirtschaftsliberale Diskussion (zumindest bis 1934), die in den zahlreichen „Kreisen",[4] in akademischen Publikationen und populären Pamphleten geführt wurde. Hierbei war Ludwig Mises die dominierende Persönlichkeit. Als Leitender Sekretär der Wiener Handelskammer (bis 1934) hatte er maßgeblichen Einfluss auf die Wirtschaftspolitik, und in seinen 1940 niedergeschriebenen Erinnerungen sah er sich als „der Nationalökonom des Landes" (Mises 1978, S. 47). Auf seine Initiative hin und aus Budgetmitteln der Rockefeller Foundation wurde 1927 das Österreichische Institut für Konjunkturforschung[5] gegründet, das im Laufe der Zeit neben der empirischen Forschung auch die Politikberatung forcierte. Friedrich Hayek war von 1927 bis 1931 der erste Leiter des Instituts, und auch Haberler wirkte dort als Mitarbeiter.

Neben dem austroliberalen Kern existierte seit jeher eine dem Liberalismus gegenüber skeptischer eingestellte zweite Strömung der Österreichischen Schule. Deren Tradition leitete sich von Friedrich Wieser her und wurde in den 1930er Jahren vor allem durch Hans Mayer und Oskar Morgenstern repräsentiert. Mayer war ein Schüler Wiesers und das einzige Mitglied der Schule, das einen Lehrstuhl an der Universität Wien innehatte;[6] da er sich aber zunehmend in universitätsinternen

---

[1] Die Bezeichnung „Ökonomen" trifft insoweit zu, als der Schule nur wenige weibliche Mitglieder angehörten; siehe hiezu Nautz (1997).

[2] Zur Geschichte der Österreichischen Schule vgl. Streissler (1988) und Böhm (1992); für biographische Informationen siehe Janssen (1998) und die Beiträge in Hagemann und Krohn (1999). Zur Unterscheidung von den in Österreich tätigen Ökonomen schlechthin werden die Mitglieder des liberalen Kerns im Folgenden als „Austroliberale" bezeichnet; siehe dazu auch Müller (1987, S. 247).

[3] Joseph Schumpeter wird hier nicht der Österreichischen Schule zugerechnet, auch hatte er Österreich bereits 1925 verlassen.

[4] Die wichtigsten dieser Kreise waren das Mises-Privatseminar, der sog. „Geist-Kreis" und die Seminare der Nationalökonomischen Gesellschaft. Siehe hiezu u. a. Craver (1986a, 13–18).

[5] Im Folgenden kurz das „Institut".

[6] Neben Othmar Spann und dem Historiker Ferdinand Degenfeld-Schönburg.

Intrigen – notorisch waren die Konflikte mit Spann – aufrieb, blieben seine wissenschaftlichen Leistungen ebenso wie sein Einfluss auf die Wirtschaftspolitik vernachlässigbar.[7] Morgenstern – heute vor allem als Mitbegründer der Spieltheorie bekannt – hatte sich in den 1920er Jahren, nach einer kurzen Zeit unter dem Einfluss Spanns, der österreichischen Grenznutzenschule zugewandt und arbeitete (wie auch Paul Rosenstein-Rodan und Alexander Gerschenkron) zunächst als Assistent Mayers. Nach einem dreijährigen Auslandsaufenthalt als Rockefeller Fellow wurde er Mitarbeiter und schließlich von 1932 bis 1938 Leiter des Instituts; zudem gab er seither, obwohl diese formal unter der Leitung Mayers stand, die *Zeitschrift für Nationalökonomie* heraus, die einzige österreichische (und ab 1933 deutschsprachige) Fachzeitschrift von internationalem Ruf.[8]

Um die spezifische Position der Austroliberalen zu erfassen, müssen auch jene Ökonomen erwähnt werden, die sich auf die Tradition der historischen bzw. romantischen Schulen beriefen. Als zwei repräsentative Beispiele für die von der katholischen Soziallehre beeinflussten Parteigänger des Ständestaats seien hier Josef Dobretsberger, für eine kurze Zeit Minister für soziale Verwaltung, und Richard Kerschagl, Mitglied des Staatsrats, genannt.[9] Ihr ökonomisches Denken kann, milde ausgedrückt, als synkretistisch und theoretisch wenig rigoros bezeichnet werden.[10]

4.3 Der Austroliberalismus und die Goldstandard-Mentalität

Ein Charakteristikum des Austroliberalismus lag in seiner spezifischen Begründung für eine den Regeln des Goldstandards folgende Politik. Diese beruhte auf der „Österreichischen Konjunkturtheorie", die am Beginn der 1930er Jahre ihre Hochblüte erlebte.[11] Sie kann – ohne ins Detail zu gehen – dahingehend resümiert werden, dass die durch Inflation[12] hervorgerufene Hochkonjunktur die wahre Ursache der Krise ist, die sich in einem „Kapitalmangel" ausdrückt, d. h. als eine zu

---

[7] Siehe Craver (1986a, S. 10–13); eine positivere Einschätzung gibt Leonard (in Vorb., Kap. 1).

[8] Über Morgensterns Entwicklung hin zur Begründung der Spieltheorie informieren Rellstab (1991) und Leonard (1995).

[9] Sie repräsentierten allerdings unterschiedliche Richtungen: Dobretsberger stand dem christlichen Solidarismus nahe, Kerschagl dem italienischen Faschismus. Siehe hiezu Senft (2002, S. 97–103).

[10] Die Beiträge des Spannschen „Universalismus" werden hier ausgeklammert, siehe hiezu Haag (1976/1977) und Milford und Rosner (1997); ebenso wegen ihres vernachlässigbaren Einflusses auf die Wirtschaftspolitik jene des Austromarxismus, zu dessen Thesen zur Krisenpolitik siehe Weber-Felber (1990, Teil ii).

[11] Die wichtigsten Werke sind Mises (1912, 1928) und Hayek (1929, 1931). Aus neuerer Sicht vgl. auch Laidler (1999, Kap. 2). Es soll angemerkt werden, dass selbst nach der Renaissance klassisch-liberaler Ideen die Österreichische Konjunkturtheorie heute kaum noch Anhänger besitzt.

[12] Zum zeitgenössischen Inflationsbegriff siehe unten.

geringe (!) volkswirtschaftliche Ersparnis. In dieser Situation kommen Deflation und Depression eine nützliche, das Gleichgewicht wieder herstellende Funktion zu: Letztlich werde die Depression einerseits Lohnsenkungen erzwingen und dadurch eine profitable Produktion ermöglichen und anderseits die Umverteilung zugunsten der Gewinneinkommen die Ersparnisbildung fördern und damit den Kapitalmangel beseitigen. Die konjunkturelle Erklärung der Depression wurde durch eine strukturelle ergänzt, wonach ausreichende Ersparnisse die Voraussetzung für Investitionen und Wachstum, und Gewinne wiederum die Hauptquelle für Ersparnisse bilden. Daher stellen hohe Steuern und Sozialbeiträge, Budgetdefizite und überhöhte Reallöhne Lasten dar, die auf Gewinne und Ersparnisse drücken und das Wirtschaftswachstum drosseln. Im schlimmsten Fall bewirke dies „Kapitalaufzehrung“[13]: „Wir essen unsre Straßen, unsre Bahnen, unsre Häuser allmählich auf. Wir ‚verheizen unsre Möbel‘ [...]“ (Machlup 1932e).

Beide Erklärungen der Depression führten zu denselben wirtschaftspolitischen Folgerungen. Da die konjunkturelle Erklärung die Depression als Folge der inflatorischen Hochkonjunktur ansieht, befürwortet sie eine strikte Anti-Inflationspolitik als Prophylaxe. Das schließt die Möglichkeit aus, Budgetdefizite durch Geldschöpfung zu finanzieren, sodass hiefür nur die Finanzierung über den Kapitalmarkt in Frage kommt. In diesem Falle würden aber Teile des privaten Sparens für (typischerweise als unproduktiv erachtete) Staatsausgaben anstatt für profitable Investitionen verwendet. Außerdem erzeuge jedes nachhaltige Budgetdefizit, selbst wenn durch Anleihen finanziert, sich selbst erfüllende Erwartungen künftiger Inflation. Daher wird eine „gesunde“ Finanzpolitik, d. h. ein auf niedrigem Niveau ausgeglichenes Budget, zum notwendigen Komplement einer „gesunden“ Geldpolitik.

Der Zusammenhang mit dem System des Goldstandards folgte aus dem Konzept des „neutralen Geldes“.[14] Von einigen Komplikationen abgesehen verlangt dieses zur Vermeidung von Konjunkturschwankungen die Stabilisierung der effektiven Geldversorgung einer Wirtschaft.[15] Da aber dieses Ideal praktisch nie vollständig verwirklicht werden kann, bietet sich der Goldstandard als eine praktikable zweitbeste Alternative an. Im Goldstandard ist der Preis der Währungseinheit in Gold fixiert und dadurch der Freiraum für inflationistische Politik begrenzt – er wirkt wie eine „goldene Bremse“ für die Kreditschöpfung. Zudem setzt der Goldstandard die Freiheit internationaler Kapitalströme voraus, sodass die Notenbank eines einzelnen (kleinen) Landes nur wenig Einfluss auf den Zinssatz ausüben kann, selbst wenn sie eine Politik des billigen Geldes verfolgen wollte. Damit stellte aus

[13] Siehe z. B. Mises (1931, S. 28) und Hayek (1932a).

[14] Zum neutralen Geld als wirtschaftspolitisches Ziel vgl. Hayek (1931, S. 90–109) und Haberler (1931).

[15] In ökonomischer Terminologie: die linke Seite der sog. „Quantitätsgleichung“.

Sicht der Austroliberalen der Goldstandard das bestmögliche System zum Schutz vor Inflation dar.[16] Infolgedessen wurde der Goldstandard auch als ein Mittel gesehen, Vertrauen in monetäre Stabilität zu schaffen,[17] und umgekehrt schienen Abweichungen hievon geeignet, dieses Vertrauen zu erschüttern.[18] Durch diesen Vertrauenseffekt würden systemkonforme Maßnahmen in ihrer Wirkung verstärkt und -inkonforme abgeschwächt.

Neben diesen (in heutiger Terminologie) makroökonomischen Aspekten ist auch zu beachten, dass der Goldstandard zum einen die Voraussetzung für ein System des Freihandels bildete, das von den Austroliberalen als Quelle von Wachstum und ökonomischer Effizienz betrachtet wurde.[19] Für die nötigen Anpassungen (z. B. um die aus Handelsdefiziten, Transfer- oder Reparationszahlungen herrührenden Ungleichgewichte zu beseitigen) vertrauten sie vollends auf den klassischen Mechanismus (auch nach unten) flexibler Preise und Löhne.[20]

Zum anderen stand der Goldstandard stellvertretend für ein liberales Wirtschaftssystem an sich, d. h. für ein Minimum an Interventionen und Regulierungen von Märkten. Die spezifisch austroliberale Position verdankte sich hier vor allem Mises, der sich auf die Funktion des Arbeitsmarktes und die Aktivitäten der Gewerkschaften konzentrierte. In dieser Hinsicht erscheint die Feindseligkeit von Mises' Position gegenüber den Gewerkschaften als einzigartig. Aus seiner Sicht liegt ihre Fähigkeit, Löhne zu fixieren, darin begründet, dass sie sich zur „Erreichung ihrer Ziele der Gewalt bedienen" (Mises 1931, S. 17) und dies durch die staatlich finanzierte Arbeitslosenunterstützung gefördert wird (siehe auch Mises 1927, S. 73 f.; 1929, S. 12 und S. 60). In diesem Sinn bedeutete für Mises die Zerstörung der Macht der Gewerkschaften einen notwendigen Schritt zur Überwindung des wirtschaftlichen Niedergangs.

In Summe bestanden somit die von den Austroliberalen propagierten Ziele in einer gesunden Fiskal- und Geldpolitik, im Freihandel und generell in der Freiheit der Märkte, wobei der Goldstandard ein Hilfsmittel zur Erreichung dieser Ziele darstellte. Damit wurden die Lasten für jede Form von Anpassung der Flexibilität von Preisen und Löhnen auferlegt – im Gegensatz zur Rigidität der Regeln, denen die Wirtschaftspolitik folgte. Peter Clarke (1988, S. 28 und S. 162) charakteri-

---

[16] Siehe Hayek (1931, S. 110f.; 1932b) und Machlup (1934a, S. 150–160).

[17] Bordo und Rockoff (1996) bezeichnen den Goldstandard als „a good housekeeping seal of approval".

[18] Dieses Vertrauens-Argument ist allerdings insofern zirkulär, als es voraussetzt, dass diesem Vertrauen der Glaube an die orthodoxe Theorie zugrunde liegt.

[19] Siehe im Kontext liberaler Außenpolitik Mises (1927, Kap. 3, besonders S. 115–120).

[20] Auf dieser Grundlage riet z. B. Machlup (1932g) sogar zu einer unilateralen Freihandelspolitik: Ein Exportzuwachs würde sich infolge von Lohnsenkungen „automatisch" einstellen.

sierte diese Position als „Rigid doctrines and flexible prices" (im Gegensatz zur keynesianischen Alternative: „Flexible doctrines and rigid prices"). Es war der in diesem Regelwerk formulierte Konsens, die „Goldstandard-Mentalität", der die entscheidende Ursache für die Schwere und die Dauer der Großen Depression der 1930er Jahre bildete (Eichengreen und Temin 2000).

Eingang in die praktische Wirtschaftspolitik konnten die Vorstellungen der liberalen Ökonomen nun auf zwei Wegen finden: Eine erste direkte Möglichkeit ergab sich aus den Aktivitäten der Politikberatung. Das war die Rolle, die Mises mit einigem Erfolg in der Ersten Republik spielte, bis er 1934 die Handelskammer verließ. Hernach wurde in der Ära des Ständestaates diese Position von Morgenstern übernommen, eines der wenigen bedeutenden Mitglieder der Schule, das bis 1938 in Österreich verblieb.

Eine zweite Möglichkeit bestand darin, die Wirtschaftspolitik indirekt – im Wege über die öffentliche Meinung – zu beeinflussen. Tatsächlich unternahmen die Austroliberalen beharrliche Anstrengungen, die Öffentlichkeit von ihren Lehren zu überzeugen. So verfasste z. B. Machlup von März 1932 bis Mai 1934 eine wöchentliche Kolumne mit dem Titel „Zwei Minuten Volkswirtschaft" für das *Neue Wiener Tagblatt*.[21] Dieselbe Tageszeitung veröffentlichte regelmäßig Kommentare zur aktuellen Wirtschaftspolitik, die ihr aufgrund eines Vertrags von Machlup, Morgenstern und weiteren Mitarbeitern des Instituts zur Verfügung gestellt wurden.[22] Schließlich trug Morgenstern auch ein Jahr lang (1934) als Autor zu Julius Meinls *Wirtschaftlicher Rundschau* bei, die ebenfalls eine liberale Wirtschaftspolitik propagierte.

Im Folgenden wird nun untersucht, inwieweit die österreichische Wirtschaftspolitik der Goldstandard-Mentalität bzw. den Empfehlungen des Austroliberalismus entsprach.

4.4 Die Austroliberalen und die Wirtschaftspolitik bis 1934

1929 hatte die Wirtschaftskrise als scheinbar normaler Konjunkturabschwung ihren Anfang genommen, um sich ab 1931 in die tiefste Depression zu verwandeln, die das kapitalistische Wirtschaftssystem je erlebt hatte. Österreich wurde besonders schwer getroffen.[23] Am Tiefpunkt war das Sozialprodukt um 23 % geschrumpft und die Arbeitslosigkeit erreichte an die 25 % (siehe Butschek 1985,

[21] Vgl. dazu genauer Klausinger (2004b).

[22] Siehe Machlup (1980, S. 135) und *Neues Wiener Tagblatt* an Morgenstern, undatiert (Jan. 1931?), in Oskar Morgenstern Papers [= OMP], Box 6.

[23] Für einen allgemeinen Überblick vgl. z. B. Stiefel (1988a) und Kernbauer (1991), zur geldpolitischen Diskussion vgl. auch Klausinger (2005).

S. 46 und S. 42). Getreu ihrer Theorie identifizierten die Austroliberalen die Ursachen der Depression: Über- und Fehlinvestitionen als Folge von Inflation, Kapitalaufzehrung als Folge von überhöhten Steuern und Sozialabgaben, und insbesondere Arbeitslosigkeit als Folge zu hoher Löhne (siehe Mises 1931, S. 14–17). Dem entsprachen die üblichen Ratschläge: Kostensenkung und Vermeidung von Inflation.[24]

In der bereits prekären Situation der österreichischen Wirtschaft wirkte der Zusammenbruch der Creditanstalt im Mai 1931 als Katastrophe: Die Bank war nicht bloß illiquid, sodass die üblichen Maßnahmen der Notenbank als „lender of last resort" zur Rettung gereicht hätten, sondern insolvent.[25] Somit stellte sich für die Wirtschaftspolitik die Wahl zwischen Bankrott und Liquidation der Bank einerseits oder einem „Bailout" andererseits – und angesichts des umfangreichen Engagements der Creditanstalt in der österreichischen Industrie entschied sie sich für die letztere Option. Bevor jedoch eine Lösung in den Verhandlungen mit den Gläubigern und (ausländischen) Eigentümern erreicht werden konnte, kam es zu einem Run auf die Banken, der bald in eine Devisenkrise umschlug.[26] Diese Konstellation brachte die Notenbank (unter ihrem Präsidenten Richard Reisch) in die unerfreuliche Lage, gleichzeitig auf der einen Seite die Banken durch die Hereinnahme von Wechseln mit Liquidität zu versorgen und auf der anderen Seite ihre Devisenreserven bei der Verteidigung des Wechselkurses zu verlieren. Erst als nach einem halben Jahr die Devisenreserven nahezu erschöpft waren, wurde die Devisenbewirtschaftung eingeführt, aus der sich rasch ein bürokratisches, den Außenhandel erstickendes System von Kontrollen entwickelte. In der Zwischenzeit war Reisch der Kritik an der anhaltenden Unterstützung der Creditanstalt zum Opfer gefallen und durch Viktor Kienböck ersetzt worden, der binnen kurzem einen restriktiven Kurs einschlug. Schließlich gelang es 1933 (nach der Einführung eines Transfermoratoriums für Auslandsschulden), im Wege der Lausanner Protokolle den erstrebten Auslandskredit zu erhalten, der primär für die Rückzahlung kurzfristiger Schulden bei der Notenbank verwendet wurde und so deren Devisenreserven wiederherstellte. Der Preis, der dafür bezahlt werden musste, war die Unterwerfung der heimischen Wirtschaftspolitik unter die externe Kontrolle durch den Völkerbund.

Die Reaktion der Austroliberalen auf die von Regierung und Notenbank getroffenen Maßnahmen war, wie vorauszusehen, ablehnend: Die Zunahme des Wechsel-

[24] Diese Position vertrat Mises in der Wirtschaftskommission von 1930; vgl. dazu Baltzarek (1981) und Grandner und Traxler (1984).

[25] Für eine detaillierte Darstellung vgl. Schubert (1991).

[26] Schubert (1991, S. 58–64) argumentiert, dass aufgrund ihres Umfangs die Staatsgarantie für die Bank das Misstrauen nicht beseitigt, sondern bloß von der Bank auf den Staat (und die Währung) verschoben habe: Aus der Banken- wurde so eine Währungskrise.

portefeuilles der Notenbank wurde als unverantwortliche Inflation kritisiert, die so bald wie möglich gestoppt werden müsse (siehe z. B. Mises 1978, S. 59). Der Verlust der Währungsreserven und die schließliche Abwertung des Schilling wurden als Folge dieser inflationistischen Politik angesehen. In einem Memorandum für den Völkerbund formulierte Machlup (1932a) die „offizielle" Position des Austroliberalismus. Er riet darin der Notenbank, keinesfalls zu intervenieren – denn solange sie von inflationistischer Politik abließe, seien auch die Währungsreserven nicht in Gefahr. Um illiquide Banken vor den Abzügen von (ausländischen) Einlagen zu schützen, hielt er ein Moratorium zwar für angebracht, nicht jedoch im Fall der Insolvenz (wie bei der Creditanstalt) – hier gab es keine Alternative zur Liquidation. Falls die Notenbank trotzdem intervenierte und die Banken mit Liquidität versorgte, dann müsste sie auch bereit sein, die unvermeidliche Abwertung der Währung hinzunehmen, d. h. vom Goldstandard abzugehen und die Währung frei schwanken zu lassen – auch wenn diese Lösung „ungerecht" und „von größerem Schaden [...] als [...] die Verschleuderung der Aktiven der eigentlichen Schuldner wäre" (ibid., S. 379). Der schlimmste Weg, den sich Machlup vorstellen konnte, war derjenige, den die Notenbank tatsächlich beschritt: zunächst zu intervenieren und sodann die notwendige Abwertung durch Devisenbewirtschaftung zu vermeiden.[27] Aus der Sicht der Austroliberalen stellte die Creditanstalt-Episode daher ein veritables Desaster dar – letztlich hatte die Politik nur der Form, nicht aber der Substanz nach den Goldstandard bewahrt, auch wenn dieser Abweichung von den Regeln keine wohlüberlegte Alternative zugrunde gelegen hatte, sondern sie vielmehr ein Ergebnis bloßen Nicht-Handelns war.

Nachdem nun das Desaster geschehen war (und nach der Amtsübernahme durch Kienböck), starteten die Austroliberalen eine Kampagne, um die Wirtschaftspolitik wieder auf den rechten Weg zurückzuführen[28] – mit einigem Erfolg, der sich wohl auch den Forderungen der ausländischen Gläubiger verdankte. Die Kampagne hatte drei Ziele: Erstens, die Rückkehr zu einer restriktiven Geldpolitik. Zweitens, die Abschaffung der Devisenbewirtschaftung, zumindest für den Außenhandel – dies war umso dringender, als der freie Schillingkurs im Vergleich zur offiziellen Parität markant gesunken war und somit die Transaktionen zum überbewerteten offiziellen Kurs die Exporte schädigten.[29] Und drittens, als Konsequenz

[27] Offensichtlich wäre es vorteilhaft gewesen, wenn überhaupt, die Devisenbewirtschaftung einzuführen, solange sich die Notenbank noch in einer Position der Stärke, d. h. im Besitz ausreichender Devisenreserven, befunden hätte. Für ein analoges Argument zur deutschen Währungskrise von 1931 vgl. Ferguson und Temin (2001, S. 39).

[28] Als Beispiele siehe Morgenstern (1932) und Machlup (1932f). Einige Beiträge von Mises sind – in englischer Übersetzung – in Mises (2002) abgedruckt. Vgl. auch retrospektiv Morgenstern (1937b).

[29] Vor der Einführung des Privatclearing kann als Marktkurs die Notierung des Schilling in Zürich herangezogen werden. Das höchste Disagio des Schilling betrug demnach 44 % im November 1931; siehe Schubert (1991, S. 92).

der ersten beiden Schritte die Wiederanbindung des Schilling an das Gold. In dieser Hinsicht war die Meinung unter den Austroliberalen (und überhaupt in der „Wirtschaft“) nicht einheitlich: Während die einen durch verstärkte monetäre Restriktion den alten Kurs wiederherstellen wollten,[30] waren andere bereit, eine Abwertung als Folge der vorangehenden Inflation hinzunehmen.[31] Zum Teil wurden diese Ziele schließlich mit der Stabilisierung des Schilling auf einem Wert von 20 % unter par erreicht. Der dabei meist beachtete Aspekt war jedoch nicht, dass auch die Anhänger des Goldstandards schließlich diese Abwertung akzeptierten (oder eine stärkere Abwertung hilfreich gewesen wäre), sondern dass damit „die Notenbank wiederum in die Lage versetzt [wurde], an der Bewegung des Wechselkurses die Zweckmäßigkeit ihrer eigenen Politik zu kontrollieren“ (o. A. 1934, S. 23), d. h. der (bereits fragile) Goldstandard wieder als Bremse für eine „inflationäre“ Politik fungieren konnte.

In dieser Hinsicht ist die Wechselkurspolitik nicht von der Geldpolitik zu trennen. Hier besteht die (unter Wirtschaftshistorikern umstrittene) Hauptfrage darin, inwieweit die Geldpolitik in den 1930er Jahren und besonders in der Ära Kienböck einen deflationären Charakter aufwies (siehe Senft 2002, S. 276).[32] Das macht zunächst eine Begriffsklärung notwendig. Bekanntlich bedeuteten Inflation und Deflation in der zeitgenössischen Literatur schlicht eine Zunahme bzw. Abnahme der (wirksamen) Geldmenge (siehe z.B. Haberler 1931, S. 1009 und Machlup 1934a, S. 40 f.). Das verschiebt das Problem hin zur Frage der Definition der Geldmenge; auch hiezu vertraten die Austroliberalen jedoch eine eindeutige Position: „Geld ist, was als Tauschmittel fungiert“, schrieb Machlup (1933b) und befürwortete damit eine Definition, die neben dem Bargeld auch die Sichteinlagen bei den Geschäftsbanken einschließt, nicht aber Spareinlagen.[33] Das steht im Gegensatz zu einer (zu) engen Definition, die nur Zentralbankgeld, d. i. Bargeld und die (Mindest-)Reserven der Banken, als Geld ansieht.

Die folgende Tabelle gewährt einen Blick auf die Entwicklung dreier monetärer Aggregate in den 1930er Jahren. Neben dem Zentralbankgeld (B) zeigt sie die (heute so genannte) Geldmenge M1, d. i. Bargeld und Sichteinlagen, was wohl am ehesten der impliziten Definition der Austroliberalen entspricht, und M2, ein noch

[30] Zur von Mises auf dem 10. Handelskammertag (1932) vertretenen Position siehe o. A. (1932) sowie Mises (2002, S. 276–285).

[31] Siehe Machlup (1932?), eine nicht veröffentlichte Kolumne für das *Neue Wiener Tagblatt*.

[32] Im Nachhinein verwahrte sich Kienböck (1947) gegen die Anschuldigung, einen deflationären Kurs gesteuert zu haben.

[33] Für entsprechende Definitionen siehe z. B. auch Machlup (1934a, S. 40f. und S. 61). Jedenfalls beruht die österreichische Konjunkturtheorie darauf, dass die Geschäftsbanken Geld schöpfen können, und impliziert daher eine weite Definition.

weiteres Aggregat, in dem auch die Spareinlagen enthalten sind.[34] Obwohl die zeitgenössischen Statistiken nur Daten für das Zentralbankgeld lieferten, wäre es ohne weiteres möglich gewesen, zumindest grobe Schätzungen für die anderen Aggregate zu berechnen.[35]

Tabelle 4.1: Österreich 1928–1936

Monetäre Aggregate (Jahresende) und reales BNP

	M1	M2	B	BNP
1928	99,0	95,8	94,4	98,6
1929	100,0	100,0	100,0	100,0
1930	97,6	103,3	100,2	97,2
1931	75,2	83,3	111,6	89,4
1932	61,9	76,3	105,8	80,2
1933	59,5	75,1	100,5	77,5
1934	54,9	73,2	107,2	78,2
1935	55,8	75,9	111,8	79,7
1936	53,7	75,3	112,4	82,1

Quellen: M1 and M2: Schubert (1991, S. 104); B: „Notenumlauf und Giroverbindlichkeiten der Nationalbank", *Monatsberichte*, verschiedene Ausgaben; BNP: Butschek (1985, S. 46), eigene Berechnungen.

In der Tabelle ist der inflationäre Impuls für 1931 im Zuwachs der Zentralbankgeldmenge um ca. 11 % zu erkennen; dieser wurde jedoch in seiner Wirkung auf die Aggregate M1 bzw. M2 dadurch überkompensiert, dass das Publikum von den Bankeinlagen zur Bargeldhaltung wechselte.[36] Insofern war die Abwertung des Schilling weniger die Folge einer Ausweitung der Geldmenge als eines Vertrauensverlustes in die Währung. Nach Inflation und Restriktion hatte sich Ende 1932 der Anstieg des Zentralbankgeldes fast völlig zurückgebildet, während die (relevanteren) Aggregate M1 und M2 um 45 % bzw. 25 % abgenommen hatten. Kombiniert mit relativ rigiden Preisen und Löhnen, erzeugte dies – konform mit der auf Friedman und Schwartz (1963) zurückgehenden monetaristischen Erklärung –

[34] M2 wurde hier aufgenommen, da nach Schubert (1991, S. 126) die Geldnachfrage in Bezug auf M2 statistisch stabiler war als für M1.

[35] Für die USA stammt eine ziemlich genaue Berechnung des Geldangebots von Currie (1934), vgl. Steindl (1995, S. 61 f.). Auch Machlup (1933c, S. 317) war sich auf Grund eigener Berechnungen der Schrumpfung des Geldangebots in den USA durchaus bewusst.

[36] Schubert (1991, S. 109) errechnet die Abnahme des Einlagen-Bargeld-Verhältnisses mit 52 % (für M1) bzw. 39 % (für M2).

einen Rückgang des Sozialprodukts um 20 %. Wie die Tabelle zeigt, sollte sich der Zustand der Wirtschaft auch in den folgenden Jahren nicht nachhaltig bessern.

Die hier skizzierte monetaristische Sicht wurde jedoch von den Austroliberalen nicht geteilt. Entgegen ihrer weiten Gelddefinition konzentrierten sie sich auf die Entwicklung der Zentralbankgeldmenge. Da trotz der Schilling-Stabilisierung die Zentralbankgeldmenge im Vergleich zum Sozialprodukt hoch geblieben war, sahen sie die Stabilisierung stets als von einem Aufleben der Inflation gefährdet. So stellte sich die Frage, „ob nicht [...] die Geldzirkulation für die weitere Aufrechterhaltung dieses Kurses noch immer zu hoch ist“ (o. A. 1933a, S. 16).[37] Statt den drastischen Rückgang der Bankeinlagen zu berücksichtigen, zogen sie es vor, dieses Missverhältnis durch die Existenz von „Horten“ zu erklären, also von Geld in den Händen des Publikums, das nicht für Transaktionen verwendet wird. Diese Horte wurden als eine ständige Bedrohung für die monetäre Stabilität erachtet und der Notenbank wurde empfohlen, jeder Mobilisierung solcher Horte durch eine restriktive Politik entgegenzutreten (siehe Machlup 1932d und o. A. 1933a, S. 19 f.).

Im Rückblick muss der Widerspruch zwischen diesen Warnungen vor Inflation und der drastischen Schrumpfung der Geldmenge (M1 und M2) und des Sozialprodukts rätselhaft erscheinen. Einen Ansatz zu einer „Lösung“ (siehe genauer Klausinger 2005) bietet die von den Austroliberalen getroffene Unterscheidung von „Deflationspolitik“ und „Deflation“ bzw. in der Terminologie von Amonn (1934, S. 4) von „Restriktion“ und „Kontraktion“. Erstere bezieht sich jeweils auf einen Rückgang der Geldmenge, der durch eine aktive Maßnahme der Notenbank hervorgerufen wird, letztere auf einen aus der Depression resultierenden quasi-automatischen Prozess – z. B. den Rückgang der Bankeinlagen aufgrund eines sinkenden Kreditvolumens. In diesem Sinne, vermeinten die Austroliberalen, gebe es in Österreich Deflation, aber keine Deflationspolitik.[38] Zudem galt diese Deflation als unvermeidliche Begleiterscheinung der Depression, die eine Reinigungsfunktion erfüllen und die notwendigen Strukturanpassungen erzwingen sollte.[39] Dass keine Erholung zustande kam, wurde daher nicht einer fehlgeleiteten Geldpolitik angelastet, die die automatische Deflation zuließ, sondern der mangelnden Flexibilität der Wirtschaft, insbesondere von Löhnen und Preisen.

[37] Diese austroliberale Interpretation der Notenbankpolitik wurde in wirtschaftshistorischen Darstellungen oft unhinterfragt übernommen, vgl. z. B. Butschek (1985, S. 56f.), Stiefel (1988a, S. 306) und Kernbauer (1991, S. 402).

[38] Es wurde „in keinem Staat ‚Deflationspolitik‘ betrieben“, behauptet Machlup (1934b).

[39] Zur Notwendigkeit der Deflation bzw. umgekehrt zu den Gefahren einer Reflationspolitik vgl. z. B. Hayek (1932b, S. 22), Machlup (1932b, S. 404) und Strigl (1931, S. 304).

Als die Konjunktur in Österreich 1933 ihren Tiefpunkt erreicht hatte, war demnach die Geldpolitik[40] erneut auf einen orthodoxen Kurs eingeschworen. Durch die im Gefolge der Devisenbewirtschaftung zunehmende Regulierung von Außenhandel und Industrie erschien die Wirtschaftspolitik jedoch von den liberalen Idealen weiter entfernt als zuvor. Trotz der ostentativen Rückkehr der Politik zu den Regeln des Goldstandards blieb daher auch in dieser Phase die Position der Austroliberalen zur österreichischen Wirtschaftspolitik durch Skepsis und Misstrauen gekennzeichnet.

4.5 Von Mises zu Morgenstern

Bevor die zweite Phase, von 1934 bis 1938, näher betrachtet wird, ist auf den Wandel innerhalb der Österreichischen Schule einzugehen.[41]

Ein Kennzeichen dieses Wandels war die Emigration der prominentesten Austroliberalen: Hayek (ab 1931 in London), Haberler (in Harvard, Genf und ab 1936 endgültig in Harvard), Machlup (in den USA, ab 1936 in Buffalo) und Mises (ab 1934 in Genf) verließen Österreich – ebenso aufgrund des wachsenden Antisemitismus wie des Mangels an Karrieremöglichkeiten.[42] Infolgedessen ging die informelle Führungsrolle unter den in Österreich verbleibenden Ökonomen von Mises (und seinen Anhängern) auf Morgenstern über. Morgenstern war bereits Hayek als Leiter des Instituts nachgefolgt und fungierte aufgrund der Inaktivität Mayers als der de facto verantwortliche Herausgeber der *Zeitschrift für Nationalökonomie*. Darüber hinaus bot das Institut eine der wenigen Beschäftigungsmöglichkeiten für Ökonomen außerhalb der Universität, und aufgrund seiner guten Kontakte sowohl zu staatlichen Stellen als auch zur Rockefeller Foundation verfügte Morgenstern über die nötigen Mittel.

Für diese Untersuchung ist die Rolle Morgensterns als Politikberater von zentralem Interesse.[43] Er übte ab 1934, und besonders 1936/1937, eine Reihe von offiziellen Funktionen (in der allerdings recht unübersichtlichen Bürokratie) aus, z. B. als offizieller Konsulent im Handelsministerium, als Mitglied der interministeriellen Preiskommission und als Vertreter Österreichs auf internationalen Konfe-

---

[40] Aus Platzgründen wird hier auf die prinzipiell ähnliche Entwicklung der Fiskalpolitik nicht eingegangen.

[41] Für eine ausführlichere Darstellung siehe Klausinger (2004a).

[42] Vgl. dazu die in Anm. 2 zitierten Quellen sowie Craver (1986a, 1986b), Müller (1987) und Rathkolb (1987).

[43] Bereits 1933 war Morgenstern im Gespräch für die Position des Generalsekretärs der Industriellenvereinigung, seine Bestellung scheiterte jedoch an einer Zeitungskampagne, die ihn als Juden, Liberalen und Mises-Schüler verunglimpfte (siehe OMP, Box 1) – ironischerweise in jedem Punkt zu Unrecht.

renzen und in den Verhandlungen mit den Auslandsgläubigern.[44] Wie seinen Aufzeichnungen zu entnehmen ist, waren seine informellen Beziehungen von vielleicht noch größerer Bedeutung, und hier insbesondere sein Naheverhältnis zu Kienböck, der nicht nur die Geldpolitik dominierte, und zu Ludwig Draxler, der als Finanzminister eine ausgeprägte Austeritätspolitik verfolgte. In dieser Zeit legte Morgenstern der Regierung eine Reihe von Denkschriften zu wirtschaftspolitischen Fragen vor (siehe Morgenstern Tb. 25.11.1936, OMP, Box 13). Daneben war Morgenstern auch im Kreis um den liberalen Ideen[45] gewogenen Julius Meinl tätig, während ein Versuch, seine Expertise für die Heimwehr zu gewinnen, scheiterte – er fand deren Ideen (zur Arbeitsbeschaffung) schlicht „grauenhaft" (Morgenstern Tb. 22.3.1935, OMP, Box 13).

Der Wechsel von Mises zu Morgenstern war aber nicht bloß ein Austausch von Personen, sondern signalisierte auch ein gewandeltes Politikverständnis. Hier vollzog sich auf mehreren Ebenen ein Bruch. Für die Politikberatung am wichtigsten war, dass sich Morgenstern in seinen *Grenzen der Wirtschaftspolitik* (1934) kritisch mit Mises, besonders mit seiner These, die Überlegenheit liberaler Wirtschaftspolitik lasse sich aus den theoretischen Sätzen der Ökonomie „nachweisen" (wie in Mises 1933, S. 183), auseinandersetzte. Morgenstern lehnte Liberalismus und Sozialismus als „starre Wirtschaftssysteme" (ibid., S. 15), die sich einer wissenschaftlichen Begründbarkeit entziehen, ab. Vielmehr formulierte er Wirtschaftspolitik als ein Ziel-Mittel-Problem, wobei die Ziele – Max Weber folgend – außerhalb des Bereichs der Ökonomie als Wissenschaft liegen (ibid., S. 4).[46] Hierbei kann es durchaus gerechtfertigt sein, dass die Politik in ihren Vorgaben von den liberalen Idealen abweicht, z. B. wenn sie eine wichtige Bevölkerungsgruppe durch protektionistische Maßnahmen vor der Vernichtung schützen will (ibid., S. 54 f.). Zudem besitzt, so Morgenstern, die Wirtschaftspolitik einen größeren Spielraum, als der klassische Liberalismus ihr zubilligen will, weil Phänomene wie Macht, Zeit, Erwartungen und Voraussicht ein Maß an „Unbestimmtheit" in den wirtschaftlichen Ergebnissen zulassen (ibid., S. 62 und S. 94).[47]

Die primäre Forderung an die Wirtschaftspolitik ist demnach nicht die Erfüllung eines inhaltlich bestimmten (z. B. des liberalen) Prinzips, sondern die nach der Widerspruchsfreiheit ihrer Maßnahmen (ibid., S. 49 f.). Dem entsprach die Wirt-

---

[44] Siehe z. B. Morgenstern Tagebuch (= Tb. 18.4., 17.7. und 12.10.1936, OMP, Box 13).

[45] Unter anderem einer Senkung der Kaffeesteuer; siehe Morgenstern (Tb. 22.11.1934, OMP, Box 13).

[46] Ähnlich bereits Braun in ihrer *Theorie der staatlichen Wirtschaftspolitik* (1929, S. 57): „Eine wissenschaftliche Abgrenzung dessen, was als Kollektivbedürfnis anzuerkennen ist, gibt es nicht" (im Original gesperrt).

[47] Die Diskussion des Macht-Problems folgt natürlich Böhm-Bawerk (1914); zur aus Erwartungen resultierenden Unbestimmtheit siehe auch Morgenstern (1935, S. 354).

schaftspolitik, wie sie wirklich betrieben wurde, allerdings keinesfalls – Morgenstern beschrieb sie als „Tummelplatz brutalster und zugleich kurzsichtiger Vertretung selbstsüchtiger Interessen", geprägt von „Unwissenheit jeglicher Art" (ibid., S. 51) – ein Urteil, das er im Nachhinein auch über die Wirtschaftspolitik des Ständestaates fällen sollte.

Trotz seiner Distanz zur (klassisch) liberalen Theorie und zur wissenschaftlichen Begründung liberaler Wirtschaftspolitik schätzte Morgenstern die praktischen Vorzüge eines „richtig verstandenen Liberalismus" und des Prinzips, „möglichst viel Freiheit in der Wirtschaft walten zu lassen" (ibid., S. 58).[48] Dem stellte er die praktischen Schwierigkeiten einer interventionistischen Politik gegenüber – die sich in ihrer Verwirklichung als eine „Gesinnung" erweise, „in der sich das Verlangen nach ständigem Schutz und fortwährendem Eingriffe kristallisiert" (ibid., S. 28).

Für Morgenstern war die Durchsetzung einer widerspruchsfreien, insbesondere einer „richtig verstandenen" liberalen, Wirtschaftspolitik jedenfalls an einen starken Staat gebunden, der sich gegenüber den Sonderinteressen der einzelnen Gruppen zu behaupten vermag. „Liberale Wirtschaftspolitik ist daher ein Zeichen der Stärke der Staatsmacht und verträgt sich daher durchaus mit autoritärer Staatsform [...]" (ibid., S. 58 f.).[49] In der Abwägung zwischen unterschiedlichen Regierungsformen spricht für einen autoritären Staat, dass er angesichts von Sonderinteressen und Verteilungskonflikten „gegenüber solchen Bestrebungen wirklich ‚Nein' sagen" kann (ibid., S. 130).[50] Im Gegensatz dazu beklagte Morgenstern, dass „Demokratien einer ernsten Wirtschaftskrise [...] hilflos gegenüberstehen" (ibid., S. 129). Insofern entsprach Morgensterns Position auch der in den österreichischen Eliten weit verbreiteten Einstellung, eine wirksame Bekämpfung der Wirtschaftskrise sei erst nach einer autoritären Wende möglich.[51]

---

[48] Zu Morgensterns Verhältnis zum Liberalismus vgl. auch Nakayama (2003).

[49] Morgenstern meldet allerdings auch Zweifel an der „Stärke" eines ständisch organisierten Staates an (ibid., S. 41 f.)

[50] In der englischen Ausgabe ersetzt Morgenstern – vielleicht als Zeichen seiner zunehmenden Ernüchterung – „wirklich" durch „*theoretically*" (1937a, S. 144; im Original kursiv). Und er fügt neu hinzu: „Undoubtedly one of the most important lessons to be learned from the experiences of the last few years is that wisdom or stupidity in matters of economic policy are not linked with particular forms of government" (ibid., S. 141). Auch die für Princeton konzipierte „Liberalismus"-Vorlesung (Morgenstern 1939b) zeugt von einer wiederum positiveren Einstellung zu Liberalismus und Demokratie.

[51] Für diesbezügliche Äußerungen von Dollfuß, Kienböck, Rost van Tonningen und Schuschnigg siehe z. B. die Belege bei Kernbauer (1991, S. 389); ähnlich Viktor Brauneis (Generaldirektor der Oesterreichischen Nationalbank) in einem Brief an Morgenstern (Brauneis an Morgenstern, 5.8.1932, OMP, Box 4).

Auch in dieser Hinsicht und in der Stellung zum autoritären Ständestaat ist die Position der Austroliberalen von jener Morgensterns zu differenzieren.[52] Obwohl der Austroliberalismus die österreichische Demokratie als nicht lebensfähig ansah, da sie nicht bloß von Sonderinteressen, sondern auch von einem Abgleiten in den Sozialismus und in die Herrschaft der Gewalt bedroht sei, so stand doch einer Annäherung an den Ständestaat dessen erklärt anti-liberaler Kurs im Wege. Max Mintz, ein Mitglied des Mises-Seminars, beklagte am neuen Regime dessen Klerikalismus (und Antisemitismus) und resümierte lakonisch: „In den letzten 80 Jahren war der politische und wirtschaftliche Liberalismus niemals so tot wie heute" (Max Mintz an Machlup, 9.12.1934, Fritz Machlup Papers [= FMP], Box 53).

Aber nicht nur in der theoretischen Begründung der Wirtschaftspolitik, sondern auch in entscheidenden inhaltlichen Positionen (z. B. zur Kapitaltheorie und zur Wirtschaftsrechnung) war Morgenstern gegenüber dem Austroliberalismus skeptisch. In der (hier besonders interessierenden) Konjunkturtheorie war seine Position allerdings ambivalent: Er lehnte „keynesianische" Ideen und die darauf beruhende expansionistische Wirtschaftspolitik strikte ab, ohne jedoch der Mises-Hayek-Variante der österreichischen Konjunkturtheorie zu folgen.[53] Vielmehr begnügte er sich mit einer eklektischen Sicht der Depression, die er als unvermeidliche Folgeerscheinung von Inflation und der in der Expansionsphase zunehmenden „Erstarrung" erklärte (Morgenstern 1934, S. 83 ff.).[54] In dieser Hinsicht vertrat er die Gültigkeit der orthodoxen Regeln, ohne deren austroliberale Begründung zu teilen.

Angesichts der beschriebenen Umstände ist es wenig überraschend, dass der Einfluss der Austroliberalen nach 1934 zurückging. Für die (weniger prominenten) in Österreich verbliebenen Mitglieder standen kaum Karrieremöglichkeiten offen: An den Universitäten fielen die neuen Professuren an deklarierte Anhänger des Ständestaats wie Dobretsberger (in Graz) und Kerschagl (an der Hochschule für Welthandel).[55] Und auch im von Morgenstern geleiteten Institut hatte nach 1934 keiner der Mitarbeiter – Ernst John, Reinhard Kamitz, Josef Steindl, Gerhard Tintner und Abraham Wald – eine Nahebeziehung zur liberalen Tradition. Einen letzten Hinweis bietet schließlich die Tatsache, dass die Austroliberalen ihre journalistischen Aktivitäten einstellten; so beendete Machlup seine regelmäßige Ko-

[52] Vgl. die subtile Kritik von Braun (1934, S. 23), Morgenstern werde „viel missverstanden werden; denn man wird ihm vorwerfen, er befürworte im Interesse gesunder Wirtschaftspolitik politischen Fascismus".

[53] Vgl. seine Kritik am neutralen Geld als Richtlinie der Geldpolitik (Morgenstern 1934, S. 128).

[54] Vgl. auch den „Konjunktur-Vortrag" (Morgenstern 1936c). Wie Rosner (1999, S. 221 f.) aufgezeigt hat, stehen die Konjunkturanalysen in den *Monatsberichten* oft im Widerspruch zur austroliberalen Theorie.

[55] Morgenstern erhielt 1935 immerhin den Titel eines außerordentlichen Professors.

lumne im *Neuen Wiener Tagblatt*, nachdem zu viele seiner Beiträge, offenbar unter dem Druck der Zensur, nicht mehr veröffentlicht wurden.[56]

4.6 Die Austroliberalen und die Wirtschaftspolitik des Ständestaats

Die wirtschaftliche Entwicklung während des Ständestaats war durch die nur sehr schwache Erholung von der Depression gekennzeichnet, nicht nur absolut gesehen, sondern auch im Vergleich mit anderen Ländern.[57] Im Folgenden soll die Rolle der Politikberatung an Hand der Maßnahmen der Arbeitsbeschaffung, der Hartwährungspolitik und der Industrie- und Handelspolitik beleuchtet werden.

Die Debatte um die Arbeitsbeschaffung[58] erstreckte sich vom Beginn der Krise bis zum Ende des Ständestaates. Da sich die Sichtweisen im Laufe der Zeit nur wenig wandelten, ist eine summarische Behandlung zulässig. Obwohl einige Versuche unternommen wurden, die Arbeitslosigkeit durch Maßnahmen der Arbeitsbeschaffung zu bekämpfen – die Finanzierungsmittel stammten aus Teilen der Erträgnisse der „Trefferanleihe“ 1933, der „Arbeitsanleihe“ 1935 und der „Investitionsanleihe“ 1937 –, bestand unter den Ökonomen ein breiter Konsens darüber, dass sie abzulehnen und nur unter dem Gesichtspunkt politischer Propaganda zu rechtfertigen wären.[59]

Der Konsens gegen Arbeitsbeschaffung[60] beruhte darauf, dass sie entweder durch Anleihen oder Steuern finanziert werden müsse; jede andere Option, etwa durch Inanspruchnahme der Notenbank, wäre inflationär mit all den wohl bekannten, schädlichen Folgen. In der Debatte um den Deutsch-Vertes-Plan (siehe dazu Butschek 1993) bemerkte Haberler über die Möglichkeit einer solchen Finanzierung durch Inflation, „ein Land mit einer inflationserfahrenen Bevölkerung [könne] sich solche Experimente nicht gestatten [...], weil ihre bloße Ankündigung schon zu einer Flucht vor der eigenen Währung führen müsste“ (Haberler

---

[56] Siehe Machlups Korrespondenz mit dem *Neuen Wiener Tagblatt* (FMP, Box 55, Folder 18) und mit Morgenstern (26.3. und 4.4.1934, FMP, Box 54). Die Machlup Papers enthalten zehn Typoskripte von nicht-publizierten Glossen (FMP, Box 86, Folders 3 and 4), die meisten von Anfang 1934.

[57] Österreichs Sozialprodukt lag – allein unter den westlichen Industriestaaten – 1937 sowohl unter dem Niveau von 1929 als auch unter dem von 1913; siehe Butschek (1985, S. 46). Zur Wirtschaftspolitik des Ständestaates vgl. auch Senft (2002) und die Beiträge in Bischof et al. (2003).

[58] Zu den Arbeitsbeschaffungsplänen vgl. Senft (2002, S. 471–493).

[59] Diese Meinung wird z. B. Kienböck zugeschrieben; siehe Kernbauer (1991, S. 393).

[60] Eine ausführliche Kritik der Arbeitsbeschaffungspläne findet sich in einem Gutachten von Haberler (1933).

1932, S. 137).[61] In diesem Zusammenhang verwarfen die Austroliberalen auch die These der sekundären Effekte von Arbeitsbeschaffungsausgaben, d. i. eine frühe Version des Keynesschen „Multiplikators", als „primitiv" und „naiv" (Machlup 1932c, S. 279).

Für den Fall nicht-inflationärer Finanzierung wurde die Wirksamkeit der Arbeitsbeschaffung bestritten. Es handle sich dabei nur um „Arbeitsverschiebung von einer Produktion in eine andere", weil „unter gegebenen Verhältnissen bei einer feststehenden Lohnhöhe mit einem bestimmten Kapitalbetrag nur eine bestimmte Höchstzahl von Arbeitern beschäftigt werden kann" (Machlup 1933a), und zudem würden unproduktive Staatsausgaben profitable private Investitionen ersetzen. Auch dem Austroliberalismus ferne stehende Ökonomen teilten diese Sicht; so attackierte z. B. Kerschagl die Arbeitsbeschaffung als Beispiel für eine „verfehlte Kapitalpolitik durch verfehlte Verwendung von Steuern und Anleihen zu Investitionen, welche von vornherein zur Ertragslosigkeit verurteilt" sei (Kerschagl 1933, S. 3; ähnlich auch Dobretsberger 1932). Morgenstern war zwar 1933 selbst der Autor eines „industriellen Arbeitsbeschaffungsplans" (o. A. 1933b), dieser bestand allerdings aus Lohnsubventionen, die durch Budgetumschichtungen – also inflationsfrei – hätten finanziert werden sollen, und Morgenstern (1933) betonte vor allem dessen „erzieherische Wirkung". Im Allgemeinen war er jedoch ein strikter Gegner der Arbeitsbeschaffung und vermerkte mit Genugtuung, dass Kienböck imstande war, die ärgsten Exzesse zu verhindern (Morgenstern Tb. 5.12.1936, OMP, Box 13). Noch im Jänner 1938, als John für die *Monatsberichte* einen die Arbeitsbeschaffung befürwortenden Beitrag verfasst hatte, wurde dieser aufgrund einer Intervention von Kamitz und Morgenstern (damals bereits in den USA) zensuriert, und schließlich überraschte Johns Beitrag durch eine Wende in der Mitte des Arguments, das nun mit der Bekräftigung des Vorrangs einer stabilen Währung schloss.[62]

Die Geldpolitik blieb vom Primat des Stabilitätszieles bestimmt, die Geldmengendaten bestätigen deren restriktiven Charakter auch nach 1933. Allerdings erwies sich nach der Wiederherstellung des österreichischen Bankensystems der Kredit- und Geldmarkt in zunehmendem Maß als von der Notenbankpolitik unabhängig.[63] Da das von der Creditanstalt dominierte Bankensystem, in dem sich eine quasimonopolistische Struktur herausgebildet hatte, über einen Überschuss an Reserven verfügte und bei der Kreditvergabe extrem vorsichtig vorging, hätte die Noten-

[61] Bemerkenswerterweise schloss sich der Kritik Haberlers auch Karl Polanyi (1932) an, der keineswegs dem Austroliberalismus zuzuordnen ist.

[62] Für einen Hinweis auf diese Episode vgl. Steindl (1988, S. 400), der 1938 Mitarbeiter des Instituts war. Der fragliche Artikel ist höchstwahrscheinlich „Österreich und die Weltkonjunktur" (o. A. 1938), der eindeutig keynesianisch inspiriert erscheint.

[63] Siehe Stiefel (1988a, S. 306–312) und Schubert (1991, S. 129).

bank – selbst wenn sie dies gewollt hätte – nur geringen Druck in Richtung Expansion ausüben können.[64] Dadurch blieben die Unternehmenskredite gleichzeitig knapp und teuer – so lag der Zinssatz für beste Schuldner durchwegs über 10 %. Zeitgenössische (und gegenwärtige) Kommentatoren gaben dem Monopolverhalten der Creditanstalt – die Zinsen zu erhöhen und die Kreditmenge zu verknappen – die Schuld an dieser Situation, und zweifellos nicht ganz zu Unrecht. Jedoch handelte es sich bei diesem „credit deadlock"[65] mit einer hohen Zinsspanne zwischen kurz- und langfristigen Titeln um ein typisches Phänomen im Gefolge einer Bankenkrise, selbst ohne Monopolbank.[66] In jedem Fall stellte das Versagen der Finanzintermediation einen weiteren Faktor dar, der zur Schwäche der wirtschaftlichen Erholung beitrug.

Der restriktive Kurs in der Geldpolitik hing natürlich eng mit der Stabilisierung der Währung zusammen. Unter diesem Aspekt war 1936 ein entscheidendes Jahr. In diesem Jahr entschied sich die österreichische Politik trotz des Zusammenbruchs des Goldblocks (der damals noch Frankreich, die Schweiz und die Niederlande umfasst hatte) und der Abwertung von deren Mitgliedswährungen für die Beibehaltung des Schillingkurses. Diese Entscheidung war umso bedeutungsvoller, da sie zu einem Zeitpunkt erfolgte, als Österreich die Autonomie über die Wirtschaftspolitik zurück erlangt hatte.[67]

Gerade zu dieser Zeit scheinen Morgensterns Einfluss als Berater und seine Kontakte zu wichtigen Entscheidungsträgern (wie Kienböck und Draxler)[68] besonders eng gewesen zu sein. Die vorrangige Botschaft Morgensterns war, dass Handeln dringend geboten war, und mit einer Denkschrift zur Währungsfrage (Morgenstern 1936a)[69] versuchte er dies zu unterstreichen. Demnach erforderte die Abwertung der Goldblockwährungen in jedem Fall Opfer, die unterschiedlichen Reaktionen der Wirtschaftspolitik würden die Lasten bloß unterschiedlich verteilen. Die Alternativen bestanden in interner oder externer Anpassung, d. h. Preissenkungspolitik oder Abwertung. Eine Abwertung des Schilling würde jedoch das

---

[64] Ein Ausweg hätte in expansiver Offenmarkt-Politik bestanden (vorzugsweise zur Finanzierung der Arbeitsbeschaffung) – ein „modernes" Instrument der Geldpolitik, dessen Einsatz als inflatorisch und nicht mit dem Nationalbankgesetz vereinbar abgelehnt wurde. Siehe auch Butschek (1985, S. 57).

[65] Die Bezeichnung stammt von Hawtrey (1937).

[66] Der Ansatz von Bernanke (1983) sieht die Ursache im mangelnden Kreditangebot aufgrund einer erhöhten Wahrnehmung des Risikos; Bernanke und James (1991) weisen einen Zusammenhang mit vorherigen Bankenkrisen nach.

[67] Die Völkerbund-Kontrolle der österreichischen Wirtschaftspolitik endete formal im November 1936, sie wurde schon zuvor lockerer gehandhabt; siehe Berger (1990/1991).

[68] Siehe hiezu Morgenstern (Tb. 13. und 21.6.1936, OMP, Box 13).

[69] Siehe Morgenstern (Tb. 25.11.1936, OMP Box 13); eine modifizierte Version der Denkschrift ist Morgenstern (1936b).

Budget nicht (wie eine stabile Währung aufgrund der in Fremdwährung denominierten Auslandsschulden) entlasten, sie würde das Vertrauen beeinträchtigen und durch die ausgelösten Preiserhöhungen die Kaufkraft der Arbeiter und Bergbauern (!) schädigen (Morgenstern 1936b, S. 168). Der aus heutiger Sicht kritische Aspekt einer Abwertung, nämlich expansive Geldpolitik zu ermöglichen, spielte in den Überlegungen keine Rolle. Die von Morgenstern bevorzugte Alternative ist jedenfalls die einer Preissenkungspolitik, direkt durch Preiskontrollen (vor allem der Agrarpreise) und indirekt durch die Beseitigung von Regulierungen und eine Öffnung gegenüber der internationalen Konkurrenz (ibid., S. 169). Das Nebenprodukt einer solchen Auflockerungspolitik wäre ein Schritt in Richtung eines liberaleren Wirtschaftssystems gewesen. Tatsächlich wurde der Schilling nicht abgewertet, jedoch zu Morgensterns Enttäuschung auch keine der von ihm vorgeschlagenen Maßnahmen in nennenswertem Ausmaß durchgeführt.

Diese Episode weist noch einen bemerkenswerten Aspekt auf. In seinem Tagebuch verwunderte sich Morgenstern: „alle ‚Ausländer' fragen immer wieder, warum wir nicht abgewertet haben" (Morgenstern Tb. 24.7.1937, OMP, Box 13). So argumentierte z. B. Haberler (damals bereits in Harvard und mit einiger intellektueller Distanz zur Mises-Gruppe) sowohl gegenüber Morgenstern (in insgesamt vier Briefen, Haberler an Morgenstern, 30.10., 20.11.1936, 9.1.1937 und undatiert [1937], OMP, Box 5) sowie an Draxler und Kienböck (siehe Draxler an Haberler, 19.11.1936 und Kienböck an Haberler, 12.12.1936, Gottfried Haberler Papers, Box 67), dass nun doch die Zeit für eine Abwertung des Schilling, z. B. in Form einer Anbindung an den Franc, gekommen sei. Morgensterns Replik ist nicht erhalten; im obigen Tagebucheintrag führte er als Motive für die Entscheidung gegen eine Abwertung „politische und agrarpolitische Hindernisse" an.

Die Wiedergabe der Abwertungsdiskussion wäre jedoch irreführend, würde sie sich auf die technokratische Ebene beschränken; im Gegenteil, die Argumente für die harte Währung waren typischerweise dogmatisch, wenn nicht gar moralisierend. So bekräftigte Dobretsberger (26.8.1935), im Übrigen auch Präsident der „Vereinigung für gesunde Währung", unter dem Titel „Konservative Währungspolitik – konstruktive Wirtschaftspolitik" die Gültigkeit der alten Regeln der Währungspolitik (im Gegensatz zu den „modernen Flunkerern") – mit dem Liberalismus habe das, „nebenbei bemerkt, gar nichts zu tun" –, und er schloss mit uneingeschränkter Lobpreisung: „Die österreichische Wirtschaftspolitik seit dem März 1933, dem Beginn des Autoritätsstaates, stellt eine gewaltige Leistung dar, die auch im Ausland voll gewürdigt worden ist. In erster Linie ist es die Währungspolitik [...], die das größte Kapital unserer Wirtschaft darstellt." Auch der sonst eher trocken formulierende Morgenstern kam nicht umhin, die „Bewunderung" zu erwähnen, die im Ausland der österreichischen Geld- und Finanzpolitik gezollt werde: „Wenn man sich wirklich an sie [diese Grundsätze] zu halten gewillt ist, können die Erfolge auch diesmal nicht ausbleiben" (Morgenstern 1936b,

S. 171). Die *Monatsberichte* gaben noch 1938 ein Bild dieses erhofften Erfolgs: „Infolge der gesunden Währungs- und vorsichtigen Kreditpolitik und durch Vermeidung von Überinvestitionen aller Art hat sich Österreich eine ungleich größere Krisenfestigkeit gesichert, als jene Länder, die sich in einem sehr vorgeschrittenen Stadium einer allzu stürmisch vor sich gegangenen Hochkonjunktur befinden." (o. A. 1938, S. 10) In der Tat brauchte sich Österreich mit dem Problem einer allzu stürmischen Hochkonjunktur nicht auseinander zu setzen.

Abschließend ist die „angebotsseitige" Politik des Ständestaates (in Hinblick auf Landwirtschaft, Industrie und Außenhandel) zu untersuchen.

Hierbei stimmen Historiker und zeitgenössische Kommentatoren darin überein, dass entgegen seinen Deklarationen die Politik des Ständestaates mehr denn je durch (manche) Sonderinteressen bestimmt wurde. Insbesondere hatten die Interessen der Landwirtschaft vorrangige Bedeutung,[70] was sich in einer besonders dichten Regulierung niederschlug, Das Ziel der Selbstversorgung und stabiler Agrarpreise führte letztlich zu einem komplizierten und teuren System von Marktordnungen, aus Mengen- und Preiskontrollen, Importverboten und Exportsubventionen etc., die Mises' lehrbuchmäßiger Beschreibung des Versagens des Interventionismus entnommen schienen. Jedenfalls hat die Bevorzugung der Landwirtschaft die Kosten (in Form überhöhter Preise) der Industrie und den Arbeitern aufgebürdet.

In ähnlicher Weise stand bei der Regulierung der industriellen Beziehungen das liberale Ideal des freien Wettbewerbs im Gegensatz zur Praxis einer Tendenz zur Kartellierung und der Stärkung von Monopolpositionen.[71] Dies wurde einerseits durch die existierenden Handelsbeschränkungen gefördert (Zölle, Importverbote und -beschränkungen), die viele Industriezweige vor der ausländischen Konkurrenz schützten, und anderseits erwiesen sich gerade jene Institutionen (Bünde, Kammern), die vom Ständestaat zum Zweck der „Selbstverwaltung" geschaffen worden waren, als ideale Orte der Kollusion. Als illustratives Beispiel für eine zünftlerische Politik der Wettbewerbsbeschränkung seien etwa die Verschärfung der Gewerbeordnung genannt oder der sog. „Semmelvertrag", der zum Nutzen der gewerblichen Bäcker die industrielle Herstellung von Semmeln und Kipfeln verbot (siehe Senft 2002, S. 223). Das Ergebnis waren überhöhte und starre Preise, die zusammen mit dem restriktiven Kurs der Geldpolitik die Erholung schwächen mussten. Diese Entwicklung auf der Preisseite stand zudem im Gegensatz zu derjenigen der Löhne, wo die Zerschlagung der Gewerkschaften und die zunehmende

[70] Die Vorzugsbehandlung der Landwirtschaft betonen Stiefel (1988a, S. 363–375) und Senft (2002, S. 423–449).

[71] Zum Folgenden vgl. Stiefel (1988b) und Senft (2002, S. 350–398).

„Flexibilität" der Arbeitsmärkte zu einem Rückgang der Lohnsumme und der Konsumnachfrage führten.[72]

Auch in Bezug auf diesen Bereich der Wirtschaftspolitik ist Morgensterns Reaktion erhellend. Er hatte sich insofern von der austroliberalen Position entfernt, als er das Vorherrschen unvollkommener Konkurrenz und die Notwendigkeit staatlicher Regulierung anerkannte, ebenso betrachtete er in der damaligen Situation eine einseitige Freihandelspolitik nicht als eine zulässige Option. Jedoch sah auch er den einzigen Weg zu einem nachhaltigen Aufschwung und zu einer Stärkung der internationalen Konkurrenzfähigkeit in der Beseitigung von Preisstarrheiten. Als Mittel hiezu forcierte er die Beseitigung von Handelshemmnissen. Nach den Abwertungen des Goldblocks formulierte er mit diplomatischem Geschick: „Da die zuständigen Regierungsstellen seit jeher erklärt haben, dass die meisten dieser Maßnahmen nur aus der Notlage der damaligen Zeit, als sie eingeführt wurden, entsprangen, ist damit zu rechnen, dass die Auflockerung, da sie ein Gebot der Stunde ist, nicht auf sich wird warten lassen." (Morgenstern 1936b, 169)

Nachdem die Hoffnungen Morgensterns auf die mit dem Begriff Auflockerungspolitik umschriebene „dosierte Liberalisierung" enttäuscht worden waren, zog er sich resigniert aus seinen Berater-Positionen zurück[73] und wandte sich wieder seiner akademischen Karriere zu. Unter mehreren Optionen entschied er sich 1938 für einen auf drei Monate geplanten Aufenthalt in den USA, von dem er – durch den „Anschluss" aus seiner Position im Institut entfernt – nicht nach Österreich zurückkehren sollte. Zuvor hatte sich allerdings seine Kritik an der Wirtschaftspolitik verschärft. In seinem letzten Vortrag im Jänner 1938 geißelte er nach einer kurzen Würdigung der „großen Leistungen" der Wirtschaftspolitik die Tendenz, „jeden, der auch nur für ein wenig mehr Freiheit in der Wirtschaft spricht, als einen ‚Erzliberalen' und daher als Feind zu brandmarken". In diesem Sinne urgierte er ein Ende der „hypertrophen Verbote der wirtschaftlichen Betätigung", „Abkehr von der Autarkie, [...] Zollabbau, [...] Beseitigung der Clearingverträge, [...] Aufhebung der Devisenbewirtschaftungen", und er bemängelte, dass „der Kreis jener, die bei der Bildung der wirtschaftspolitischen Ziele tatsächlich mitzureden haben, zu klein ist" (Morgenstern 1938). Ein Jahr später war seine Charakterisierung des Ständestaat-Systems bereits vernichtend, als „creating hosts of ‚corporate bodies' [...] the practical result [of which] is that they tend to eliminate every trace

[72] Makroökonomisch schlug sich die unterschiedliche Entwicklung der Wettbewerbsintensität auf den Produkt- und Faktormärkten in einer Abnahme der Lohnquote nieder, siehe Stiefel (1988b, S. 417).

[73] Nach der Ernennung eines Agrarpolitikers zum Bundeskommissär für Preisüberwachung notierte Morgenstern in sein Tagebuch (24.7.1937, OMP, Box 13): „Meine Mitwirkung in der Preiskommission habe ich seit der Ernennung Feests zum Kommissär niedergelegt. Es wird bei ihm nichts herauskommen." Siehe auch Mappe Felix Feest im Tagblatt Archiv der Wiener Stadt- und Landesbibliothek.

of new competition which might appear". Es gehöre daher in jenes Feld, „which might appropriately be called the ‚pathology of economic policy'" (Morgenstern 1939a, S. 39).

4.7 Einige Schlussbemerkungen

Inwiefern haben nun austroliberale Ideen die Wirtschaftspolitik in den 1930er Jahren entscheidend beeinflusst?

Für die Rekapitulation der Ereignisse spielt die Gliederung in zwei Phasen – vor und nach 1934 – eine wichtige Rolle. In der ersten Phase, als Ansehen und Einfluss des Austroliberalismus ihren Höhepunkt erreicht hatten, war der Handlungsspielraum der österreichischen Wirtschaftspolitik weitgehend uneingeschränkt, und tatsächlich wurde dieser Spielraum – unter den außerordentlichen Umständen von 1931 – für eine Politik genützt, die zunächst, wenn auch kaum einem Plan folgend, den Regeln des Goldstandards und allen Lehren des Austroliberalismus widersprach. Erst als sich Österreichs Abhängigkeit vom Auslandskapital und den internationalen Finanzinstitutionen verstärkte, verband sich die nunmehr bestehende Kontrollmacht dieser Institutionen mit den Empfehlungen der Austroliberalen, um die österreichische Wirtschaftspolitik auf den Pfad des Goldstandards zurückzuführen, dem sie hinfort ohne Zögern folgte.

In der zweiten Phase nach 1934 war die Stellung der Austroliberalen deutlich geschwächt, zum einen aufgrund der Emigration ihrer hervorragendsten Vertreter und der von Morgenstern gewahrten Distanz, zum anderen durch die prononcierte Ablehnung des Liberalismus durch den Ständestaat. Die nun gewählte wirtschaftspolitische Option kombinierte – in Anlehnung an das oben zitierte Diktum von Clarke – „rigide Doktrinen und rigide Preise". Die rigiden Doktrinen, denen die Politik folgte, waren jene des Goldstandards, und die rigiden Preise resultierten aus dem Versuch, die Marktbeziehungen durch ein dichtes System der Regulierung zu ersetzen; in Summe ergab das ein sicheres Rezept für ein wirtschaftliches Desaster. Hierbei wurde die Politik des Goldstandards von den österreichischen Ökonomen, und nicht bloß von den Austroliberalen, nahezu ohne Ausnahme befürwortet, während das hohe Ausmaß an Regulierungen in offenem Gegensatz zur liberalen Theorie stand und auch von Morgenstern zunehmend kritisiert wurde. Im Übrigen folgte die Politik den rigiden Regeln auch noch dann, als sie in dieser Hinsicht keiner externen Kontrolle mehr unterlag und ihre Autonomie zurück erlangt hatte.

Das Beharrungsvermögen der Goldstandard-Mentalität als bestimmendes Element österreichischer Wirtschaftspolitik in den 1930er Jahren scheint sich weder aus der extern ausgeübten Kontrolle, der „Finanzdiktatur" (Mattl 1984), noch aus dem Wirken des Austroliberalismus befriedigend erklären zu lassen. Gegen die erstere

Erklärung spricht, dass zunächst selbst der verbleibende Spielraum für eine weniger orthodoxe Geld- und Fiskalpolitik nicht ausgenützt wurde und eine so wichtige Entscheidung wie die über die Nicht-Abwertung des Schilling 1936 schon in weitgehender Autonomie getroffen wurde. Ebenso wenig darf der Einfluss des Austroliberalismus überschätzt werden. Das Erstarken orthodoxer Politik nach der CA-Krise war offensichtlich unabhängig von der Präsenz der Austroliberalen und wurde auch durch deren Emigration und die Übernahme ihrer Rolle in der Politikberatung durch den ihnen ferner stehenden Morgenstern nicht beeinträchtigt. In der Zeit des Ständestaates war die vom Goldstandard geleitete Politik nur ein einzelnes Element, für das ein Konsens nicht nur unter den Liberalen, sondern gerade auch unter den konservativen Ökonomen bestand, während die zentrale liberale Forderung nach einer „Auflockerungspolitik" kaum auf Widerhall stieß.

Zumindest aus der Propaganda für eine „gesunde Währung" und „gesunde Finanzen" spricht weniger eine liberale Überzeugung als das moralische Bedürfnis nach dem Befolgen traditionell akzeptierter Regeln – der Kampf gegen Inflation, Abwertung oder Defizite erschien als eine Frage der Ehrlichkeit, Aufrichtigkeit und Klarheit,[74] die alternativen Rezepte als Schwindelunternehmen „moderner Flunkerer", eine „Vergiftung", die eine „Entwöhnungskur" notwendig machte.[75] Diese – von den Austroliberalen agitatorisch durchaus geförderte – moralische Besetzung einer wirtschaftspolitischen Grundsatzentscheidung macht auch die Beobachtung von Eichengreen und Temin (2000, S. 185) verständlich, wonach die Mentalität des Goldstandards erst durch den Sturz von Regierungen bzw. den Austausch von Eliten überwunden werden konnte.

Zuallerletzt ist darauf hinzuweisen, dass die österreichische Wirtschaftspolitik, selbst wenn sie sich von den Beschränkungen durch die Goldstandard-Mentalität frei machen hätte können, damit noch kein Wundermittel gegen die Depression gefunden hätte. Wohl besteht ein weitgehender Konsens über die Rolle des Goldstandards als Ursachenfaktor der Großen Depression – die Vorteile eines Abgehens vom Goldstandard hätten sich aber nur entweder global (durch ein kooperatives Vorgehen) oder unilateral von einem großen Land realisieren lassen. Für ein kleines offenes Land wie Österreich, mit hoher Auslandsverschuldung und den Erfahrungen von Hyperinflation und Bankenkrise, wäre der Erfolg einer „keynesianischen" Politik jedoch keineswegs garantiert gewesen.[76] Die Verantwortung des Austroliberalismus für die schwache Performance der österreichischen Wirtschaft kann daher nicht bloß wegen seines nur mittelbaren Einflusses auf die gewählte Wirtschaftspolitik, sondern auch wegen der zweifelhaften Erfolgsaus-

---

[74] Siehe z. B. Meinl (1931) und Strigl (1932).

[75] Siehe Dobretsberger (1935) und o. A. (1933c).

[76] Vgl. hiezu die für Deutschland in der „Borchardt-These" (Borchardt 1982) formulierten Bedenken; für Österreich vgl. Butschek (1984).

sichten der Alternativen nicht allzu hoch veranschlagt werden. Möglicherweise verschaffte er den Politikern, die an den Regeln des Goldstandards – inmitten der größten Wirtschaftskrise des Jahrhunderts und ohne Anzeichen für durchschlagende Besserung – unbeirrt festhielten, bloß den Komfort eines ruhigen Gewissens.

4.8 Literatur

Amonn, A. (1934), Zur gegenwärtigen Krisenlage und inflationistischen Krisenbekämpfungspolitik. *Zeitschrift für Nationalökonomie* 5, 1–17.

Baltzarek, F. (1981), Ludwig von Mises und die österreichische Wirtschaftpolitik der Zwischenkriegszeit. *Wirtschaftspolitische Blätter* 28, 127–139.

Berger, P. (1990/1991), Meinoud Rost van Tonningen, Vertreter des Völkerbundes in Österreich: Ein Forschungsbericht. *Zeitgeschichte* 18, 351–378.

Bernanke, B. (1983), Nonmonetary Effects of the Financial Crisis in the Propagation of the Great Depression. *American Economic Review* 73, 257–276.

Bernanke, B. und James, H. (1991), The Gold Standard, Deflation, and Financial Crisis in the Great Depression: An International Comparison. In: Hubbard, R. G. (Hrsg.), *Financial Markets and Financial Crises*, Chicago: University of Chicago Press, 33–68.

Bischof, G., Pelinka A. und Lassner A. (Hrsg.) (2003), The Dollfuss/Schuschnigg Era in Austria: A Reassessment. *Contemporary Austrian Studies* 11.

Böhm, St. (1992), Austrian Economics between the Wars: Some Historiographical Problems. In: Caldwell, B. J. und Boehm, St. (Hrsg.), *Austrian Economics: Tensions and New Directions*, Boston–Dordrecht–London: Kluwer, 1–30.

Böhm-Bawerk, E. von (1914), Macht oder ökonomisches Gesetz? *Zeitschrift für Volkswirtschaft, Socialpolitik und Verwaltung* 23, 205–271.

Borchardt, K. (1982), *Wachstum, Krisen, Handlungsspielräume der Wirtschaftspolitik: Studien zur Wirtschaftsgeschichte des 19. und 20. Jahrhunderts.* Göttingen: Vandenhoeck & Ruprecht.

Bordo, M. D. und Rockoff, H. (1996), The Gold Standard as a "Good Housekeeping Seal of Approval". *Journal of Economic History* 56, 389–428.

Braun, M. St. (1929), *Theorie der staatlichen Wirtschaftspolitik.* Leipzig–Wien: Deuticke.

Braun, M. St. (1934), Buchbesprechung von Oskar Morgenstern, Die Grenzen der Wirtschaftspolitik. *Mitteilungen des Verbandes der österreichischen Banken und Bankiers* 16, 21–23.

Butschek, F. (1984), Die wirtschaftspolitischen Alternativen in der Stagnationsperiode 1933 bis 1937. *Wirtschaftspolitische Blätter* 31, 234–246.

Butschek, F. (1985), *Die österreichische Wirtschaft im 20. Jahrhundert.* Stuttgart: Gustav Fischer.

Butschek, F. (1993), Präkeynesianismus in Österreich. *Wirtschaft und Gesellschaft* 19, 171–182.

Clarke, P. (1988), *The Keynesian Revolution in the Making, 1924–1936.* Oxford: Clarendon Press.

Craver, E. (1986a), The Emigration of the Austrian Economists. *History of Political Economy* 18, 1–32.

Craver, E. (1986b), Patronage and the Directions of Research in Economics: The Rockefeller Foundation in Europe, 1924–1938. *Minerva* 24, 205–222.

Currie, L. (1934), *The Supply and Control of Money in the United States.* Cambridge; Reprint London: Routledge 2000.

Dobretsberger, J. (1932), Bemerkungen zu den Arbeitsbeschaffungsplänen. *Jahrbücher für Nationalökonomie und Statistik* 137, 260–274.

Dobretsberger, J. (1935), Konservative Währungspolitik – konstruktive Wirtschaftspolitik. *Neues Wiener Tagblatt* (26.8.1935), 15.

Eichengreen, B. und Temin, P. (2000), The Gold Standard and the Great Depression. *Contemporary European History* 9, 183–207.

Ferguson, Th. und Temin, P. (2003), Made in Germany: The German Currency Crisis of July 1931. *Research in Economic History* 21.

Friedman, M. und Schwartz, A. J. (1963), *A Monetary History of the United States, 1867-1960.* Princeton: Princeton University Press.

Grandner, M. und Traxler, F. (1984), Sozialpartnerschaft als Option der Zwischenkriegszeit? Liberal-korporatistisches Krisenmanagement am Beispiel der Wirtschaftskonferenz von 1930. In: Fröschl, E. und Zoitl, H. (Hrsg.), *Februar 1934: Ursachen, Fakten, Folgen,* Wien: Wiener Volksbuchhandlung, 75–117.

Haag, J. (1976/1977), Othmar Spann and the Quest for a "True State". *Austrian History Yearbook* 12/13, 227–250.

Haberler, G. *Papers.* Hoover Institution Archives, Stanford University.

Haberler, G. (1931), Die Kaufkraft des Geldes und die Stabilisierung der Wirtschaft. *Schmollers Jahrbuch* 55, 993–1023.

Haberler, G. (1932), Mit oder ohne Inflation: Zu „Aufbau, nicht Abbau". *Der Österreichische Volkswirt* 25/1 (6), 136–137.

Haberler, G. (1933), Möglichkeiten der Arbeitsbeschaffung in Österreich: Bericht an den Ausschuß „Arbeitsbeschaffung“ des Österreichischen Kuratoriums für Wirtschaftlichkeit (undatiertes Typoskript, April? 1933). In: *Gottfried Haberler Papers*, Box 64.

Hagemann, H. und Krohn, C.-D. (Hrsg.) (1999), *Biographisches Handbuch der deutschsprachigen wirtschaftswissenschaftlichen Emigration nach 1933*. München: K. G. Saur.

Hawtrey, R. (1937), The Credit Deadlock. In Gayer, A. D. (Hrsg.), *The Lessons of Monetary Experience,* New York: Farrar and Rinehart, 129–144.

Hayek, F. A. (1929), *Geldtheorie und Konjunkturtheorie.* Wien; Reprint Salzburg: W. Neugebauer 1976.

Hayek, F. A. (1931), *Prices and Production.* London: Routledge.

Hayek, F. A. (1932a), Kapitalaufzehrung. *Weltwirtschaftliches Archiv* 36, 86–108.

Hayek, F. A. (1932b), Das Schicksal der Goldwährung. *Der deutsche Volkswirt* 6; wieder abgedruckt in ders., *Was der Goldwährung geschehen ist: Ein Bericht aus dem Jahre 1932 mit zwei Ergänzungen,* Tübingen: Mohr, 1965.

Hobsbawm, E. (1997), *On History*. New York: The New Press.

Janssen, H. (1998), *Nationalökonomie und Nationalsozialismus: Die deutsche Volkswirtschaftslehre in den dreißiger Jahren.* Marburg: Metropolis.

Kernbauer, H. (1991), *Währungspolitik in der Zwischenkriegszeit: Geschichte der Oesterreichischen Nationalbank von 1923 bis 1938.* Wien: Oesterreichische Nationalbank.

Kerschagl, R. (1933), Probleme der Arbeitsbeschaffung. *Die Industrie* 8, 3–4.

Kienböck, V. (1947), *Währung und Wirtschaft: Ein Vortrag*. Wien: Herold.

Klausinger, H. (2004a), Von Mises zu Morgenstern: Der Austroliberalismus und der Ständestaat. Erscheint in *Zeitgeschichte* 31.

Klausinger, H. (2004b), "Two Minutes of Austrian Economics." Fritz Machlup's Journalistic Writings, 1932–1934. Erscheint in *Research into the History of Economic Thought and Methodology* 22B: *Documents on and from the History of Economic Thought*, 97–130.

Klausinger, H. (2005), "Misguided Monetary Messages": The Austrian Case, 1931–34. *European Journal of the History of Economic Thought* 12, 25–45.

Laidler, D. (1999), *Fabricating the Keynesian Revolution.* Cambridge: Cambridge University Press.

Leonard, R. J. (1995), From Parlor Games to Social Science: von Neumann, Morgenstern, and the Creation of Game Theory 1928–1944. *Journal of Economic Literature* 33, 730–761.

Leonard, R. J. (in Vorbereitung), *From Red Vienna to Santa Monica: von Neumann, Morgenstern and Social Science, 1925–1960*. Cambridge: Cambridge University Press.

Machlup, F., *Papers*. Hoover Institution Archives, Stanford University.

Machlup, F. (1932a), Die Währungs- und Kreditkrise. *Schmollers Jahrbuch* 62, 373–388.

Machlup, F. (1932b), Zur Frage der Ankurbelung durch Kreditpolitik. *Zeitschrift für Nationalökonomie* 4, 398–404.

Machlup, F. (1932c), Industrialisierung, Autarkisierung, Arbeitslosigkeit. *Mitteilungen des Verbandes der österreichischen Banken und Bankiers* 14, 278–286.

Machlup, F. (1932d), Das Geldhamstern. *Neues Wiener Tagblatt* (24.4.1932).

Machlup, F. (1932e), Verheizen wir unsere Möbel! *Neues Wiener Tagblatt* (3.7.1932).

Machlup, F. (1932f), Devisenbewirtschaftung. *Neues Wiener Tagblatt* (9.10.1932).

Machlup, F. (1932g), Die Zölle der andern Länder. *Neues Wiener Tagblatt* (23.10.1932).

Machlup, F. (1932?), Sie wissen nicht was Inflation ist. Typoskript. In: *Fritz Machlup Papers*, Box 86, Folder 3.

Machlup, F. (1933a), Die zwei Bedingungen. *Neues Wiener Tagblatt* (7.5.1933).

Machlup, F. (1933b), Wer sagt, was Geld ist? *Neues Wiener Tagblatt* (21.5.1933).

Machlup, F. (1933c), Diagnose des Falls Amerika. *Der Österreichische Volkswirt* 26/1 (13/14), 314–318.

Machlup, F. (1934a), *Führer durch die Krisenpolitik*. Wien; Reprint Wien: Manz 1998.

Machlup, F. (1934b), Was ist eigentlich Deflation? *Neues Wiener Tagblatt* (25.3.1934).

Machlup, F. (1980), My Early Work on International Monetary Problems. *Banca Nazionale del Lavoro Quarterly Review* 133, 115–146.

Mattl, S. (1984), Die Finanzdiktatur: Wirtschaftspolitik in Österreich 1933–1938. In: Talos, E. und Neugebauer, W. (Hrsg.), *Austrofaschismus: Beiträge über Politik, Ökonomie und Kultur 1934–1938*, Wien: Verlag für Gesellschaftskritik, 133–160.

Meinl, J. (1931), Mehr Klarheit, mehr Aufrichtigkeit. *Neues Wiener Tagblatt* (7.11.1931), 1–2.

Milford, K. und Rosner P. (1997), Die Abkoppelung der Ökonomie an der Universität Wien nach 1920. In: Hagemann, H. (Hrsg.), *Zur deutschsprachigen wirtschaftswissenschaftlichen Emigration nach 1933,* Marburg: Metropolis, 479–502.

Mises, L. (1912), *Die Theorie des Geldes und der Umlaufsmittel.* München; 2. Auflage Jena: Duncker und Humblot, 1924.

Mises, L. (1927), *Liberalismus.* Jena: Gustav Fischer.

Mises, L. (1928), *Geldwertstabilisierung und Konjunkturpolitik.* Jena: Gustav Fischer.

Mises, L. (1929), *Kritik des Interventionismus.* Jena: Gustav Fischer.

Mises, L. (1931), *Die Ursachen der Weltwirtschaftskrise.* Tübingen: Mohr.

Mises, L. (1933), *Grundprobleme der Nationalökonomie.* Jena: Gustav Fischer.

Mises, L. (1978), *Erinnerungen.* Stuttgart: Gustav Fischer.

Mises, L. (2002), *Between the Two World Wars: Monetary Disorder, Interventionism, Socialism, and the Great Depression.* In: Ebeling, R. M. (Hrsg.), *Selected Writings of Ludwig von Mises,* Bd. 2, Indianapolis: Liberty Fund.

Morgenstern, O., *Papers.* Rare Book, Manuscript, and Special Collections Library, Duke University.

Morgenstern, O. (1932), Der Weg zur freien Schillingkursgestaltung. *Neues Wiener Tagblatt* (10.9.1932).

Morgenstern, O. (1933), Ankurbelung ohne Inflation. *Neues Wiener Tagblatt* (12.2.1933).

Morgenstern, O. (1934), *Die Grenzen der Wirtschaftspolitik.* Wien: Julius Springer.

Morgenstern, O. (1935), Vollkommene Voraussicht und wirtschaftliches Gleichgewicht. *Zeitschrift für Nationalökonomie* 6, 337–357.

Morgenstern, O. (1936a), Bemerkungen zur wirtschaftspolitischen Lage Österreichs im Hinblick auf die internationalen Abwertungen. Typoskript (23. Nov.).

Morgenstern, O. (1936b), Währung und Preise. *Österreichische Zeitschrift für Bankwesen* 1, 166–171.

Morgenstern, O. (1936c), „Konjunktur-Vortrag." Typoskript (Jänner 1936). In: *Oskar Morgenstern Papers*, Box 26.

Morgenstern, O. (1937a), *The Limits of Economics.* London: William Hodge & Co. Revidierte Übersetzung von Morgenstern (1934).

Morgenstern, O. (1937b), Entstehung und Abbau der österreichischen Devisenbewirtschaftung. *Nationalökonomisk Tidsskrift* 75, 34–56.

Morgenstern, O. (1938), Die Bedingungen der wirtschaftlichen Lebensfähigkeit Österreichs, Typoskript (Jänner 1938). In: *Oskar Morgenstern Papers*, Box 22.

Morgenstern, O. (1939a), The Experience with Public Regulation and Public Monopoly abroad. In: Krout, J. A. (Hrsg.), Monopoly and Competition in Industry and Labor, *Proceedings of the Academy of Political Science* 18, 2, 34–39.

Morgenstern, O. (1939b), Principles of Economic Liberalism, Notes (1939). In: *Oskar Morgenstern Papers*, Box 57.

Müller, K. H. (1987), Die Idealwelten der österreichischen Nationalökonomen. In: Stadler, F. (1987), 238–275.

Nakayama, C. (2003), Austrian Economics in the Interwar Period: Morgenstern and Austria in the 1930s. *Area and Culture Studies* 65, 61–82.

Nautz, J. (1997), Zwischen Emanzipation und Integration. Die Frauen der Wiener Schule für Nationalökonomie. In: Fischer, L. und Brix, E. (Hrsg.), *Die Frauen der Wiener Moderne,* Wien: Verlag für Geschichte und Politik, 64–82.

o. A. (1932), Prof. Dr. Mises über die Devisenpolitik. *Neues Wiener Tagblatt* (20.10.1932).

o. A. (1933a), Rückblick auf das Jahr 1932. *Monatsberichte des Österreichischen Instituts für Konjunkturforschung* 7 (Februar 1933), 15–31.

o. A. (1933b), Industrieller Arbeitsbeschaffungsplan. *Neues Wiener Tagblatt* (11.2.1933).

o. A. (1933c), Vergiftung und Entwöhnungskur. *Neues Wiener Tagblatt* (22.10.1933).

o. A. (1934), Rückblick auf das Jahr 1933. *Monatsberichte des Österreichischen Instituts für Konjunkturforschung* 8 (Februar 1934), 21–43.

o. A. (1938), Österreich und die Weltkonjunktur. *Monatsberichte des Österreichischen Instituts für Konjunkturforschung* 12 (Jänner 1938), 6–10.

Polanyi, K. (1932), Ein gefährlicher Aufbauplan. *Der österreichische Volkswirt* 25/1 (6), 133–136.

Rathkolb, O. (1987), Überlegungen zum Exodus der „Jurisprudenz“. In: Stadler, F. (1987), 276–303.

Rellstab, U. (1991), *Ökonomie und Spiele: Die Entstehungsgeschichte der Spieltheorie aus dem Blickwinkel des Ökonomen Oskar Morgenstern.* Chur: Ruegger.

Rosner, P. (1999), The Austrian Research on Business Cycles. *History of Economic Ideas* 7, 195–226.

Schubert, A. (1991), *The Credit-Anstalt Crisis of 1931*. Cambridge: Cambridge University Press.

Senft, G. (2002), *Im Vorfeld der Katastrophe: Die Wirtschaftspolitik des Ständestaates, Österreich 1934–1938*. Wien: Braumüller.

Stadler, F. (Hrsg.) (1987), *Vertriebene Vernunft I: Emigration und Exil österreichischer Wissenschaft 1930–1940*. Wien: Jugend und Volk.

Stadler, F. (Hrsg.) (1988), *Vertriebene Vernunft II: Emigration und Exil österreichischer Wissenschaft*. Wien: Jugend und Volk.

Steindl, F. (1995), *Monetary Interpretations of the Great Depression*. Ann Arbor: University of Michigan Press.

Steindl, J. (1988), Zeitzeuge. In: Stadler, F. (1988), 399–401.

Stiefel, D. (1988a), *Die große Krise in einem kleinen Land*. Wien: Böhlau.

Stiefel, D. (1988b), Utopie und Realität: Die Wirtschaftspolitik des Ständestaates. In: Albrich, Th., Eisterer, K. und Steininger, R. (Hrsg.), *Tirol und der Anschluß*, Innsbruck: Haymon, 403–433.

Streissler, E. (1988), The Intellectual and Political Impact of the Austrian School of Economics. *History of European Ideas* 9, 191–204.

Strigl, R. (1931), Währungspolitik in der Krise. *Mitteilungen des Verbandes der österreichischen Banken und Bankiers* 13, 299–305.

Strigl, R. (1932), Rückkehr zu gesunder Währungspolitik! *Neues Wiener Tagblatt* (29.5.1932), 12–13.

Weber-Felber U. (1990), *Wege aus der Krise: Freie Gewerkschaften und Wirtschaftspolitik in der Ersten Republik*. Wien: Europa.

Kapitel 5

Die Beiträge der Österreicher zur „Sozialismusdebatte"

Reinhard Neck

5.1 Vorbemerkungen

Die „Sozialismusdebatte" oder „Kontroverse über die Wirtschaftsrechnung im Sozialismus" wurde insbesondere in der Zwischenkriegszeit über die Frage geführt, ob in einem Wirtschaftssystem, das als sozialistisch zu bezeichnen ist, also insbesondere einem Wirtschaftssystem mit zentraler Planung und kollektivem Eigentum an den Produktionsfaktoren, eine Wirtschaftsrechnung möglich ist und ob ein solches System effizient sein kann. Die wichtigsten Teilnehmer dieser Diskussion waren Ludwig von Mises, Oskar Lange und Friedrich August von Hayek. Mises und Hayek waren prominente Vertreter der Österreichischen Schule der Nationalökonomie der Zwischenkriegszeit und der unmittelbaren Zeit nach dem Zweiten Weltkrieg. Diese Debatte wurde nach dem Zweiten Weltkrieg bis in die Gegenwart insbesondere von Vertretern der amerikanischen „Austrians" geführt, wobei eine neunbändige Sammlung der wichtigsten Beiträge zu dieser Debatte vom gegenwärtigen Herausgeber der *Review of Austrian Economics*, Peter Boettke (2000), herausgegeben wurde. Aus diesen Gründen kann man die „Sozialismusdebatte" als ganz wesentlich durch Vertreter der Österreichischen Schule der Nationalökonomie bestimmt charakterisieren. Darüber hinaus stellen die Beiträge der Vertreter dieser Schule zur „Sozialismusdebatte" in einem gewissen Sinn eine Kristallisation der wesentlichen Elemente der Interpretation ökonomischer Sachverhalte durch die Vertreter der Österreichischen Schule dar. Im folgenden Beitrag sollen kurz die wichtigsten Arbeiten der Vertreter der Österreichischen Schule der Nationalökonomie zur „Sozialismusdebatte" dargestellt und besprochen werden, wobei insbesondere die Interpretation der Debatte durch diese Vertreter selbst im Mittelpunkt steht. Ferner soll versucht werden, die Relevanz der in der „Sozialismusdebatte" angesprochenen Themen im Lichte neuerer Entwicklungen der ökonomischen Theorie abzuschätzen. Für weitere Details sei auf die erwähnte Anthologie von Boettke sowie auf die Beiträge von Vaughn (1980, 1994) hingewiesen.

5.2 Gegenstand der „Sozialismusdebatte"

Der Begriff „Sozialismus" wird in der wissenschaftlichen und politischen Literatur höchst uneinheitlich verwendet. Weitgehende Übereinstimmung besteht dahingehend, dass Sozialismus von Kapitalismus dichotomisch abgegrenzt werden kann. Betrachtet man insbesondere Wirtschaftssysteme, so wird in den meisten Begriffsbildungen des Sozialismus auf folgende Elemente hingewiesen: In einem sozialistischen Wirtschaftssystem besteht kein Privateigentum an den nichtmenschlichen Produktionsmitteln, also insbesondere Kapital und Boden, die in „gesellschaftlichem" Eigentum gesehen werden, wobei damit oft (aber keineswegs durchgehend) staatlicher Besitz dieser Produktionsmittel gemeint ist. Ferner gingen die meisten Konzeptionen von Sozialismus (allerdings gerade nicht jene, die in den letzten Jahren in den westeuropäischen Ländern politisch erfolgreich waren) davon aus, dass zumindest Kapital und Wachstum in der Wirtschaft einer zentralen Planung unterliegen und dass freie Märkte nicht oder nur beschränkt existieren. Historisch gesehen kann man die „sozialistischen Gesellschaften" in Beziehung setzen zu politischen Bewegungen, die zumindest seit der Mitte des 19. Jahrhunderts an die Lehren von Karl Marx und Friedrich Engels anknüpfen, also insbesondere die (frühen) sozialdemokratischen und kommunistischen Bewegungen. Insbesondere die kommunistischen Parteien haben die von ihnen beherrschten Gesellschaften und Staaten immer als „sozialistisch" (und nicht als „kommunistisch") bezeichnet, sodass eine mögliche Begriffsbildung[1] das „sozialistische System" mit den von den kommunistischen Parteien beherrschten Gesellschaften identifiziert.[2]

Erschwerend für das Verständnis der in der „Sozialismusdebatte" aufgeworfenen Fragen ist überdies die Tatsache, dass mit dem Begriff „Sozialismus" einerseits sowohl reale Gesellschaften und Wirtschaftssysteme wie andererseits gedankliche Konstruktionen, utopische Vorstellungen oder zukünftig möglicherweise zu realisierende Gesellschaftsordnungen bezeichnet werden. Wir wollen uns im Folgenden mit der etwas unscharfen Begriffsabgrenzung begnügen, dass sozialistische Gesellschaften bzw. ein sozialistisches Wirtschaftssystem dann vorliegen, wenn zumindest Kapital und Boden nicht in Privatbesitz sind und zur Koordination wirtschaftlicher Pläne eine zentrale Behörde oder Planstelle existiert. Damit sind die meisten unter kommunistischer Herrschaft realisierten Gesellschaftsmodelle unter diesem Begriff zu subsumieren, nicht jedoch die meisten Gesellschaftsmo-

[1] So Kornai (1992).

[2] Durch diese Terminologie sind dann allerdings der freiheitliche Sozialismus und die von den sozialdemokratischen nichtkommunistischen Parteien angestrebte Gesellschaftsordnung nicht unter diesen Begriff zu subsumieren. Vgl. etwa für den freiheitlichen Sozialismus den Beitrag von Schiller (1955) oder neuerdings Giddens (1999).

delle, die von sozialdemokratischen oder demokratisch-sozialistischen Parteien in den letzten Jahren propagiert wurden.

Historisch gesehen ist den meisten sich selbst als sozialistisch oder mit dem Ziel der Errichtung einer sozialistischen Gesellschaftsordnung bezeichnenden Parteien und Gruppierungen die Kritik an der kapitalistischen Marktwirtschaft wesentlich. Dieser wird unter anderem vorgeworfen, dass die Arbeiter ausgebeutet und im Klassenkampf benachteiligt werden, dass durch Überproduktion Konjunkturschwankungen und Perioden der Massenarbeitslosigkeit hervorgerufen werden, dass Märkte zur Monopolisierung und damit zur Ausbeutung der Konsumenten tendieren und dass die Einkommens- und Vermögensverteilung in diesen Gesellschaften ungleich und „ungerecht“ sei. Neben diesen auf das Wirtschaftssystem bezogenen Kritikpunkten finden sich oft auch kulturkritische und gesellschaftspolitische Vorwürfe an das kapitalistische System, die aus ökonomischer Sicht schwer erfassbar sind und daher hier nicht weiter behandelt werden sollen. Besonders virulent wurde die Kritik am Kapitalismus in der Periode der Industrialisierung und der Entwicklung des modernen Industriekapitalismus im 19. Jahrhundert.

Nach vereinzelten Versuchen, ein alternatives Gesellschaftsbild auf utopischer Grundlage zu entwerfen, ist insbesondere die Entwicklung des so genannten „wissenschaftlichen Sozialismus“ oder Marxismus im Anschluss an die Arbeiten von Karl Marx und Friedrich Engels sowohl geistesgeschichtlich wie weltpolitisch bedeutend geworden. Im Gegensatz zu reformistischen Strömungen der Arbeiterbewegung, wie sie etwa von Ferdinand Lassalle oder von Eduard Bernstein (oder anderen „Revisionisten“ des klassischen Marxismus) vertreten wurden, die die Lösung der Probleme der Arbeiter in der Industriegesellschaft durch die Bildung von Gewerkschaften und von staatlichen Maßnahmen, insbesondere der Sozialpolitik, sahen und sehen, wurde von Marx und Engels die Meinung vertreten, dass die endgültige „Befreiung“ der Arbeiterklasse im allgemeinen nur durch eine Revolution zustande kommen könnte. An diesen Vorstellungen knüpften später die Vertreter der kommunistischen Parteien an, insbesondere Lenin und Stalin sowie deren Nachfolger in der Sowjetunion und in den nach dem Zweiten Weltkrieg von der Sowjetunion dominierten Ländern Osteuropas, aber auch in der Volksrepublik China und in anderen kommunistisch regierten Ländern.

Die ursprünglichen Vorstellungen von Marx und Engels über die Ausgestaltung einer sozialistischen Gesellschaftsordnung sind sehr schwer aus ihren Arbeiten zu konkretisieren. Insbesondere Marx hat sich ausdrücklich dagegen verwehrt, wie etwa die utopischen Sozialisten ein ideales Gesellschaftsbild einer sozialistischen Gesellschaft zu entwerfen. Vielmehr würde sich nach marxistischer Auffassung die zukünftige Gesellschaftsordnung aufgrund der „historischen Entwicklungsgesetze“ im Sinne des historischen Determinismus dialektisch entwickeln. Aus einzelnen Äußerungen von Marx kann man jedoch schließen, dass seine Vorstellung von Sozialismus darin bestand, dass die für den Tausch erstellte Produktion letztlich abgeschafft und im Sozialismus durch Produktion für die direkte Verwendung ersetzt werden würde. Geld als Tauschmittel wäre daher zumindest im Endstadium eines kommunistischen Gesellschaftssystems nicht mehr unbedingt erforderlich. Verschiedene marxistische Autoren, die an sich wenig über die Funktionsweise der sozialistischen Wirtschaft schrieben, vertraten auch die Meinung, dass die im Kapitalismus und in den vorkapitalistischen Gesellschaftsformationen vorherrschenden ökonomischen Probleme im Sozialismus und insbesondere dann im Kommunismus keine Bedeutung mehr haben würden.

Im Gegensatz dazu haben Vertreter der „bürgerlichen" Nationalökonomie die Meinung vertreten, dass wesentliche ökonomische Problem, wie etwa das Knappheitsproblem, auch im Sozialismus existieren würden und daher die ökonomische Theorie weiterhin von Bedeutung sein würde. Beispielsweise wies John Neville Keynes (1891, S. 69 ff.) darauf hin, dass auch in einer sozialistischen oder kommunistischen Gesellschaft eine Theorie des Tauschs oder eine Produktionstheorie sowie Außenwirtschaftstheorie erforderlich seien, und prognostizierte daher, dass zwar neue theoretische Probleme zu erwarten seien, dass aber die Wirtschaftstheorie weiterhin bestehen würde. Konkreter haben bereits die Vertreter der Neoklassik Friedrich von Wieser, Enrico Barone und Vilfredo Pareto darauf hingewiesen, dass eine Analyse von Allokationsproblemen auch für den Sozialismus notwendig sei. Das Experiment des so genannten Kriegskommunismus in der Sowjetunion unmittelbar nach der russischen Oktoberrevolution wird oft als Indikator dafür gesehen, dass die ursprüngliche Illusion zumindest der orthodoxen Marxisten, dass im Sozialismus keine Markpreise und kein Geld mehr erforderlich sein würden, empirisch widerlegt worden sei. Der Fehlschlag des Kriegskommunismus soll jedoch nicht darüber hinwegtäuschen, dass diese Zielsetzungen weiterhin auch in der Sowjetunion von Bedeutung geblieben sind und dass insbesondere unter Stalin und in der Folge im „Klassischen Sozialismus"[3] ähnliche Zielsetzungen weiter verfolgt wurden. Lavoie (1985) bezeichnet die diesbezüglichen Vorstellungen als die weiterhin wichtigste und sogar konsistenteste „Vision" einer sozialistischen Zentralverwaltungswirtschaft. Allgemein kann man jedoch sagen, dass bis etwa 1920 das Allokationsproblem von marxistischen Autoren nur sehr stiefmütterlich oder gar nicht gesehen und behandelt wurde.

[3] In der Terminologie von Kornai (1992).

5.3 Ludwig von Mises

Die auch unter Marxisten unbestritten größte Herausforderung für die sozialistische Wirtschaftslehre[4] wurde von Ludwig von Mises in seinem Aufsatz „Die Wirtschaftsrechnung im sozialistischen Gemeinwesen“ (Mises 1920) geliefert, die später in seinem Buch „Die Gemeinwirtschaft“ (Mises 1922) ausführlicher vorgetragen wurde. Mises stellt die Frage, ob die gleiche wirtschaftliche Logik, die im Kapitalismus herrsche, auch im Sozialismus zum Tragen kommen müsse, und er beantwortet sie im positiven Sinn: Geld und Preise verschwinden im Sozialismus nicht gleich, zumindest solange die Konsumentenpräferenzen für Konsumgüter beachtet werden. Das Problem stelle sich jedoch bezüglich der Allokation der Kapitalgüter. Wenn Tausch und damit ein allgemeines Tauschmittel, das Geld, auch im Sozialismus noch möglich sind, wenn auch von geringerer Bedeutung, so müssen die relativen Preise der Konsumgüter von einer zentralen Planungsbehörde in irgendeiner Form berücksichtig werden. Daraus ergibt sich dann allerdings nach Mises ein grundlegendes Problem der Wirtschaftlichkeitsrechnung.

Die Argumentation von Mises verläuft, kurz gefasst, folgendermaßen: Wenn es kein Privateigentum an den nichtmenschlichen Produktionsmitteln gibt, gibt es auch keine Märkte für diese Produktionsfaktoren. Daher existieren für diese Produktionsfaktoren keine Preise und die Planer können die Opportunitätskosten der Produktionsfaktoren nicht richtig abschätzen. Eine effiziente Ressourcennutzung und rationales Wirtschaften verlangen jedoch unabhängig von der jeweiligen Gesellschaftsform die Erfüllung der Optimalitätsbedingungen, worauf bereits Friedrich von Wieser, Léon Walras, Vilfredo Pareto, Enrico Barone und andere vor Mises hingewiesen haben. Daraus folgert Mises, dass in einer sozialistischen Wirtschaft Chaos und Verschwendung vorherrschen. Insbesondere sind ein wirtschaftliches Rechnungswesen wie Kostenrechnung und Buchhaltung notwendig, um zu sichern, dass die Ausgaben das Einkommen nicht übersteigen, und Marktpreise sind zur Messung der Effizienz der Ressourcenverwendung notwendig. Dafür sind jedoch Privateigentum und freier Tausch erforderlich. Kurz und bündig folgert Mises: „Ohne Wirtschaftsrechnung keine Wirtschaft“ (Mises 1920, S. 100).

Man kann das Grundargument von Mises im folgenden Sinne interpretieren:[5] Wirtschaftliche Rationalität im Sozialismus ist unmöglich, da die Mittel, die im Sozialismus eingesetzt werden (das gesellschaftliche Eigentum an den Produktionsfaktoren) nicht mit den Zielen des Sozialismus (höhere Güterproduktion und verbesserte Kooperation in der Gesellschaft) vereinbar sind. In diesem Sinn ist der Einwand von Mises gegen die marxistischen Autoren als ein durchaus theore-

---

[4] Vgl. dazu die ironischen Bemerkungen von Oskar Lange (1938) am Beginn seines Aufsatzes.

[5] Vgl. dazu auch Boettke (2000a).

tischer zu sehen, da die Eignung bestimmter Mittel – und zwar gerade der sozialistischen Gesellschafts- und Wirtschaftsordnung – für die Erreichung vorgegebener Ziele in Frage gestellt wird. Die spätere Diskussion ist dann oft von dieser Frage abgekommen, indem sie entweder die Ziele oder die Mittel variiert und damit zu zeigen versucht hat, dass der theoretische Anspruch von Mises nicht gerechtfertigt gewesen sei. Dazu haben sicher auch die polemischen Formulierungen von Mises beigetragen, die suggerierten, jegliche nichtkapitalistisch-marktwirtschaftliche Wirtschaft sei prinzipiell unmöglich.

Für Mises wesentlich ist die Trennung der Verteilung der Konsumgüter von ihrer Produktion. Diese Trennung, die im Sozialismus unerlässlich ist, verhindert eine ökonomische Zurechnung. Doch nur eine freie Geldpreisbildung der Güter höherer Ordnung, also der Kapitalgüter, ermöglicht aus der Sicht von Mises (und allgemeiner der Österreichischen Schule der Nationalökonomie) eine rationale Produktion. Die relativen Preise beinhalten Ex-ante-Information zur Planung der Akteure des wirtschaftlichen Systems. Andererseits dienen Gewinne und Verluste der Ex-post-Information über den Erfolg dieser Aktionen und der Entdeckung besserer Möglichkeiten sowie der Risikoabschätzung. Gewinne und Verluste sind jedoch nur möglich, wenn Privateigentum existiert, das hier die Funktion der Internalisierung der Kosten und Nutzen der Ressourcenverwendung hat. Bei Fehlen von Privateigentum an den Produktionsmitteln ist daher weder eine rationale Planung der Produktion noch die Entdeckung neuer und besserer Verfahren oder die adäquate Einschätzung von Risiko möglich. Mises folgert daraus auch, dass die Manager im Sozialismus zu stark risikogeneigt sein werden.[6]

Die Argumentation von Mises war primär gegen die „alten“ Marxisten gerichtet und konfrontierte sie daher mit Ergebnissen aus der Allokationstheorie der Neoklassik und deren Relevanz für ein sozialistisches Wirtschaftssystem. Andererseits ist allerdings Mises als Vertreter der Österreichischen Schule der Nationalökonomie zu sehen, und daher sind bereits in seinem Aufsatz aus 1920 und seinem späteren Buch, aber auch ganz besonders in seinen folgenden Arbeiten Elemente der Österreichischen Variante der Neoklassik ersichtlich. Mises basiert seine Argumentation auf der subjektiven Wertlehre. Er wirft dem Sozialismus nicht nur die perversen Anreize durch das Kollektiveigentum vor, sondern geht darüber hinaus, indem er die zu erwartende Bürokratie und das Fehlen unternehmerischer Innovationen aus dem Fehlen von Gewinn- und Verlustmotiv ableitet. Insbesondere Veränderungen, Unsicherheit und Initiative könnten in einem sozialistischen Wirtschaftssystem nicht adäquat realisiert werden. Der Österreichische Aspekt der

---

[6] Interessanterweise wird von Hayek gerade das Gegenteil vermutet, dass nämlich die Manager übermäßig risikoscheu sein werden. In beiden Fällen ist jedenfalls eine Fehlallokation zu erwarten.

Argumentation von Mises wird in dem Aufsatz aus 1920 (S. 103) in folgenden Zitaten deutlich:

> „Die statische [gemeint: stationäre, RN] Wirtschaft vermag ohne Wirtschaftsrechnung auszukommen. [...] es statische Wirtschaft im Leben nie geben kann, da sich die Daten immerfort verändern [...]“

Dass die Annahme einer stationären Wirtschaft bzw. die Verwendung einer statischen Analyse inadäquat für das Sozialismusproblem ist, begründet Mises nicht zuletzt mit der Tatsache, dass durch den Übergang zum Sozialismus alle Daten verändert werden, sodass aus der kapitalistischen Epoche stammende Relationen keine Bedeutung mehr haben. Im Hinblick auf spätere theoretische Entwicklungen sei hier auch noch bemerkt, dass bereits in dem Aufsatz von Mises 1920 die Überlegungen über die fehlende Motivation der Manager im Sozialismus (S. 109 ff.) auf die Motivationsstruktur als ein wesentliches Problem eines sozialistischen Wirtschaftssystems verweisen. Eine weitere Stelle in dem gleichen Aufsatz (S. 120) verweist ferner auf das Thema der Entscheidungsstrukturen und auf die implizit totalitären paternalistischen Ideen der Marxisten, die er folgendermaßen kritisiert:

> „Eine zweite unklare Vorstellung mischt sich ein: das persönliche Urteil des Beobachters über die Nützlichkeit der Güter, das dem Urteil der am Wirtschaftsverkehr teilnehmenden Menge entgegensteht.“

5.4 Der Konkurrenzsozialismus

Der Aufsatz von Mises, der zunächst auf Deutsch erschienen war und daher nur von der deutschsprachigen sozialistischen Publizistik zur Kenntnis genommen wurde, führte erst in den 1930er Jahren, als sich die wissenschaftliche Diskussion zunehmend vom deutschen in den angelsächsischen Raum verlagerte, zu einer theoretisch relevanten Reaktion von Anhängern eines sozialistischen Wirtschaftssystems. Die wichtigsten Autoren diesbezüglich waren H. D. Dickinson, Oskar Lange und Abba Lerner, die durchwegs im Sinne der Neoklassik argumentierten und ein Wirtschaftsmodell des Sozialismus entwarfen, das man als „Marktsozialismus“ oder als „Konkurrenzsozialismus“ bezeichnen kann.

Dickinson (1933) ging in seinem Sozialismusmodell davon aus, dass Privateigentum an den Konsumgütern und die freie Beschäftigungswahl bestehen bleiben, dass jedoch staatliches Eigentum an Kapital und Boden in einem sozialistischen Wirtschaftssystem vorherrscht. Ein zentrales Planbüro setzt dann die Preise fest, wobei für die Konsumgüter ein freier Markt zugelassen wird. Für die nichtmenschlichen Produktionsfaktoren erfolgt die Allokation aufgrund von mathematischen Modellen der Wirtschaftstheorie, wobei Dickinson sich an die klassische Arbeit von Barone (1908) anlehnte. Dabei sollen nach Dickinson die Nachfragefunktionen und die Produktionsfunktionen für alle Güter statistisch geschätzt und daraus die Gleichgewichtspreise ermittelt werden. Die Grundidee besteht also hier darin, ein walrasianisches Modell des allgemeinen Gleichgewichts in einem sozialistischen Wirtschaftssystem zu simulieren, wobei die zentrale Planbehörde die Gleichgewichtspreise aufgrund statistischer Schätzungen ermitteln kann.

Stärker ausgearbeitet ist das Marktsozialismusmodell von Oskar Lange (1938).[7] Wie Dickinson nimmt Lange an, dass Konsumgüter auf freien Märkten gehandelt werden können, und widmet sich der Bestimmung der Faktorpreise. Dabei geht er davon aus, dass die Preise der Produktionsfaktoren durch ein Verfahren von „Versuch und Irrtum", das einem walrasianischen Tâtonnement-Prozess entspricht, festgelegt werden, wobei das zentrale Planbüro als Auktionator fungieren soll. Die in staatlichen Unternehmungen stattfindende Produktion wird dabei durch zwei strikte Regeln geleitet, die das zentrale Planbüro den Managern der sozialistischen Unternehmungen vorgibt: Erstens, setze die Grenzkosten gleich den Güterpreisen. Zweitens, minimiere die Durchschnittskosten bei parametrisch gegebenen Ressourcenpreisen, um die Produktionsmenge zu bestimmen. Diese beiden Regeln sichern wie in einem kapitalistischen marktwirtschaftlichen System die Effizienz der Produktion.

Den Kommunikationsprozess zwischen dem zentralen Planbüro und den Unternehmungen stellt sich Lange so vor, dass das zentrale Planbüro den staatlichen Unternehmungen die Preise vorgibt, während die Unternehmungen Überschüsse und Fehlmengen an das zentrale Planbüro melden. Das zentrale Planbüro kann dann wie ein walrasianischer Auktionator wirken, und zwar in einem Trial-and-Error-Prozess die Preise bei Überschüssen senken und bei Fehlmengen erhöhen, um zu den Gleichgewichtspreisen zu gelangen. Dieses Lange'sche Modell des Konkurrenzsozialismus, das später[8] mathematisiert wurde, stellt eine aus walrasianisch-neoklassischer Sicht einwandfreie theoretische Lösung des Problems der Bestimmung von Gleichgewichtspreisen in einem sozialistischen Wirtschaftssystem dar. Es wurde von vielen Autoren in der Folge als Beweis dafür angesehen, dass die Einwände von Mises nicht zu Recht bestünden und durch dieses Modell widerlegt seien.

Lange begnügte sich als Vertreter eines sozialistischen Wirtschaftssystems jedoch nicht damit, nachzuweisen, dass im Sozialismus die Produktion ebenso effizient erfolgen könne wie im Kapitalismus (zumindest in deren walrasianischen Konzeptualisierungen), sondern er betonte, dass der Sozialismus darüber hinaus ge-

[7] Ursprünglich Lange (1936–37), der sich auf eine frühere Arbeit von Fred Taylor (1929) bezog. Vgl. zu dieser Diskussion auch die Beiträge von Abba Lerner (1936–37, 1937) und E. F. N. Durbin (1936).

[8] Arrow und Hurwicz (1960).

genüber dem Kapitalismus Vorteile habe: Es gebe im Sozialismus keine Ausbeutung durch (private) Monopole, durch die Planung könne der Konjunkturzyklus beseitigt werden, und eine gleichmäßigere Einkommensverteilung könnte durch wirtschaftspolitische Maßnahmen erzielt werden. Interessant dabei ist, dass sowohl von Lange wie von den anderen Autoren des Konkurrenzsozialismus die Argumentation für das sozialistische Wirtschaftsmodell auf der Grundlage der Neoklassik geführt wurde und nicht auf jener der marxistischen Arbeitswertlehre. Eine gewisse Ausnahme in dieser Hinsicht stellt nur der Marxist Maurice Dobb (1933) dar, der sich allerdings auch gegen die Konsumentensouveränität und damit auch gegen freie Konsumgüter- und Arbeitsmärkte aussprach. Ansonsten sind die Beiträge der Vertreter eines sozialistischen Wirtschaftssystems in der Zwischenkriegszeit dadurch charakterisiert, dass sie den neoklassischen Marginalismus als Instrument der Kontrolle der Unternehmungen durch die zentrale Planbehörde im Sozialismus einsetzten und dadurch die – in ihrer Sicht – kapitalistische Wirtschaft im Sinne der walrasianischen Theorie des allgemeinen Gleichgewichts in einer sozialistischen Wirtschaft nachbildeten.

5.5 Friedrich August von Hayek

Die Theorie des Konkurrenzsozialismus verlagerte die „Sozialismusdebatte“ von einer Auseinandersetzung zwischen Marxisten auf der einen Seite und neoklassischen Ökonomen auf der anderen Seite in eine inner-neoklassische Auseinandersetzung zwischen den Vertretern der Österreichischen Schule der Nationalökonomie, insbesondere Mises, Hayek und (im weiteren Sinn) Lionel Robbins, und den Mainstream-Neoklassikern, die im walrasianischen Paradigma argumentierten. Die Österreicher wandten sich dabei gegen die statische Gleichgewichtstheorie und betonten die Bedeutung von Prozessen, die unter Unsicherheit abliefen. Insbesondere Hayek[9] warf Barone, Lange und den anderen Vertretern des Konkurrenzsozialismus vor, dass sie zwar formale Analogien zwischen einem sozialistischen Wirtschaftssystem und einem kapitalistischen System unter statischen Bedingungen aufzeigten; doch erkläre der Versuchs- und Irrtums-Prozess weder im Kapitalismus noch im Sozialismus die dynamische Anpassung von Preisen adäquat. Dies werde auch durch die Weiterentwicklung von Planungstechnologien mit Hilfe der in der Zwischenkriegszeit entwickelten Instrumentarien der Ökonometrie und der Makroökonomik nicht behoben, da auch diese Instrumente (im Sinne der

[9] Die wichtigsten Beiträge Hayeks zur „Sozialismusdebatte“ sind seine beiden Aufsätze in Hayek (1935) sowie Hayek (1940) und sein berühmtester Aufsatz (Hayek 1945), der auch in der Würdigung durch das Nobelpreiskomitee hervorgehoben wurde. Eine übersichtliche Darstellung der Argumente Hayeks gibt Boettke (2006).

Vertreter der Österreichischen Schule der Nationalökonomie) im Wesentlichen statisch seien.

Wie bereits Mises stellte Hayek fest, dass ein statisches Gleichgewicht für die Entstehung eines neuen Wirtschaftssystems nicht adäquat ist. Im walrasianischen Modell fehlten Unsicherheit und unvollkommene Information, also insbesondere die Frage, welche Akteure was jeweils wüssten. Anpassungsprozesse verliefen in der Realität sowohl im Kapitalismus wie in jedem anderen Wirtschaftssystem im Sinne des „trading at false prices", also während des Ungleichgewichtsprozesses, der sehr lange dauern könne. Das allgemeine Gleichgewicht ist demgegenüber ein Zustand, in dem alle Pläne bereits voll koordiniert sind. Wenn man einen Ansatz der Theorie des allgemeinen Gleichgewichts voraussetzt, bedeutet das, dass man das Koordinationsproblem sozusagen per definitionem ausschaltet. Damit kann auch nicht die Frage beantwortet werden, wie auf Änderungen von Präferenzen oder von Technologie ökonomisch reagiert wird.

Der wichtigste Beitrag Hayeks zur Wirtschaftstheorie, der auch zur Verleihung des Nobelpreises an Hayek im Jahr 1974 geführt hat, ist die Betonung des Aspekts der unvollkommenen Information in einem marktwirtschaftlichen System. Nach Hayek ist die Information nicht gegeben, sondern muss ständig neu entdeckt werden. Der Wettbewerb dient hier als Entdeckungsverfahren auch für den jeweils besten Preis. Preise sind im Allgemeinen Ungleichgewichtspreise, und dezentralisierte Entscheidungen werden in einer Marktwirtschaft koordiniert, indem zwischen den verschiedenen Individuen „Wissensteilung" herrscht. Preissignale sind wichtig für Lernprozesse im Markt, auch wenn sie nicht Gleichgewichtspreise darstellen. Wesentlich für Hayek ist die Tatsache, dass dezentrale Information lokales Wissen darstellt, das auch kontextgebunden ist und daher nicht organisiert werden kann. Darüber hinaus[10] wird nach Hayek im Markt auch Wissen verarbeitet, das dem jeweiligen Akteur gar nicht bewusst, weil bereits internalisiert ist.[11]

Ein weiteres Argument von Hayek besteht darin, dass Güter, und zwar insbesondere Kapitalgüter, als heterogen angesehen werden. Es werden daher auf den Kapitalgütermärkten viele einzelne Güter produziert, die jeweils lokal (in Raum und Zeit spezifische) Bedeutung haben und dadurch bewertet werden, was durch eine zentrale Planbehörde auch konzeptuell nicht erfasst werden könnte. Darüber hinaus sind Kosten ebenso subjektiv wie Erwartungen und Informationen. Nicht Aggregate, sondern lokale Einheiten und nichtmaterielle Gütereigenschaften sind in

[10] Darauf verweist insbesondere Lavoie (1986).

[11] Die Analogie zu einem Radfahrer, der weiß, wie er sein Fahrzeug bedient, ohne die erforderlichen detaillierten physikalischen Kenntnisse zu haben, ist hier vielleicht hilfreich. Generell betont Hayek die zivilisatorische und kulturelle Bedeutung solchen „unbewussten Wissens".

einer Marktwirtschaft entscheidend, und gerade das spezialisierte Wissen ist nur dezentral verfügbar.

Unvollkommen informierten Individuen muss es ermöglicht werden, Verhaltensänderungen zu erlernen, um ihre Aktivitäten mit anderen zu koordinieren. Dafür sind Institutionen wie das Privateigentum, die Vertragsfreiheit und der Schutz durch allgemeine Regeln erforderlich. Diese Lernprozesse erfolgen in einem Marktsystem, wobei Hayek als Zielkriterium anstelle der statischen Effizienz (Pareto-Optimalität) eine Vorstellung von adaptiver Effizienz entwickelt. Während die Konkurrenzsozialisten den Markt als einen Mechanismus sehen, sieht Hayek den Markt als eine unternehmerische spontane institutionelle Reaktion auf ein Koordinationsproblem in einer komplexen Welt. Für Hayek sind demnach Märkte im Wesentlichen unplanbar.

Neben dem Argument des verstreuten Wissens, das für Hayek von besonderer Bedeutung ist, geht er auch auf die Anreizproblematik ein. Hayek betont, dass sich Manager in sozialistischen Unternehmungen wie Monopolisten verhalten und nicht wie in der vollkommenen Konkurrenz. Daraus folgen unter anderem auch ein anderes Risikoverhalten und generell andere Anreize.

Die Anreizfrage führt Hayek auch zu seinen späteren sozialphilosophischen und politischen Werken, in denen er annimmt, dass die Individuen nicht nur intellektuell unvollkommen sind, sondern möglicherweise auch moralisch. Für Hayek hat das sozialistische Wirtschaftssystem die unbeabsichtigte Konsequenz der Zerstörung von Freiheit und Demokratie. Einerseits wird in diesem System eine hohe diskretionäre Entscheidungsmöglichkeit der zentralen Planstellen gefordert, was mit demokratischer Freiheit nicht anreizkompatibel ist. Andererseits bedingt die Machtkonzentration im sozialistischen Wirtschaftssystem, die für die Wirtschaftsplanung notwendig ist, eine negative Auslese an der Spitze der Planungsbürokratie, die im politischen Wettbewerb gerade Personen mit totalitären Tendenzen an die Spitze führt. Damit endet für Hayek jedes sozialistische Wirtschaftssystem in der Vernichtung der Möglichkeit individueller Entscheidungen und der Herrschaft von Gesetz und Verfassung. Mit diesen Überlegungen verweist Hayek ebenfalls – wie bereits vor ihm Mises – auf die Frage der Entscheidungsstruktur als ein wesentliches Element des Wirtschaftssystemvergleichs.

Hayeks Kritik an den Konkurrenzsozialisten beinhaltet eine große Anzahl von Überlegungen, die Kernelemente der Theorien der Österreichischen Schule der Nationalökonomie enthalten. Im Gegensatz zur walrasianischen und zur marshallianischen Tradition der Neoklassik, die die Maximierung auf der individuellen Ebene und das Gleichgewicht auf der gesellschaftlichen Ebene betonen, wird bei Hayek und seinen Nachfolgern die katallaktische (Tausch-) Tradition der Österreicher in den Vordergrund gestellt. Eine weitere Wurzel der Hayek'schen Ideen ist die institutionelle Analyse des Liberalismus, die von den Österreichern aus der Klassik übernommen wurde. Schließlich ist zu beachten, dass Hayek in seinen methodologischen Überlegungen eine Kritik des Szientismus äußert, die ebenfalls als ein Österreichisches Spezifikum innerhalb der Neoklassik angesehen werden kann. Auch die zeitweilige Frontstellung gegen mathematische oder ökonometrische Verfahren kann in gewissem Sinn als Österreichisch interpretiert werden.

5.6 Neuere Beiträge zur „Sozialismusdebatte"

Nach dem Zweiten Weltkrieg schien es zunächst, als würden die Anregungen, die von der „Sozialismusdebatte" ausgingen, in erster Linie von der herrschenden neoklassischen walrasianischen Wirtschaftstheorie aufgegriffen. Nach deren Verfeinerung im Arrow-Debreu-Modell[12] erfolgte die Formalisierung von alternativen Mechanismen zur Ressourcenallokation und die Untersuchung von deren Eigenschaften. Eine wichtige Forschungsrichtung auf diesem Gebiet, die unlängst durch die Verleihung des Nobelpreises an drei ihrer führenden Vertreter gewürdigt wurde, ist jene des Entwurfs von Mechanismen (Mechanism Design). Dabei geht es darum, einen Ressourcenallokationsmechanismus aus verschiedenen alternativen Möglichkeiten zu wählen, wobei die Information in diesem Modell eines Wirtschaftssystems dezentral verteilt ist. Insbesondere Hurwicz (1960, 1972) hat Modelle von Kommunikationsprozessen auf spieltheoretischer Grundlage entwickelt, bei denen zwischen den Akteuren Botschaften ausgetauscht werden. Im Zentrum der Untersuchungen stehen dabei Analysen, inwieweit die verschiedenen Mechanismen anreizkompatibel sind. Zahlreiche Resultate zur Realisierung bzw. Implementierung (je nachdem, ob strategisches Verhalten fehlt oder berücksichtigt wird) von vorgegebenen Zielfunktionen liegen in diesem Bereich bereits vor.[13]

Eine Weiterentwicklung der Theorie der Ressourcenallokationsmechanismen erfolgte in der Theorie des Vergleichs von Wirtschaftssystemen („Comparative Systems"), die zum Ziel hat, theoretische Gerüste zum Vergleich von Wirtschaftssystemen zu entwerfen. Dabei werden Begriffe und Kriterien für die Beschreibung und Analyse (positiv) und den Vergleich (normativ) von Wirtschaftssystemen geliefert, die vom jeweiligen System möglichst unabhängig sein sollen. In dieser Theorie wird die methodische Forderung, die in der „Sozialismusdebatte" der Zwischenkriegszeit oft übersehen wurde, beachtet, dass man theoretische Systeme nur mit theoretischen Systemen, reale Systeme nur mit realen Wirtschaftssystemen vergleichen kann. Bei normativen Analysen werden dabei die Ziele als gegeben betrachtet und damit, soweit möglich, im Wirtschaftssystemvergleich Wertfreiheit

[12] Umfassend dazu Arrow und Hahn (1971).

[13] Vgl. dazu Hurwicz (1973) und zuletzt Hurwicz und Reiter (2006).

bzw. Wertneutralität angestrebt. Ein analytisches Konzept, das diesbezüglich nützlich sein dürfte, ist der Begriff der „Norm" von Koopmans und Montias (1971).[14]

Ein wichtiger Beitrag in dieser Theorie der Comparative Systems ist jener von Neuberger und Duffy (1976), in dem das Wirtschaftssystem analytisch in eine Entscheidungsstruktur, eine Informationsstruktur und eine Motivationsstruktur aufgegliedert wird. Durch diese Unterscheidung werden Aspekte und Elemente bewusst gemacht und problematisiert, die in der walrasianischen Theorie von vornherein als gegeben angenommen werden.[15] Von diesen drei Bereichen ist die Informationsstruktur in der wissenschaftlichen Literatur bei weitem am intensivsten untersucht worden. Seit etwa dem Beginn der 1970er Jahre sind buchstäblich tausende von Arbeiten erschienen, die verschiedene Aspekte der Funktionsweise von Wirtschaftssystemen bei unvollkommener Information analytisch behandeln. Auch die erwähnte Theorie des Mechanism Design gehört zu einem beträchtlichen Ausmaß in diesen Bereich. Die Ergebnisse der modernen Informationsökonomik zeigen, dass die vereinfachten Modelle des allgemeinen Gleichgewichts – und zwar sowohl jene der vollkommener Konkurrenz wie jene des Konkurrenzsozialismus – bei Bestehen unvollkommener Information in sehr vielen Fällen andere Ergebnisse liefern als bei vollkommener Information.[16] Das bedeutet, dass das walrasianische Modell (und seine Grundlage als Interpretation kapitalistischer Marktwirtschaften oder sozialistischer Planwirtschaften) in Bezug auf die Informationsannahmen nicht robust ist. Die Schlussfolgerung, die daraus meist gezogen wird, ist eher nihilistisch: Wenn das walrasianische System nur unter vollkommener Information funktioniert, dann werden, da in der Realität Information stets unvollkommen ist, in der Realität weder Kapitalismus noch Sozialismus perfekt funktionieren. Ein Vergleich zwischen beiden Wirtschaftssystemen ist auf der theoretischen Ebene daher nicht schlüssig möglich.

Unseres Erachtens wäre eine solche Schlussfolgerung voreilig. Einer der Gründe dafür kann aus den weiteren Entwicklungen der Argumentation der Vertreter der Österreichischen Schule der Nationalökonomie, die jetzt allerdings nahezu durchwegs in den USA beheimatet sind, entnommen werden. Insbesondere Lavoie (1985) betonte, dass die Positionen der Vertreter der Österreichischen Schule in einem neoklassischen Sinn falsch interpretiert wurden. Insbesondere lagen bei den Österreichern Begriffe wie Wirtschaftstheorie (als Theorie von Prozessen anstatt von Gleichgewichten), Effizienz (adaptive statt Pareto-Effizienz), Eigentum (faktische Verfügung über Ressourcen statt Gesetzestitel) und Wettbewerb (Marktprozess statt vollständige Konkurrenz) zugrunde, die dem neoklassischen Mainstream

[14] Vgl. dazu auch Conn (1977).

[15] Vgl. dazu Neck (1982).

[16] Vgl. Stiglitz (1994).

nicht entsprachen. Mises hat in der Interpretation von Lavoie zwar gegen die Marxisten die Notwendigkeit von Preisen statt Arbeitswerten betont, aber sein Argument war nicht notwendigerweise ein Gleichgewichtsargument, sondern gegen alle Formen des Sozialismus anwendbar. Man kann geradezu sagen,[17] dass die „Sozialismusdebatte" eine Wasserscheide in der Entwicklung der Österreichischen Schule der Nationalökonomie darstellte, indem sie zur Transformation der Position der Österreicher selbst führte. Diese Kontroverse hat den Österreichern gezeigt, wodurch sich ihr Marktsystemverständnis von jenem der anderen Neoklassiker unterscheidet. Aus diesen Unterschieden heraus entwickelte sich die in den USA und in anderen Ländern (nicht zuletzt auch in einigen ehemaligen Ostblockländern) an Bedeutung gewinnende Variante der Österreichischen Schule der Nationalökonomie, die ihre Wurzeln direkt auf Mises und Hayek zurückführt.[18]

Neben dieser Auswirkung der „Sozialismusdebatte" im Bereich der Wirtschaftstheorie darf auch nicht die tatsächliche Entwicklung der jüngsten Vergangenheit übersehen werden. Bekanntlich sind die realsozialistischen Wirtschaftssysteme in der Sowjetunion und in Mittel- und Osteuropa ab 1989 in spektakulärer Weise zusammengebrochen. Es ist natürlich die Frage, wie weit diese Entwicklung für die theoretische Diskussion relevant ist. In der Praxis der Länder, die von kommunistischen Parteien regiert wurden, erfolgte die Steuerung der Wirtschaftsprozesse weniger durch Preise als durch Mengen, was an sich schon Fehlallokationen vermuten lässt. Ebenso waren die Anreizstrukturen durchwegs problematisch. Dies gilt sowohl für das „klassische" sozialistische System unter Stalin wie für das poststalinistische System mit den Versuchen, marktwirtschaftliche Elemente in die Zentralverwaltungswirtschaften einzubauen. Die beste umfassende politisch-ökonomische Analyse dieser sozialistischen Systeme liefert unseres Erachtens Kornai (1992), der sich auch (unter anderem) auf Hayek beruft.[19]

Angesichts des Verschwindens des sozialistischen Systems in Europa und in der früheren Sowjetunion und seiner Transformationen in den meisten noch von kommunistischen Parteien diktatorisch regierten Ländern (vor allem der Volksrepublik China) stellt sich die Frage, ob es überhaupt noch von Interesse ist, sich mit einem Wirtschaftssystem zu beschäftigen, dessen Versagen ganz offenkundig geworden ist. Eine Antwort darauf gibt Hayek in seinem letzten (und wichtigen) Werk *The Fatal Conceit*: Selbst nach dem Niedergang des realen Sozialismus

---

[17] So etwa Vaughn (1994).

[18] Vgl. dazu Kapitel 1 und den Beitrag von Socher in diesem Buch.

[19] Der zentrale Begriff der „weichen Budgetbeschränkung", die bei Kornai als fundamentale Ursache der Schwäche des sozialistischen Systems identifiziert wird, kann in einem gewissen Sinn als Illustration der Mises'schen These von der fehlenden Wirtschaftsrechnung im Sozialismus interpretiert werden.

glauben viele, und nicht zuletzt auch Intellektuelle, dass sozialistische Ideale prinzipiell erreichbar sind. Eine Ursache für diese Vorstellungen sind Fehlinterpretationen der Geschichte, da im Gegensatz zu Dokumentationen durch Regierungen Marktprozesse kaum dokumentiert werden und daher vielfach ihre Bedeutung in der Geschichte unterschätzt wird. Außerdem verweist Hayek auf die Verzerrungen, die in der menschlichen Sprache erfolgen, in der Begriffe wie „sozial“ oder „Gesellschaft“ statt „Staat“ und „Regierung“ verwendet werden und damit positive Konnotationen erzielt werden. Angesichts der aktuellen Globalisierungsängste, die in weiten Kreisen bestehen, von Wünschen nach mehr Gleichheit und weniger Armut und Vorstellungen von „Gerechtigkeit“, die zum Teil direkt mit sozialistischen Ideen verbunden werden, sowie des Wiederauflebens postkommunistischer Parteien scheinen diese Überlegungen Hayeks durchaus aktuell.

Was von den Argumenten der Vertreter der Österreichischen Schule der Nationalökonomie in der „Sozialismusdebatte“ als bleibende Elemente betrachtet werden soll, sind unter anderem die Betonung der Tatsache, dass Wirtschaftssubjekte und insbesondere auch politische Akteure im Allgemeinen unvollkommene Informationen haben und auch nicht moralisch vollkommen sind, dass also Allwissenheit und Wohlwollen zwar in abstrakten Modellen, aber keinesfalls in der Realität allgemein verbreitet sind. Die Forderung der Österreicher, eine robuste Theorie des Wirtschaftsprozesses zu entwickeln,[20] die nicht derartige unrealistische Annahmen voraussetzt, ist im Bereich der Informationsökonomik weitgehend erfolgt; in der Politischen Ökonomie hat die Public-Choice-Theorie ähnliches für das politische System geleistet, indem sie die Figur des „wohlwollenden Diktators“ durch realistischere Modelle des politischen Prozesses ersetzt und daraus wesentliche Erkenntnisse gewonnen hat.

Unseres Erachtens ist der wichtigste Beitrag der Österreichischen Schule der Nationalökonomie der Nachweis des grundlegenden Unterschiedes zwischen der Vorstellung des „Entwurfs“ (Design) eines Wirtschaftssystems durch einen einzigen allmächtigen wohlwollenden Planer und der dezentralen Marktwirtschaft, die durch die „unsichtbare Hand“ koordiniert wird. In diesem Sinn haben die Österreicher Vorstellungen des klassischen Liberalismus weitergeführt, die als wichtigste Zielsetzung in einem Wirtschaftssystem postulieren, den intellektuell und moralisch Unvollkommenen möglichst wenig Gelegenheit zu geben, Schaden anzurichten. Das entsprechende Korrelat auf der theoretischen Ebene besteht in der Ablehnung von funktionalistischen Ansichten über Wirtschaftssysteme, wonach ein Wirtschaftssystem – sei es nun der Kapitalismus oder irgend eine Form des Sozialismus – als sozial ausgelegter Mechanismus zur Lösung wirtschaftlicher Entscheidungsprobleme zu sehen ist. Im Gegensatz dazu sind – wie in der Tradi-

---

[20] Dazu etwa Boettke (2000a).

tion der Österreichische Schule der Nationalökonomie – Wirtschaftssysteme selbst im Sinn einer Interaktionsanalyse als Ergebnisse von zahlreichen, im Allgemeinen nicht planmäßig koordinierten Entscheidungen von individuellen Akteuren zu sehen. Nicht „die Gesellschaft" ist Handlungs- und Entscheidungssubjekt, sondern die einzelnen Individuen agieren, und das System wird nicht bewusst „gewählt", sondern es entsteht mehr oder weniger spontan durch bewusste (allerdings nicht immer voll informierte) Entscheidungen der Individuen und (geplante, aber auch insbesondere ungeplante) Ergebnisse ihrer Interaktionen.

Diese Überlegungen stehen in einem gewissen Gegensatz zu den Ansätzen der Theorie der Comparative Systems.[21] Dies gilt auch für die sich neu herausbildende „New Comparative Economics" (Djankov et al. 2003), in der nicht mehr sozialistische und kapitalistische Wirtschaftssysteme, sondern verschiedene kapitalistische Wirtschaften miteinander verglichen werden, wobei der Einfluss von Institutionen auf die Wirtschaftsentwicklung betont wird. Nach dieser Theorie bestehen Zielkonflikte zwischen den Kosten von Unordnung (Instabilität, geringere Gleichheit der Einkommens- und Vermögensverteilung, mehr Dynamik, aber dadurch auch mehr Wachstum) und zentralisierten, diktatorischen Systemen (die als stabiler, mit größer Gleichheit der Einkommensverteilung, aber weniger Wachstum interpretiert werden). Das Grundproblem dieser und verwandter Ansätze[22] liegt darin, dass hier wieder (in quasi utopistischer Weise) die Idee nahe gelegt wird, man könne als Kollektiv ein Wirtschaftssystem gleichsam auf dem Reißbrett entwerfen und sich dabei für „mehr" oder „weniger" „Sozialismus" entscheiden. Als positives Gegenbeispiel sei eine neuere Arbeit von Greif (2006) hervorgehoben, in der historische und analytisch-sozialwissenschaftliche Analysen (hier mit Hilfe der Spieltheorie) von Institutionen und ihrer endogenen Dynamik zu einem tieferen Verständnis der europäischen Wirtschaftsgeschichte vom Ende des Mittelalter zur frühen Neuzeit führen. Mit solchen und ähnlichen Ansätzen sollten die Entstehung, Entwicklung und der Zusammenbruch des realsozialistischen Systems etwa in der Sowjetunion auch analysiert werden. Darüber hinaus könnten derartige Analysen des Institutionenwandels vermutlich auch tiefere und praktisch nützlichere Einsichten in ordnungspolitische Probleme aktueller Volkswirtschaften liefern als die funktionalistischen Ansätze, die Wirtschaftssysteme als Arrangements für bestimmte ökonomische Funktionen sehen und daraus Fragen nach der Entscheidung für ein bestimmtes Wirtschaftssystem abzuleiten versuchen.

---

[21] Vgl. dazu z. B. die Aussage bei Neuberger und Duffy (1976, S. 4): „An economic system is essentially a means toward achieving some fundamental goals of society."

[22] Etwa das verallgemeinerte Modell des allgemeinen Gleichgewichts bei Duranton und Haniotis (2004), bei dem durch spezielle Annahmen ein privatwirtschaftliches, ein kollektivwirtschaftliches und ein gemischtes Wirtschaftssystem dargestellt und auf die Transitionsökonomien in Mittel- und Osteuropa angewendet werden können.

5.7 Literatur

Arrow, K. J. und Hahn, F. H. (1971), *General Competitive Analysis.* San Francisco, CA.

Arrow, K. J. und Hurwicz, L. (1960), Decentralization and Computation in Resource Allocation. In: Pfouts, R. W. (Hrsg.), *Essays in Economics and Econometrics*, Chapel Hill, 34–104.

Barone, E. (1908), Il Ministero della Produzione nello Stato Colletivisto. *Giornale degli Economisti* 37, 267–293, 391–414. Übersetzung: The Ministry of Production in the Collectivist State, in: Hayek, F. A. von (1935), 245–290.

Boettke, P. (Hrsg.) (1994), *The Elgar Companion to Austrian Economics.* Cheltenham: Edward Elgar.

Boettke, P. (Hrsg.) (2000), *Socialism and the Market: The Socialist Calculation Debate Revisited.* 9 Bde. London: Routledge.

Boettke, P. (2000a), Towards a History of the Theory of Socialist Planning. In: Boettke, P. (2000), Bd. I, 1–39.

Boettke, P. (2006), Hayek and Market Socialism. In: Feser, E. (Hrsg.), *The Cambridge Companion to Hayek.* Cambridge: Cambridge University Press, 51–66.

Conn, D. (1977), Toward a Theory of Optimal Economic Systems. *Journal of Comparative Economics* 1, 325–350.

Dickinson, H. D. (1933), Price Formation in a Socialist Community. *Economic Journal* 43, 237–250.

Djankov, S., Glaeser, E., La Porta, R., Lopez-de-Silanes, F. und Shleifer, A. (2003), The New Comparative Economics. *Journal of Comparative Economics* 31, 595–619.

Dobb, M. (1933), Economic Theory and the Problems of a Socialist Economy. *Economic Journal* 43, 588–598.

Duranton, G. und Haniotis, T. (2004), A Comparison between Economic Systems with an Application to Transition. *Journal of Public Economics* 88, 2125–2157.

Durbin, E. F. M. (1936), Economic Calculus in a Planned Economy. *Economic Journal* 46, 676–690.

Giddens, A. (1999), *Der dritte Weg: Die Erneuerung der sozialen Demokratie.* Frankfurt am Main: Suhrkamp.

Greif, A. (2006), *Institutions and the Path to the Modern Economy: Lessons from Medieval Trade.* Cambridge: Cambridge University Press.

Hayek, F. A. von (Hrsg.) (1935), *Collectivist Economic Planning: Critical Studies on the Possibilities of Socialism.* London: Routledge.

Hayek, F. A. von (1940), Socialist Calculation: The Competitive "Solution". *Economica* 7, 125–149.

Hayek, F. A. von (1945), The Use of Knowledge in Society. *American Economic Review* 35, 519–530.

Hurwicz, L. (1960), Optimality and Informational Efficiency in Resource Allocation Problems. In: Arrow, K. J., Karlin, S. und Suppes, P. (Hrsg.), *Mathematical Methods in the Social Sciences,* Stanford, 27–46.

Hurwicz, L. (1972), On Informationally Decentralized Systems. In: McGuire, C. B. und Radner, R. (Hrsg.), *Decision and Organization: A Volume in Honor of Jacob Marschak,* Amsterdam, 297–336.

Hurwicz, L. (1973), The Design of Mechanisms for Resource Allocation. *American Economic Review, Papers and Proceedings* 63, 1–30.

Hurwicz, L. und Reiter, St. (2006), *Designing Economic Mechanisms.* Cambridge: Cambridge University Press.

Keynes, J. N. (1891), *The Scope and Method of Political Economy.* London: Macmillan.

Koopmans, T. C. und Montias, J. M. (1971), On the Description and Comparison of Economic Systems. In: Eckstein, A. (Hrsg.), *Comparison of Economic Systems: Theoretical and Methodological Approaches,* Berkeley, 27–78.

Kornai, J. (1992), *The Socialist System: The Political Economy of Communism.* Princeton, N. J.: Princeton University Press.

Lange, O. (1936–37), On the Economic Theory of Socialism. *Review of Economic Studies* 4, 53–71, 123–142.

Lange, O. (1938), On the Economic Theory of Socialism. In: Lippincott, B. E. (Hrsg.), *On the Economic Theory of Socialism.* Minneapolis, 57–90.

Lavoie, D. (1985), *Rivalry and Central Planning. The Socialist Calculation Debate Reconsidered.* Cambridge: Cambridge University Press.

Lavoie, D. (1986), The Market as a Procedure for Discovery and Conveyance of Inarticulate Knowledge. *Comparative Economic Studies* 28, 1–19.

Lerner, A. P. (1936–37), A Note on Socialist Economics. *Review of Economic Studies* 4, 72–76.

Lerner, A. P. (1937), Statics and Dynamics in Socialist Economics. *Economic Journal* 47, 253–270.

Mises, L. (1920), Die Wirtschaftsrechnung im sozialistischen Gemeinwesen. *Archiv für Sozialwissenschaft und Sozialpolitik* 47, 86–121.

Mises, L. (1922), *Die Gemeinwirtschaft: Untersuchungen über den Sozialismus.* Jena.

Neck, R. (1982), Die „Sozialismusdebatte“ im Lichte ausgewählter neuerer Entwicklungen der ökonomischen Theorie. *Jahrbuch für Sozialwissenschaft* 33, 242–264.

Neuberger, E. und Duffy, W. J. (1976), *Comparative Economic Systems: A Decision-Making Approach.* Boston.

Schiller, K. (1955), *Sozialismus und Wettbewerb.* Hamburg: Verlagsgesellschaft deutscher Konsumgenossenschaften.

Stiglitz, J. E. (1994), *Whither Socialism?* Cambridge, MA: MIT Press.

Taylor, F. M. (1929), The Guidance of Production in a Socialist State. *American Economic Review* 19, 1–8.

Vaughn, K. I. (1980), Economic Calculation under Socialism: The Austrian Contribution. *Economic Inquiry* 18, 535–554.

Vaughn, K. I. (1994), The Socialist Calculation Debate. In: Boettke, P. (1994), 478–484.

Kapitel 6

Schumpeters Konjunktur- und Wachstumstheorie

Harald Hagemann

6.1 Einleitung

Seit der Mitte des 19. Jahrhunderts wird das Studium der Krisen und wirtschaftlicher Schwankungen ein zentraler Gegenstand der ökonomischen Analyse im deutschsprachigen Raum. Dies gilt sowohl für die Vertreter der Historischen Schule, wie es besonders einprägsam in Wilhelm Roschers Studie *Die Productionskrisen mit besonderer Rücksicht auf die letzten Jahrzehnte* (1849) zum Ausdruck kommt, als auch für Karl Marx, für den Krisen und ökonomische Zyklen ein Wesenselement der Entwicklung kapitalistischer Wirtschaft sind. Obwohl seine Konjunkturtheorie „remained the great "unwritten chapter" of his work", gelte es, „to give to Marx high rank among the workers in this field", wie es in der *History of Economic Analysis* von Schumpeter[1] heißt, für den das Marxsche Werk mit seiner Betonung der dynamischen Kräfte der Entwicklung kapitalistischer Volkswirtschaften, insbesondere der zentralen Rolle der Kapitalakkumulation und des Technischen Fortschritts, die zentrale Herausforderung bildet und somit sein eigenes Forschungsprogramm wesentlich prägt.

Hinzu kommt der Einfluss seines Lehrers Eugen von Böhm-Bawerk, der in einer ausführlichen Rezension von Eugen von Bergmanns *Die Wirtschaftskrisen: Geschichte der Nationalökonomischen Krisentheorieen* die Krisentheorie als „letztes Kapitel" bzw. letzte Stufe und damit als Vollendung einer ökonomischen Theorie, der Durchdringung aller sozioökonomischer Theorien und ihrer Interdependenz charakterisiert hatte.[2]

So betont Schumpeter, der im Sommersemester 1905 zusammen mit Emil Lederer, Ludwig von Mises, Otto Bauer, Rudolf Hilferding, Felix Somary und anderen am Seminar von Böhm-Bawerk an der Universität Wien teilnahm, im Vorwort der ersten Auflage seiner *Theorie der wirtschaftlichen Entwicklung*, dass er bei seinen wirtschaftstheoretischen Untersuchungen „von konkreten theoretischen Prob-

---

[1] Schumpeter (1954, S. 1131 und 748).

[2] Vgl. Böhm-Bawerk (1898, S. 132).

lernen" ausging, „zuerst und zwar im Jahre 1905 vom Krisenproblem"[3]. Aus dem zentralen sechsten Kapitel „Das Wesen der Wirtschaftskrisen" der ersten Auflage von 1911 wird aufgrund der zu Beginn des 20. Jahrhunderts allmählichen Veränderung der Terminologie und der Analyse eines vollständigen Zyklus anstelle einer weitgehenden Konzentration auf die Abschwungphase „Der Zyklus der Konjunktur" als Kapitel 6 der einzigen vollständig überarbeiteten Neuauflage von 1926[4], mit dem nicht unbescheidenen Anspruch, „daß das, was ich nun zu neuerlichem Vortrag formulierte, wirklich die wahre Lösung des Konjunkturproblems ist und von allem Anfang war"[5].

Zentrale Punkte deuten sich hier bereits an. Das Werk Schumpeters, des Befürworters und Analytikers des Prozesses „schöpferischer Zerstörung", ist selbst durch eine bemerkenswerte Kontinuität gekennzeichnet. So macht er klar, dass seine Wiener Habilitationsschrift *Das Wesen und der Hauptinhalt der theoretischen Nationalökonomie* (1908) und die *Theorie der wirtschaftlichen Entwicklung* (1911) als eine Einheit anzusehen sind, obwohl letzteres Werk (das im ersten Kapitel im Wesentlichen zentrale Ergebnisse des ersteren Werkes zusammenfasst) unabhängig vom ersteren gesehen werden kann. Stellvertretend für die beiden Bände stehen die Begriffe *Statik* und *Dynamik*. So hebt Schumpeter bereits in der Einleitung seines ersten Buches hervor:

> „Meine Darstellung beruht auf der fundamentalistischen Scheidung zwischen „Statik" und „Dynamik" der Volkswirtschaft, ein Punkt, dessen Bedeutung nicht genug betont werden kann. Die Methoden der reinen Ökonomie reichen vorläufig nur für die erstere aus und nur für die erstere gelten ihre wichtigen Resultate. Die „Dynamik" ist in jeder Beziehung etwas von der „Statik" völlig verschiedenes, methodisch ebenso wie inhaltlich. [...] Nur mit der Statik wollen wir uns hier befassen; lediglich Ausblicke auf und gelegentliche Bemerkungen über das Gebiet der Dynamik sollen gegeben werden." (Schumpeter 1908, S. XIX–XX).

Letzteres Gebiet ist Aufgabe des zweiten Bandes, der „die Marksteine theoretischer Erkenntnis nach der Richtung des Phänomens der wirtschaftlichen Entwicklung hin weiter hinauszuschieben gestattet"[6], wie der Verfasser im Vorwort zur ersten Auflage betont.

---

[3] Vgl. Schumpeter (1987, S. VIII).

[4] Allerdings fehlt nun das frühere siebente Kapitel „Das Gesamtbild der Volkswirtschaft", wozu Schumpeter vor allem folgende Begründung gibt: „Das Bruchstück von Kultursoziologie [...] hat mitunter die Aufmerksamkeit des Lesers abgelenkt von den Problemen trockener ökonomischer Theorie" (Schumpeter 1987, S. XI).

[5] Ibid.

[6] Schumpeter (1987, S. VIII).

Für die Arbeitsteilung zwischen den beiden Werken stehen stellvertretend neben den unterschiedlichen methodischen Ansätzen statisch und dynamisch ebenso die beiden Bezugspersonen Léon Walras und Karl Marx. Dies wird nirgendwo deutlicher als im 1937 verfassten Vorwort zur japanischen Ausgabe der *Theorie der wirtschaftlichen Entwicklung*. „Walras verdanken wir eine Konzeption des ökonomischen Systems", das „die reine Logik der Interdependenz ökonomischer Quantitäten" umfasst und „nicht nur streng statisch in ihrem Charakter [...], sondern auch ausschließlich auf einen stationären Prozeß anwendbar ist"[7]. Die ökonomische Lehre von Karl Marx hingegen sei gekennzeichnet durch „eine Vision der ökonomischen Evolution als eines besonderen durch das ökonomische System selbst erzeugten Prozesses"[8].

Obwohl Schumpeter Walras wiederholt als größten aller Ökonomen gleichsam in den Olymp hebt, ist es andererseits doch die Herausforderung durch Marx, die für Schumpeters zentrales Lebensthema, die langfristige Entwicklung der kapitalistischen Ökonomie und Gesellschaft, ungleich bedeutsamer ist. Dies verdeutlicht auch sein letztes zu Lebzeiten 1942 erschienenes Buch *Kapitalismus, Sozialismus und Demokratie*. Fraglos ist die evolutorische Perspektive ein wesentliches Element der Österreichischen Schule der Nationalökonomie und Sozialwissenschaft.[9] Allerdings nimmt sie in dieser spezifischen Verbindung mit dem Marxschen Forschungsprogramm bei Schumpeter eine Form an, mit der er deutlich außerhalb des Mainstreams der Österreichischen Schule steht.

Ein entscheidendes Charakteristikum der wirtschaftlichen Entwicklung ist ihre *Wellenförmigkeit*, wie es besonders deutlich im Vortrag zum Ausdruck kommt, den Schumpeter Anfang 1914 an der Harvard University hält und in dem er die Grundgedanken seines erst zwanzig Jahre später am gleichen Ort in englischer Übersetzung erscheinenden Werkes zusammenfasst.[10] Hiermit wird auch klar, dass für Schumpeter Wachstum und Konjunktur eine Einheit bilden und nicht künstlich zu trennen sind. Es ist eine Kernhypothese von Schumpeter, dass der Technische Fortschritt die zentrale Determinante des Konjunkturzyklus, aber zugleich auch der wesentliche Bestimmungsgrund des langfristigen Trends ist. Diese Sichtweise von Trend und Zyklus als eines einheitlichen Phänomens steht im Gegensatz zur nachfolgenden Entwicklung, beispielsweise der neoklassischen Wachstumstheorie seit den 1950er Jahren, in der von Konjunkturphänomenen vollständig abstrahiert wird und stattdessen eine alleinige Konzentration auf den gleichgewichtigen Wachstumspfad, den „Steady State" oder das „Golden Age", erfolgt. Interessanter-

[7] Schumpeter (1987, S. XXII).

[8] Ibid, S. XXIII.

[9] Vgl. z. B. auch Karl Poppers *Evolution and the Tree of Knowledge*, Herbert Spencer Lecture, Oxford, 30. Oktober 1961.

[10] Vgl. Schumpeter (1914–1915).

weise betont aber später ihr bekanntester Gründungsvater Robert M. Solow wiederholt die Notwendigkeit einer simultanen Erklärung von Trend und Zyklus bzw. der bestehenden Interdependenzen.[11]

Der nachfolgende Beitrag geht auf Kontinuitäten und Modifikationen in Schumpeters Konjunktur- und Wachstumstheorie über drei Jahrzehnte ein, vom ersten Aufsatz über Krisentheorie (1910) bis zu dem 1939 in den USA publizierten zweibändigen, ca. 1000 Seiten umfassenden Werk *Business Cycles*. Im Mittelpunkt stehen dabei Schumpeters Grundideen der Wellenförmigkeit der wirtschaftlichen Entwicklung mit der zentralen Rolle der Innovationen sowie des Pionierunternehmers und des Kredits für ihre Durchsetzung. Die Entwicklung der Konjunkturtheorien in den 1920er Jahren führte Schumpeter zur Vorstellung einer Überlagerung verschiedener Konjunktur- und Wachstumszyklen. Abschließend erfolgt eine Diskussion der von Schumpeter später hervorgehobenen langen Wellen der Konjunktur oder Kondratieff-Zyklen, die in jüngerer Zeit in der New Economy-Debatte erneut in den Blickpunkt geraten sind.

6.2 Von der Krisen- zur Konjunkturtheorie

Kurz nach Schumpeters Tod hat sein Schüler Erich Schneider zurecht hervorgehoben, dass die Hauptsäulen seiner *Theorie der wirtschaftlichen Entwicklung* bereits im frühen Aufsatz „Über das Wesen der Wirtschaftskrisen" (1910) in klarer Form und auf die wesentlichen Grundgedanken komprimiert enthalten sind[12], der dann in überarbeiteter Form als Kapitel 6 in das ein Jahr später erscheinende Opus magnum eingeht, das zu Beginn angekündigt wird: „Die Krisentheorie, deren Grundzüge hier dargelegt werden sollen, bildet einen Bestandteil einer noch nicht veröffentlichten größeren Arbeit über das Thema der wirtschaftlichen Entwicklung."[13]

Die Schneidersche Aussage lässt sich am besten überprüfen anhand der abschließenden 9 Thesen, in denen Schumpeter die Grundgedanken seines Krisenartikels zusammenfasst:

> „Erstens: Die wirtschaftlichen Vorgänge zerfallen in zwei voneinander verschiedene und auch in praxi deutlich unterscheidbare Klassen: in *statische* und *dynamische*.
>
> Zweitens: Die letzteren machen die rein *wirtschaftliche Entwicklung* aus, d.h. jene Veränderungen des Bildes der Wirtschaft, die aus ihr selbst heraus entstehen.

[11] Vgl. z. B. Solow (1991, S. 16).

[12] Vgl. Schneider (1951, S. 107).

[13] Schumpeter (1910, S. 271).

Drittens: Die wirtschaftliche Entwicklung ist essentiell eine *Störung* des statischen Gleichgewichtes der Volkswirtschaft.

Viertens: Diese Störung löst eine Reaktion in den statischen Massen der Volkswirtschaft aus, nämlich eine *Bewegung nach einem neuen Gleichgewichtszustande hin.*

Fünftens: Dieser Prozeß der Statisierung macht notwendig jeder konkreten Phase der Entwicklung ein Ende und führt eine *Reorganisation des Wert- und Preissystems der Volkswirtschaft* und eine allgemeine „Liquidation" herbei.

Sechstens: Diese Sätze erklären das Phänomen, das populär als der Wechsel von *Prosperität und Depression* bezeichnet wird.

Siebtens: Während des Statisierungsprozesses und besonders in dem Augenblicke seines Einsetzens können leicht jene Zusammenbrüche entstehen, welche wir als *Wirtschaftskrisen* bezeichnen und die den Prozeß zu einem „abnormalen" machen.

Achtens: Auch sonst ist die Volkswirtschaft, und zwar auch die statische, *zufälligen Störungen* ausgesetzt, die, wenn hinlänglich bedeutend, solche Krisen herbeiführen können.

Neuntens: Aber dieselben bieten weiter kein Problem dar, sondern sind ohneweiters verständlich. Sie sind in keiner wichtigen Beziehung ein einheitliches Phänomen, tragen keine tiefer liegenden gemeinsamen Merkmale und ergeben sich nicht aus irgendeiner der Volkswirtschaft oder einer besonderen Organisationsform derselben eigenen Notwendigkeit. Ihnen gegenüber ist die herrschende Ansicht, dass Krisen eben eintreten, wenn irgendwo in der Volkswirtschaft eine größere Störung ausbricht, nicht nur richtig, sondern auch völlig erschöpfend."[14]

Deutlich erkennbar ist die Bedeutung der fundamentalen Unterscheidung zwischen Statik und Dynamik für Schumpeters theoretisches System. Obwohl er sich im *Wesen und Hauptinhalt der theoretischen Nationalökonomie* auf die statische Theorie des allgemeinen wirtschaftlichen Gleichgewichts im Sinne von Walras und die komparativ-statische Betrachtungsweise mit der vor allem in Kapitel 4 diskutierten, für ihn zentralen Variationsmethode konzentriert, versäumt es Schumpeter gleichwohl nicht, auf die Grenzen der statischen Methode hinzuweisen. Diese bestehen für ihn vor allem darin, dass die Entwicklung als „das wichtigste aller der Phänomene [...], nach deren Erklärung wir streben"[15], der statischen Methode nicht zugänglich ist. Das walrasianische Gleichgewichtssystem sei grundsätzlich entwicklungslos.

[14] Schumpeter (1910, S. 324–325; meine Hervorhebungen).

[15] Schumpeter (1908, S. 186).

Schumpeter vertritt anfangs ein *Zwei*phasenschema der konjunkturellen Entwicklung *Prosperität und Depression*, das zugleich den Titel für Gottfried Haberlers große synthetische Studie der Entwicklung der Konjunkturtheorie in der Zwischenkriegszeit liefert, die 1937 im Auftrag des Völkerbundes erscheint. In den zwei Jahre später erscheinenden *Business Cycles* schließlich baut Schumpeter seinen Ansatz zu einem *Vier*phasenschema aus, das die konjunkturelle Entwicklung kennzeichnet: Prosperität (I), Rezession (II), Depression (III) und Erholung (IV).

Abbildung 6.1:

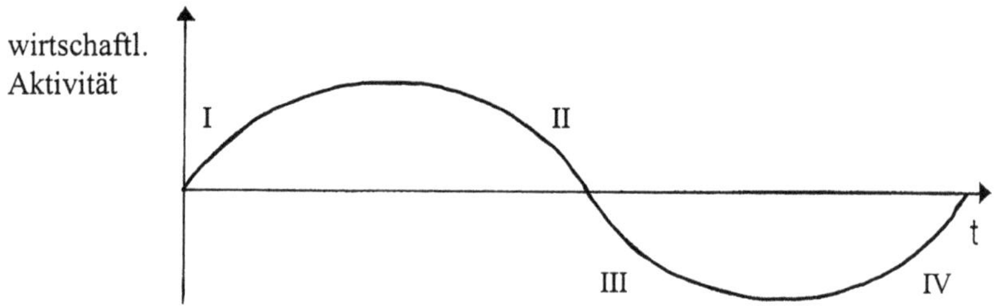

In Schumpeters prägender Phase zu Beginn des 20. Jahrhunderts erhält die krisen- und konjunkturtheoretische Diskussion im deutschsprachigen Raum entscheidende Impulse durch Tugan-Baranowskys *Studien zur Theorie und Geschichte der Handelskrisen in England* (1901), die Schumpeter noch in den *Konjunkturzyklen* zu den „hervorragendsten Leistungen"[16] auf dem Gebiet der historischen Betrachtungsweise der Probleme des zyklischen Entwicklungsprozesses rechnet. Tugan-Baranowskys Studie mit ihrer kritisch an den Marxschen Reproduktionsschemata anknüpfenden, die Zyklizität kapitalistischer Entwicklung betonenden Analyse hat jedoch mit ihrer Hervorhebung der Rolle des Kredits und der relativen Unabhängigkeit der Investitionsentscheidungen von der Konsumgüternachfrage auch entscheidende Impulse für nachfolgende theoretische Analysen, so insbesondere für strukturelle Ansätze in der Konjunkturtheorie, gegeben.[17] In Deutschland sind vor allem der junge Arthur Spiethoff (1902, 1903), Schumpeters späterer Kollege an der Universität Bonn von 1925 bis 1932, aber auch Werner Sombart (1902, 1904), Schumpeters großer Rivale, der 1931/1932 maßgeblich eine Berufung Schumpeters an die Berliner Universität verhindert,[18] durch Tugan-Baranowskys Kon-

[16] Schumpeter (1961, S. 231).

[17] Vgl. Hagemann (2002).

[18] Vgl. Stolper (1994, S. 311–312).

junkturstudien inspiriert worden.[19] Ebenso wie Schumpeter ist das Forschungsprogramm von Sombart entscheidend durch die Marxsche Herausforderung geprägt worden. Sombarts *Der moderne Kapitalismus* verfolgte im Anspruch und Umfang das Ziel, ein modernes Äquivalent bzw. Substitut des Marxschen *Kapital* zu sein. Als 1927 der dritte Band erscheint, verfasst Schumpeter sogleich einen umfangreichen Rezensionsaufsatz. Interessanterweise konstatiert drei Jahre später Keynes in seiner *Treatise on Money* hinsichtlich der Theorien des Kreditzyklus, die auf Fluktuationen in Fixkapitalinvestitionen beruhen: „I find myself in strong sympathy with the school of writers – Tugan-Baranovski, Hull, Spiethoff and Schumpeter – of which Tugan-Baranovski was the first and the most original"[20].

Vor allem jedoch schreibt Schumpeter den „fundamentale[n] Fortschritt, auf dem alle moderne Krisenforschung beruht",[21] Clément Juglar (1819–1905) zu, den er daher in seiner posthum erschienenen *History of Economic Analysis* „as to talent and command of scientific method, among the greatest economists of all times"[22] zuordnet. Gemäß seiner (nicht unumstrittenen) dort vertretenen Auffassung, dass alle wesentlichen Fakten und Ideen zur konjunkturtheoretischen Analyse bereits 1914 vorhanden gewesen seien, gelangt er selbst in einer erstmals in genau diesem Jahr vorgenommenen Würdigung der Leistungen des französischen Arztes, Ökonomen und Statistikers zum Urteil: „Juglar erkannte dann das Wesen des Problems und sprach den entscheidenden Satz aus: Die einzige Ursache der Depression ist der Aufschwung."[23] Mit dieser Auffassung der Wellenförmigkeit der Entwicklung und der Interdependenz von Prosperität und Depression ist logischerweise die Aufgabe der alleinigen Betrachtung des Krisenphänomens verbunden. Die Krisentheorie mutiert zur Konjunkturtheorie. Da der Keim der Krise im Aufschwung bereits angelegt ist bzw. die Depression als die Phase angesehen wird, in der sich der wirtschaftliche Organismus an die Veränderungen der vorhergehenden Prosperitätsphase anpasst, kann die Krise nur erklärt werden, wenn die Ursachen der vorhergehenden Prosperität verstanden sind.

Juglars Verdienste werden von Schumpeter immer wieder betont, so in besonders eindrucksvoller Form in einem Vortrag über „Die Theorie des Konjunkturzyklus", den er am 30. Januar 1931 an der Imperial University in Tokio hält. Dort heißt es:

> „Clément Juglar [...] made the discovery that what the former generations had called "crises" were no disconnected events, but merely elements in a

[19] Zu Tugan-Baranowsky und Spiethoff sowie weiteren strukturellen Ansätzen in der Konjunkturtheorie vgl. Hagemann und Landesmann (1998), zu einer Einschätzung von Sombarts dynamischer Analyse Hagemann und Landesmann (1996).

[20] Keynes (1930, S. 89).

[21] Schumpeter (1987, S. 334).

[22] Schumpeter (1954, S. 1123).

[23] Schumpeter (1914–1915, S. 7).

> more deep seated wave-like movement. The crises are nothing but turning points from prosperity into depression, and it is the alternation between prosperity and depression which is the really interesting phenomenon. [...] The problem of the *crisis* fell into the background and the problem of the *cycle* emerged."[24]

Obwohl damit zu Beginn des 20. Jahrhunderts der *Konjunkturzyklus* die *Krise* in den Ansätzen der Ökonomen verdrängt hat, verwenden auch noch Jahrzehnte nach Juglars bahnbrechenden Studien die meisten Ökonomen den alten Begriff. Dies kommt in besonders markanter Form in Spiethoffs großem Beitrag „Krisen“ (1925) zum *Handwörterbuch der Staatswissenschaften* zum Ausdruck, der erst in seiner von Wolfgang Stolper initiierten englischen Übersetzung von 1953 unter dem veränderten Titel „Business Cycles“ erscheint. In diesem Beitrag entwickelt Spiethoff später so genannte Schumpetersche Themen wie die Einführung neuer Technologien und neuer Produkte, die einen Aufschwung hervorrufen und eine wirtschaftliche Dynamik, die durch industrielle und firmenmäßige Differenzierung gekennzeichnet ist. Schumpeter beklagt zwar noch später in der Diskussion der Geld-, Kredit- und Konjunkturtheorien im Zeitraum von 1870 bis 1914 den „terminologischen Lag“[25] beim Übergang von der Krisen- zur Konjunkturtheorie, nimmt selber aber erst in der zweiten Auflage der *Theorie der wirtschaftlichen Entwicklung* den entsprechenden Übergang vor.

6.3 Theorie der wirtschaftlichen Entwicklung

Wirtschaftliche Entwicklung wird von Schumpeter eindeutig als ein *endogenes* Phänomen verstanden.[26] Sie ist in ihrem Kern durch drei Elemente gekennzeichnet:

(1) Die Wellenförmigkeit (Zyklizität) wirtschaftlicher Entwicklung mit der zentralen Rolle der *Innovationen*, die fortlaufend zu diskontinuierlichen Prozessen schöpferischer Zerstörung führen. Der Kapitalismus sei von Natur aus eine Form der wirtschaftlichen Veränderung und kann grundsätzlich nicht stationär sein. Dabei unterscheidet Schumpeter zwischen fünf Innovationsfällen, die die kapitalistische Maschinerie antreiben:

- neue Produkte und Produkte mit neuen Qualitäten (Produktinnovationen),
- neue effizientere Produktionsmethoden (Prozessinnovationen),
- Erschließung neuer Märkte,

---

[24] Schumpeter (1931, S. 6).

[25] Schumpeter (1954, S. 1123).

[26] Vgl. Schumpeter (1987, S. 95).

- Entdeckung und Verwertung von neuen Rohstoffen und Vorprodukten,
- neue Formen der industriellen Organisation.

(2) Die zentrale Gestalt des *Pionierunternehmers* als Demiurg wirtschaftlicher Entwicklung, der Nietzschesche Charakteristika offenbart und sich deutlich abgrenzt zur Vielzahl „statischer Werte“, die in Routineaktionen erstarren. Schumpeter, der stark von Elitetheorien seiner Zeit, z. B. von Pareto, beeinflusst ist, steht in dieser Betonung der zentralen Rolle der Pionierunternehmer für den Prozess kapitalistischer Entwicklung im deutlichen Gegensatz zu Marx und hält an der Österreichischen Position des methodologischen Individualismus fest. Im Rahmen der Österreichischen Schule war es vor allem Friedrich von Wieser gewesen, der die Unternehmerfunktion herausgestellt hatte.

(3) Die Bedeutung des *Bankkredits* für die wirtschaftliche Entwicklung. Unter der von Schumpeter gemachten Annahme, dass im stationären Kreislauf die vorhandenen wirtschaftlichen Ressourcen voll genutzt werden, impliziert die Durchsetzung neuer Kombinationen die Reallokation von Ressourcen von alten zu neuen Kombinationen. Das Mittel dazu ist der Kredit, der der Entwicklung dient. „Kredit ist wesentlich Kaufkraft*schaffung* zum Zwecke ihrer Überlassung an den Unternehmer“[27], der der einzige typische Schuldner in der Volkswirtschaft ist. Die Finanzierung der Innovationen via Kreditschöpfung ist die Funktion des Bankensystems. In Schumpeters Sichtweise ist der Bankier nicht der Händler (von Ersparnissen), sondern der Produzent von Kaufkraft.

Erich Streissler (1982, 1994) hat den Einfluss der deutschen und österreichischen Nationalökonomie auf Schumpeters Werk untersucht und aufgezeigt, dass diese drei Kernelemente der *Theorie der wirtschaftlichen Entwicklung* zwar bereits vorhanden gewesen sind, dass die Originalität von Schumpeter aber in der innovativen Kombination dieser drei Kernelemente liege und in der neuen Stoßrichtung, die damit verbunden sei. So betont Streissler:

> „It was *not* […] the figure of the creative entrepreneur, that was new in Schumpeter, but rather the idea of creative destruction by entrepreneurial innovation. It was *not* the well-worn German idea of the importance of bank credit for economic development that was new, but rather Schumpeter's notion that bank credit was the prerequisite of innovation and of foundation of new enterprises. […] It was not Schumpeter's stress on the importance of monopoly that was new, but in a measure his view that monopolies were engines of growth." (Streissler 1994, 14).

[27] Schumpeter (1987, S. 153).

Diese These wird von Streissler hervorragend belegt und dokumentiert. Allerdings sucht man in Streisslers langer Liste deutscher und österreichischer Ökonomen, ebenso wie bei Schumpeter, einen Namen vergeblich: Albert E. F. Schäffle (1831–1903), der 1860 in Tübingen eine Professur für Ökonomie, Politik und Staatswissenschaften erhielt und 1868 auf einen Lehrstuhl an die Universität Wien wechselte, wo er u. a. ein Buch *Kapitalismus und Sozialismus* (1870) verfasste, das heftige Kontroversen hervorrief. Nach kurzer Tätigkeit als österreichischer Handelsminister zog er sich nach dem Sturz der Regierung ins Privatleben zurück und arbeitete fortan als freier Autor in Stuttgart. Von 1860 bis zu seinem Tode war er auch Herausgeber der *Zeitschrift für die gesamte Staatswissenschaft.* In seinem 1867 erschienenen Werk *Die nationalökonomische Theorie der ausschliessenden Absazverhältnisse insbesondere des litterarisch-artistischen Urheberrechtes, des Patent-, Muster- und Firmenschuzes nebst Beiträgen zur Grundrentenlehre* unterscheidet Schäffle nicht nur zwischen *kommerziellen* Neuerungen, die aus der Entdeckung neuer Bezugs- oder Absatzquellen bestehen, und *industriellen* Neuerungen, die aus der Einführung neuer Produktionsmethoden und/oder der Entwicklung neuer Produkte bestehen, sondern diskutiert auch eingehender das Auftreten von Monopolrenten als Anreiz für innovierende Unternehmer und damit als Motor für die Generierung von Technischem Fortschritt. Schäffle reflektiert auch über den transitorischen Charakter dieser Extraeinkommen, da sie durch Imitatoren wegkonkurriert werden. Dieses sind bemerkenswerte Übereinstimmungen mit Schumpeters Schwärmen von Nachahmern, die die Innovationsaktivitäten zur Routinetätigkeit degradieren und die ursprünglichen Pionierunternehmer zu Opfern des von ihnen initiierten Prozesses schöpferischer Zerstörung machen können. Schäffles Werk enthält eine bemerkenswerte Liste von Themen, wie z. B. die Frage eines optimalen Patentschutzes, die eine zentrale Rolle in dem neoschumpeterianischen Zweig der modernen Wachstumstheorie spielen, deren führende Vertreter Aghion und Howitt (1998) sind. Kein Wunder, dass Knut Borchardt (1961) bereits vor mehr als vier Jahrzehnten Schäffle als den stärksten schumpeterianischen Ökonomen des 19. Jahrhunderts identifiziert hat, oder Balabkins erst unlängst von „Schumpeter's "Creatively Adapted" Innovator" spricht, da „the similarity of Schäffle's and Schumpeter's innovating entrepreneur undeniable" sei.[28]

Während die Durchsetzung von Innovationen für Marx und die Marxisten durch die Logik des Akkumulationsprozesses bedingt ist, wird für Schumpeter die Gleichgewichtstendenz des stationären Kreislaufs immer wieder durch die Unternehmer durchbrochen, die Innovationen durchsetzen und dadurch Prozesse schöpferischer Zerstörung in Gang setzen, die wirtschaftliche Entwicklung herbeiführen. Unaufhörlich betont Schumpeter, „daß jemand grundsätzlich nur dann Unternehmer ist, wenn er eine „neue Kombination durchsetzt" – weshalb er den Charakter verliert,

[28] Balabkins (2003, S. 203 und 216).

wenn er die geschaffene Unternehmung dann kreislaufmäßig weiterbetreibt“[29]. Die Funktion des Unternehmers[30] wird dabei doppelt abgegrenzt: von den Technikern bzw. Ingenieuren, die die Innovationen (er)finden, und von den Kapitalisten, die das finanzielle Risiko tragen. Zwar könne der Unternehmer auch Erfinder, d.h. der geistige Schöpfer neuer Kombinationen, oder kapitalistischer Fabrikbesitzer sein (und damit die verschiedenen Funktionen zusammenfallen, wie es insbesondere im 19. Jahrhundert der Fall gewesen sei), der Unternehmer sei jedoch nur zufällig Erfinder, und die Übernahme des Risikos in keinem Fall ein Element der Unternehmerfunktion, deren entscheidende Bedeutung in der Durchsetzung neuer Kombinationen liege. Schumpeters Betonung dieser zentralen Rolle des Unternehmers für die wirtschaftliche Entwicklung muss auch vor dem historischen Hintergrund gesehen werden, „daß die industrielle Entwicklung Österreichs während des 19. Jahrhunderts durch einen auffallenden Mangel an einheimischen Unternehmerpersönlichkeiten charakterisiert war“[31].

Wer innoviert bzw. neue Kombinationen durchsetzen will, bedarf der Kaufkraft. Schumpeter geht wie Walras von der Abwesenheit von Profit und Kapitalzins im stationären Gleichgewicht aus.[32] Bei seinem Unternehmergewinn handelt es sich daher um innovationsbedingte „Extraprofite“ oder „Quasirenten“, die im Zuge des Diffusionsprozesses durch nachahmende Konkurrenten allmählich abgebaut oder durch neue Innovationen auch schnell erodiert werden können. Da Schumpeter von voll beschäftigten Ressourcen im stationären Kreislauf ausgeht, implizieren „neue Unternehmungen“ einen Abzug von Ressourcen aus alten Verwendungen. Die Unternehmer sind auf das Bankensystem angewiesen und benötigen Kredit, auf neudeutsch „Venture Capital“. Es kommt zur Geld- und Kreditschöpfung, die nicht durch vorhergehende Ersparnisse „gedeckt“ ist. Durch die investive Verwendung der Kreditmittel steigt die monetäre Gesamtnachfrage und damit das Preisniveau, wodurch zugleich der reale Ressourcenabzug aus den alten Verwendungen erfolgt. Im Goldwährungssystem „können die Banken nur so Kredit geben, dass die dadurch bewirkte Inflation wirklich temporär und außerdem mäßig bleibt. Temporär kann sie aber nur bleiben, wenn das Warenkomplement der neugeschaffenen Kaufkraft zeitgerecht auf dem Markt erscheint“[33].

Die kreditinduzierte Inflation wirkt wie eine Steuer auf die „statischen Wirte“, die in Routineaktivitäten erstarrt sind, und führt somit eine Ressourcenreallokation herbei. Kreditschöpfung zum Zwecke der Finanzierung neuer Unternehmen ist

[29] Schumpeter (1987, S. 116).

[30] Zur Funktion des Unternehmers vgl. auch Schumpeter (1927c).

[31] März (1965, S. 379).

[32] Zur kritischen Diskussion dieser problematischen Annahme vgl. u. a. die Ausführungen des Schumpeter-Schülers Paul Samuelson (1943, 1982).

[33] Schumpeter (1987, S. 162).

Voraussetzung wirtschaftlicher Entwicklung. Obwohl der Zins ein monetäres Phänomen ist, basiert er letztendlich auf einem realen Faktor: den produktivitätssteigernden Wirkungen von Innovationen. „Somit ist der Zins ein Produkt der wirtschaftlichen Entwicklung.“[34] Schumpeter macht „erzwungene Ersparnisse“, die eine bedeutende Rolle in den Analysen seiner Zeitgenossen Wicksell, Mises, Hayek und Robertson spielen, aber bereits 1803 bei Thornton vorkommen, zu einem integralen Bestandteil seiner Theorie. Im Gegensatz jedoch zu seinen österreichischen Kollegen Mises und Hayek, die vehemente Anhänger der orthodoxen Doktrin geblieben sind, wonach nur eine Erhöhung der Ersparnisse aufgrund einer Änderung der individuellen Präferenzen der Wirtschaftssubjekte einen „natürlichen“ – und keinen „künstlichen“, den Keim nachfolgender Krise bereits beinhaltenden – Impuls nachhaltiger Kapitalbildung darstelle, vertritt Schumpeter die Auffassung, dass eine über die freiwillige Ersparnisbildung hinausgehende Kreditschöpfung eine notwendige Bedingung zur Finanzierung von Innovationsaktivitäten und damit Entwicklung im Konkurrenzkapitalismus ist.[35] Noch in seinen *Konjunkturzyklen* datiert Schumpeter „den Kapitalismus so weit zurück, wie das Element der Kreditschöpfung zurückreicht“[36]. Gleichwohl sei das Kreditsystem nicht der entscheidende aktive Verursacher von Konjunkturzyklen, sondern spiele eher eine passive Rolle. „It adapts itself to the demand which comes from entrepreneurs and submits to contraction by their repayment of loans.“[37]

Schumpeters Auffassungen zur produktiven Funktion des Kredits finden ihre stärkste Resonanz in den Schriften des Frankfurter Bankiers Ludwig Albert Hahn, der nach dem Ersten Weltkrieg die orthodoxe Sichtweise überwinden wollte, nach der jeder Kredit aus bei den Banken deponierten Ersparnissen resultieren müsse. Dementsprechend stellt er seiner *Volkswirtschaftliche Theorie des Bankkredits* (1920) das Motto des britischen Ökonomen Henry Dunning Macleod vorweg: „Eine Bank ist nicht eine Anstalt zur Aufnahme und zum Ausleihen von Geld, sondern eine Anstalt zur Erzeugung von Kredit“. Hahn betont, wie später Keynes, die tendenziell deflationären Wirkungen freiwilliger Ersparnisse und die positiven Wirkungen einer expansiven Kreditpolitik für Innovationen und Beschäftigung.

---

[34] Spahn (1984, S. 247).

[35] Schumpeter unterscheidet später zwischen zwei historischen Typen des Kapitalismus, dem *Konkurrenzkapitalismus*, in dem Innovationsaktivitäten zumeist mit dem Aufkommen neuer Firmen verbunden seien, die entsprechende Kapitalmittel benötigen, und dem *„trustified" Kapitalismus*, in dem Innovationen unabhängig von einzelnen Personen in großen Korporationen erfolgen und die Rolle der Kreditschöpfung zur Reallokation von Ressourcen reduziert sei. Vgl. Schumpeter (1928, S. 384).

Im vorangehenden Jahr (1927) hatte Sombart im dritten Band seines *Der Moderne Kapitalismus* bereits noch stärker die alldurchdringende Rationalisierungstendenz und einen Verlust unternehmerischer Dynamik im „Spätkapitalismus“ beklagt.

[36] Schumpeter (1939, zit. nach Übersetzung 1961, S. 235).

[37] Schumpeter (1931, S. 17).

Von zentraler Bedeutung für seine Auffassungen ist die Aussage: „*Die Kapitalbildung ist nicht eine Folge des Sparens, sondern der Kredithingabe.*“[38] Hahn greift Schumpeters Unterscheidung zwischen „normalen“ und „abnormalen“ Krediten auf und prägt die korrespondierenden Begriffe einer „nicht-inflatorischen“ (im Ausmaß der in der Volkswirtschaft getätigten Ersparnisse) bzw. „inflatorischen Krediteinräumung“, deren Ausmaß letztlich durch die Geldpolitik der Zentralbank beschränkt werde.

Kein Wunder, dass Howard Ellis (1934) in seiner Analyse monetärer Konjunkturtheorien einen *Schumpeter-Hahn-Typ* von einem *Mises-Hayek-Typ* unterscheidet. Allerdings identifiziert Hahn die Ursachen der Konjunkturzyklen im Gegensatz zu Schumpeter im Geld- und Kreditsektor und betont auch nicht die positive Rolle der Wellenbewegung wirtschaftlicher Entwicklung.[39] Schumpeter reagiert in der zweiten Auflage seiner *Theorie der wirtschaftlichen Entwicklung* auf die Schriften von Hahn, den er als geistesverwandt ansieht und dessen Artikel über „Kredit“ er u. a. als „vortrefflich“ charakterisiert. Zugleich grenzt er sich auch von Hahn ab, dessen ungleich stärkere Betonung der unmittelbar produktionsvermehrenden Wirkungen einer „inflatorischen“ Kreditinflation ihm auch den häufigen Vorwurf eines „Inflationisten“ eingetragen haben, wenn er betont: „Gegenüber seiner Formulierung erscheint es mir richtig zu sagen: Wenngleich nicht durch *vorhandene* Güter, so ist die mögliche Menge von neuzuschaffender Kaufkraft doch durch *künftige* Güter gestützt und beschränkt.“[40] Eine gewisse Nähe Schumpeters zu der später von Keynes betonten „Ex-post-Finanzierung“, d. h. einer höheren Ersparnisbildung bei steigendem Volkseinkommen aufgrund der Multiplikatoreffekte kreditfinanzierter Investitionen, ist unübersehbar.

Allerdings ist auch klar, dass für Schumpeter die Verwendung des Kredits für innovative Investitionen, keineswegs jedoch für verstärkten Konsum, zwingend ist. Dies wird insbesondere deutlich in seinen Ausführungen zum Kapital, das von ihm als ein Fonds von Kaufkraft angesehen wird, der für die Unternehmer ein notwendiges Mittel der Güterbeschaffung ist:

> „Das Kapital ist nichts andres als der Hebel, der den Unternehmer in den Stand setzen soll, die konkreten Güter, die er braucht, seiner Herrschaft zu unterwerfen, nichts andres als ein Mittel, über Güter zu neuen Zwecken zu verfügen oder als ein Mittel, der Produktion ihre neue Richtung zu diktieren.“[41]

[38] Hahn (1920, S. 120). Diese umstrittene Kernaussage der Erstauflage und der unveränderten Neuauflage von 1924 ist in der dritten Auflage von 1930, in der Hahn seine als zu radikal empfundenen Thesen modifiziert, in dieser Form nicht mehr enthalten.

[39] Vgl. Holtfrerich (1989, S. 123).

[40] Schumpeter (1987, S. 165).

[41] Ibid.

6.4 Konjunktur- und Wachstumszyklen: Schumpeters Vorstellung einer Überlagerung verschiedener Wellen

Im Vorwort zur vierten Auflage seiner *Theorie der wirtschaftlichen Entwicklung* betont Schumpeter (1934), dass Leser seines Buches bald verstehen würden, „daß nicht nur sein letztes Kapitel, sondern eigentlich jede Seite es mit dem Konjunkturproblem zu tun hat", dass gemäß Spiethoffs Auffassung „der Konjunkturwechsel die Lebensform des Kapitalismus sei. Meine Theorie will ein in sich logisch geschlossenes Modell der Wirtschaftsänderung in der Zeit geben."[42] Dies ist kein bescheidener Anspruch, den, wie wir heute wissen, trotz aller herausragender Innovationen weder der Verfasser dieser Zeilen noch nachfolgende Ökonomen vollständig einlösen konnten.

Als die erste Auflage der *Theorie der wirtschaftlichen Entwicklung* im Sommer 1911 erscheint, kennt die Konjunkturforschung nur den „klassischen" Zyklus, den wir nicht zuletzt aufgrund der Namensgebung durch Schumpeter heute als *Juglar*-Zyklus bezeichnen. Dieses ist ein Investitionsgüterzyklus, dessen Schwankungen bereits Marx als „Echo-Effekt" vertraut waren. Die anderen drei heute unterschiedenen Konjunktur- und Wachstumszyklen wie

- der kurzfristige Lagerhaltungszyklus (*Kitchin*),
- der längerfristige Bauinvestitionszyklus (*Kuznets*) sowie
- der Zyklus langer Wellen aufgrund von Basisinnovationen (*Kondratieff*)

sind allesamt „Entdeckungen" der wirtschaftswissenschaftlichen Forschung in den 1920er Jahren (siehe Tabelle 6.1).

Tabelle 6.1: Konjunktur- und Wachstumszyklen

Name	**Kitchin-Zyklus**	**Juglar-Zyklus**	**Kuznets-Zyklus**	**Kondratieff-Zyklus**
Art des Zyklus	Konjunktur-zyklus	Konjunktur-zyklus		Wachstumszyklus Lange Welle
Länge, ca.	3–5 Jahre	7–11 Jahre	15–25 Jahre	45–60 Jahre
Möglicher Auslöse-faktor	Schwankungen in Lagerinvestitionen	Schwankungen in Maschinen- und Ausrüstungsinvestitionen	Schwankungen in Gebäudeinvestitionen	Schwankungen in grundlegenden Innovationen und/oder Basiskapitalgüterinvestitionen

[42] Ibid, S. XIII–XV.

Schumpeter, der sich auch bei der Gründung der Econometric Society engagiert, verfolgt die theoretische wie empirische Konjunkturforschung der Zwischenkriegszeit mit größter Aufmerksamkeit und ringt für mehr als ein Jahrzehnt um den Einbau der neuen Erkenntnisse in seine Konjunktur- und Wachstumstheorie, ohne die grundlegende Vision seiner Entwicklungstheorie zu gefährden. Dies wird frühzeitig deutlich in einem Brief an Arthur Spiethoff vom 8. Januar 1931, in dem Schumpeter schreibt:

> „Ich bin jetzt überzeugt, dass es außer den „langen" Wellen, und jenen anderen, die Juglar entdeckte, noch mindestens solche gibt, die 3-4 Jahre währen und vielleicht auch ca. 20jährige, und dass sie alle in *derselben* Weise zu erklären sind – nur dass sie nebeneinander ablaufen, sodass sich z. B. die Schärfe der Depression von [19]30 z. T. daraus erklärt, dass dieses Jahr im Tiefintervalle einer 3jährigen, einer ca. 9jähr. und im absteigenden Ast einer „langen" lag. Und ich *beginne* zu lernen, wie man diese Wellen auseinanderhalten könnte, wenigstens weiß ich, was man büffeln müßte, um es zu können. Hier habe ich es fast zu einem Buch gebracht."[43]

Hier wird erstmals der Grundgedanke einer Überlagerung oder *Superponierung* von Zyklen unterschiedlicher Länge ausformuliert, für deren genaue Ausarbeitung und Fertigstellung in dem angekündigten Buch Schumpeter aber fast noch eine Dekade benötigt. Der Grundgedanke einer Superponierung wird bereits in seinem Vortrag über „Die Wellenbewegung des Wirtschaftslebens" an der Harvard University Anfang 1914 erstmals erkennbar.[44] Lange ringt er auch mit einem *Vier*zyklenschema[45], entscheidet sich aber schließlich in den *Konjunkturzyklen* gegen den Einbau der Kuznets-Zyklen, die empirisch vor allem ein amerikanisches Phänomen sind und am besten durch die Interaktion von wirtschaftlichen und demographischen Variablen erklärt werden können[46], jedoch bis heute Gegenstand zahlreicher Kontroversen geblieben und selbst von Kuznets-Schülern zu Grabe getragen worden sind.[47] Es kann daher nicht überraschen, dass Schumpeter sich schließlich gegen ein Vierzyklen- und für ein Dreizyklenschema entschieden hat, wie es in Abbildung 6.2 dargestellt ist.

Schumpeter war hocherfreut, als er hörte, dass Kuznets seine *Konjunkturzyklen* für das *American Economic Review* rezensieren würde.[48] In seinem Besprechungsaufsatz war Kuznets (1940) jedoch sehr kritisch, weniger wegen der Eliminierung „seiner" Zyklen von Schumpeters Dreizyklenschema als aufgrund von Schumpeters

[43] Schumpeter (2000, S. 184).

[44] Vgl. Schumpeter (1914–1915, S. 4–5).

[45] Vgl. Schumpeter (1931).

[46] Vgl. Easterlin (1968).

[47] Vgl. Abramovitz (1968).

[48] Vgl. Schumpeters Brief an Kuznets vom 18. März 1940. Schumpeter (2000, S. 321–322).

Abbildung 6.2: Die Überlagerung mehrerer Wellen[49]

Kondratieff (1)-
Juglar (2)- und
Kitchin (3)-Zyklen

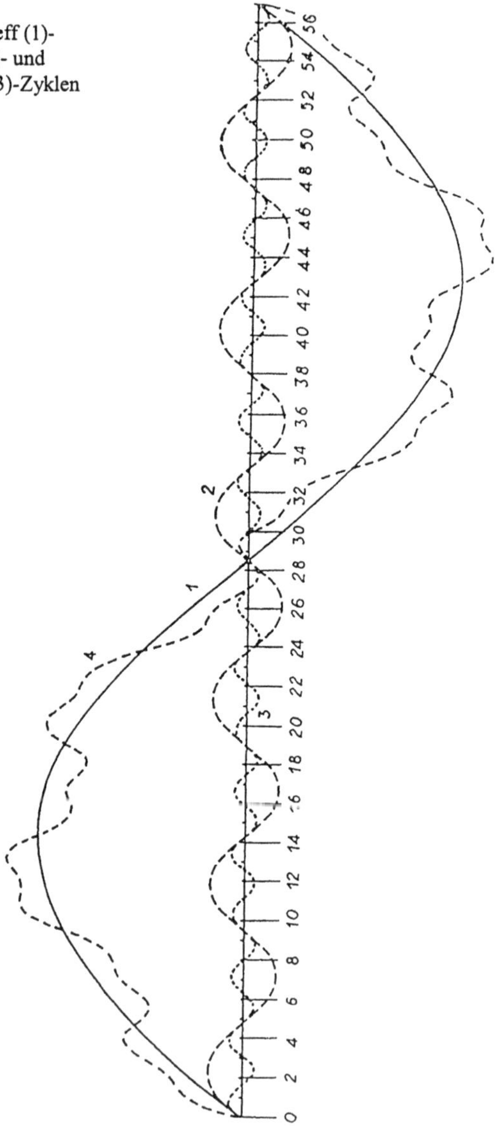

[49] Vgl. Schumpeter (1939/1961, S. 223).

mangelhafter Anwendung moderner statistischer und ökonometrischer Methoden sowie seines Versäumnisses, seine theoretischen Schlüsselkonzepte – (Un-) Gleichgewicht, Innovation, Unternehmer – mit den empirisch beobachtbaren Konjunkturschwankungen wirtschaftlicher Aktivitäten zu verknüpfen.

In einem lesenswerten Aufsatz über „Schumpeters Theorie der Innovation" hat sein Schüler Wolfgang F. Stolper hervorgehoben, dass kein Grund dafür bestehe,

> „warum es nur eine Art von Wellen geben sollte. Eine Vielzahl von Zyklen – aber im Grunde alle mit der gleichen Erklärung – folgt aus Schumpeters Theorie, aber *drei* Zyklen folgen daraus nicht. Wellenbewegungen folgen aus der Theorie, aber ihre Periodizität folgt daraus nicht: Sie ist, laut Schumpeter, eine Tatsache, aber für seine Theorie eher eine unbequeme. [...] Die Wirklichkeit ist weiterhin auch dadurch kompliziert, dass die Zyklen nicht, wie ursprünglich [...] angenommen wurde, unabhängig voneinander sind, sondern daß sie sich gegenseitig beeinflussen. Es gibt keinen Trend als solchen: der long run ist einfach eine Folge von short runs."[50]

Der unregelmäßige und ruckartige Charakter wirtschaftlicher Evolution kann nicht bestritten werden. Es ist Schumpeters großes Verdienst, dass Konjunkturschwankungen kein eigenständiges Phänomen, sondern untrennbar mit dem langfristigen wirtschaftlichen Entwicklungsprozess sind, der keinem gleichgewichtigen Wachstumspfad folgt. Allerdings lassen sich für Schumpeter alle zyklischen Bewegungen *monokausal* erklären. „Innovationen, ihre unmittelbaren und ferneren Auswirkungen und die Reaktion des Systems sind die gemeinsame „Ursache" für alle, obwohl verschiedene Arten von Innovationen und verschiedene Arten von Wirkungen in jeder einzelnen Bewegung eine andere Rolle spielen können."[51] Schumpeters Monokausalitätsargument bezüglich der Innovationen beinhaltet Stärken und Schwächen[52], steht aber über die von ihm selbst vorgenommene leichte Einschränkung bezüglich der Kitchin-Zyklen hinaus in einem gewissen Spannungsverhältnis zur heutigen Erkenntnis, wonach die Konjunktur- und Wachstumszyklen unterschiedlicher Länge mit unterschiedlichen Arten von Investitionen verbunden sind.

Dabei besteht heute vor dem Hintergrund der modernen Informations- und Kommunikationstechnologien ein erheblicher Forschungsbedarf über mögliche veränderte Muster konjunktureller Entwicklung. So liegt dem Juglar-Zyklus im Kern ein Reinvestitionsbedarf zugrunde. Mit dem stark steigenden Anteil der IKT-Kapitalgüter an den gesamten Ausrüstungsinvestitionen (bzw. dem dazugehörigen Kapi-

---

[50] Stolper (1982, S. 254).

[51] Schumpeter (1961, S. 181–182).

[52] Zu einer Einschätzung von Schumpeters Konjunkturtheorie vom Standpunkt moderner Wirtschaftstheorie vgl. ausführlich Tichy (1984).

talstock) hat zugleich der Anteil der Kapitalgüter zugenommen, die wegen der kürzeren ökonomischen Lebensdauer aufgrund des enormen Technischen Fortschritts nach drei bis fünf Jahren statt nach sieben bis elf Jahren einen entsprechenden Reinvestitionsbedarf implizieren. Dieser Echoeffekt der IKT-Kapitalgüter weist eine zeitliche Dauer auf, die eher dem Lagerhaltungszyklus à la Kitchin entspricht, der aufgrund der Kostspieligkeit von Lagerhaltung und erfolgreichen Versuchen ihrer Reduzierung (wie z. B. der Just-in-Time-Produktion) an Bedeutung verloren hat. Der klassische Konjunkturzyklus à la Juglar kommt daher heute aufgrund unterschiedlichen Ausmaßes technischen Fortschrittes in gespreizter Periodenlänge daher.

Schließlich zeigt ein sorgfältiger Vergleich ihrer Konjunkturtheorien[53] auf, dass für Juglar die entscheidende Ursache für einen konjunkturellen Boom eine durch Spekulation angetriebene leichte Kreditvergabe ist, Konjunkturzyklen damit letztlich aus Kreditzyklen resultieren, während sich Schumpeter gegen die Idee wandte, dass die Abfolge von Prosperität, Rezession, Depression und Erholung ein rein monetäres Phänomen sei, und den klassischen Konjunkturzyklus vielmehr durch Innovationen mittlerer Stärke hervorgerufen sah.

6.5 Basisinnovationen und lange Wellen der Konjunktur

Schumpeters Werk zur Konjunktur- und Wachstumstheorie hat die nachfolgende Literatur bis heute beeinflusst. Dies gilt insbesondere für die Debatte um die langen Wellen der Konjunktur oder Kondratieff-Zyklen, die vor dem Hintergrund der Beschleunigung des Produktivitäts- und Produktionswachstums in den USA seit Mitte der 1990er Jahre ebenfalls einen neuen Boom erfuhr. Die US-amerikanische Entwicklung der letzten zehn Jahre wird vielfach als die Aufschwungphase eines fünften Kondratieff-Zyklus verstanden[54], der entscheidende Impulse durch grundlegende Innovationen vor allem im Bereich der Informations- und Kommunikationstechnologien erhalten hat.

Schumpeter selbst war von den Studien zu den langen Wellen durch den Direktor des Moskauer Konjunkturinstituts Nikolai Kondratieff (1892–1938) fasziniert, wonach wirtschaftliche Auf- und Abschwünge in langfristigen rhythmischen Bewegungen verlaufen. Die Ideen des russischen Ökonomen, den Stalin 1930 verhaften und acht Jahre später erschießen ließ, wurden in der westlichen Welt erstmals Mitte der 1920er Jahre durch den auf Deutsch erschienenen Aufsatz in einer von Schumpeter mitherausgegebenen Zeitschrift bekannt. Schumpeter ließ ihn auch durch seinen Harvard-Doktoranden Wolfgang F. Stolper ins Englische über-

53 Vgl. ausführlich Dal-Pont und Hagemann (2005).

54 Vgl. z. B. Freeman und Louçã (2001).

setzen.[55] Wie gut sich vor allem Kondratieffs empirische Untersuchungsergebnisse mit seinen Ideen verbinden lassen, wird auch daran erkennbar, dass weite Teile von Schumpeters Konjunkturzyklen durch die Diskussion des von der Dampfmaschine und anderen Basisinnovationen ausgelösten „ersten Kondratieffs" (von Schumpeter mit 1787–1842 datiert), der von der Eisenbahn induzierten zweiten langen Welle (1843–1897), des „bürgerlichen" Kondratieffs, und des anschließenden dritten Kondratieffs, in dem u. a. die elektrotechnische und die Automobilindustrie aufkommen, gekennzeichnet sind. In *Tabelle 6.2* sind die bisherigen Kondratieff-Zyklen bis heute fortgeschrieben und aufgrund späterer Ergebnisse wirtschaftshistorischer Forschungen leicht modifiziert.[56]

Tabelle 6.2: Kondratieff-Zyklen

Lange Welle	***Zeitalter, wichtige Innovationen***	**Aufschwung (Prosperität)**	**Rezession**	**Depression**	**Erholung**
1.	*Industrielle Revolution (Arbeitsteilung, Spezialisierung), Dampfmaschine*	1782–1802	1802–1825*	1825–1836	1836–1845
2.	*Eisenbahn, Stahl, Mechanisierung*	1845–1866	1866–1872	1872–1883	1883–1892
3.	*Elektrizität, Auto, Chemikalische Innovationen*	1892–1913	1914–1929*	1929–1937	1938–1948*
4.	*Atomenergie, Computer, Roboter, Elektronik*	1948–1966	1966–1973	1973–1982	1982–1995
5.	*Informationstechnologien, Biotechnologien*	1995–			

Anmerkung: Die mit * markierten Perioden umfassen auch Kriegszeiten.

In Schumpeters Entwicklungstheorie haben sowohl Konjunkturzyklen als auch lange Wellen ihre Ursache in diskontinuierlichen Innovationen. Der Ausgangspunkt einer langen Welle liegt in einem Gleichgewicht, das ungefähr am Ende der Erholungsphase entsteht. Die Aufschwungphase wird ausgelöst durch grundle-

[55] Kondratieff (1926/1935).

[56] Vgl. auch van Duijn (1983, S. 162–164) und Freeman und Loucã (2001, S. 141).

gende Innovationen (wie Dampfmaschinen, Eisenbahnen, Computer), die aufgrund wachsender Zukunftsmärkte Unternehmer hervorrufen, die in dieser Phase neue Firmen gründen und innovieren. Andere Unternehmer ziehen mit weiteren Innovationen nach, so dass es von der Erholungs- zur Aufschwungphase zu einem schwarmweisen Auftreten (*Clustering*) von Innovationen kommt. Die Imitationen der Innovationen durch andere Firmen bewirken eine gesamtwirtschaftliche Steigerung des Güterangebots, so dass nun auch die erhöhte Gesamtnachfrage bei steigenden Absatzpreisen befriedigt werden kann. Die Jungunternehmer müssen zur Aufnahme ihrer Produktion allerdings mit den alten Firmen um das konstante Angebot an Produktionsfaktoren konkurrieren, was einen Anstieg der Faktorkosten hervorruft. Zusammen mit Innovationen bewirken diese Kostensteigerungen, dass ein Teil der alten Firmen unrentabel wird und Bankrott geht. Dieser Strukturwandelprozess wird als *schöpferische Zerstörung* bezeichnet. In dieser ungleichgewichtigen Entwicklung lässt der Impuls zu neuen, weiteren Innovationen zunehmend nach, da ein Kalkulieren der zukünftigen Kosten und Einnahmen unmöglich erscheint. Das Nachlassen der Innovationen bewirkt den Umschwung in die Rezession.

Ein wesentlicher Beitrag zur Diskussion der langen Wellen im Sinne von Schumpeter erfolgte durch Gerhard Menschs Studie *Das Technologische Patt. Innovationen überwinden die Depression* (1975), in der der Verfasser den heute gängigen Begriff der *Basisinnovationen* prägt. In der durch empirische Studien unterlegten Theorie unterscheidet Mensch zwischen:

- *Basisinnovationen*, definiert als grundlegende, radikale Innovationen, die starke Abweichungen von der bisherigen Praxis darstellen und neue Beschäftigungsmöglichkeiten eröffnen, und
- *Verbesserungsinnovationen*, definiert als inkrementelle Verbesserungen bisheriger und etablierter Basistechnologien.

Das schubweise Entstehen von Basisinnovationen in der Depressionsperiode führt zur Erholungs- und Aufschwungphase, während ein Mangel an Basisinnovationen eine Rezession verursacht.

Die Periode der Depression nennt Mensch das *technologische Patt*: Es ist eine Situation der Unsicherheit, der Zweifel und miserablen ökonomischen Lage. Die Unternehmer befinden sich in einer Identitätskrise, in der sie – um Veränderungen herbeizuführen – schließlich das Innovations- und Investitionsrisiko überwinden. Mensch unterstellt, dass den Unternehmen ein ständig verfügbarer Vorrat an technischen Erfindungen (Inventionen) zur ersten ökonomischen Anwendung (Innovation) zur Verfügung steht. Sobald ein Unternehmer eine Basisinnovation tätigt, folgen ihm andere nach, und es entsteht ein Schwarm von Basisinnovationen. In der Depression kommt es daher zu einer Beschleunigung des Technischen Fortschritts in dem Sinne, dass sich die Zeitdistanz zwischen Invention und Innovation verkürzt. Innovationen sind somit in der Theorie von Mensch depressionsinduziert und daher endogen erklärt. Der Schwarm von Basisinnovationen bewirkt eine enorme Investitionstätigkeit, mit der die Depression überwunden und die Erholungsphase eingeleitet wird. Zusätzliche Verbesserungsinnovationen und Komplementaritätseffekte führen zu einer Aufschwungphase, die durch einen gesamtwirtschaftlichen Nachfrageüberschuss gekennzeichnet ist. Allmählich entwickeln die Unternehmen einen Widerwillen gegenüber Basisinnovationen, weil diese nun keine schnellen Gewinne mehr versprechen. Aufgrund der abnehmenden Erträge der Verbesserungsinnovationen fangen die Produktivitätssteigerungen an zu sinken. Auch zeigen sich mit der Zeit auf der Nachfrageseite im In- und Ausland Sättigungstendenzen, so dass es zu überschüssigen Kapazitäten in einigen Sektoren kommt. Mit dem Aufkommen von Stagflation (Stagnation plus Inflation) tritt die Volkswirtschaft in die Rezessions- und Depressionsphase ein.

Da Stagflation ein Phänomen ist, das erst nach dem Zweiten Weltkrieg an Bedeutung gewann (zuvor waren Rezessionen in der Regel mit Deflationsprozessen verbunden), lässt sich unabhängig von der nun folgenden Kritik von Freeman bemängeln, dass durch die Stagflationsinterpretation Menschs Theorie keine Allgemeingültigkeit für sich beanspruchen kann.

Freeman (1982) kritisiert an Menschs Theorie, dass die ökonomischen Effekte von Basisinnovationen in den ersten Jahren vernachlässigbar seien und dass es vielmehr der folgende Diffusionsprozess sei, der die großen gesamtwirtschaftlichen Effekte erzeuge. Daneben erweist sich als kritisch, dass die relevanten Innovationen völlig unverbunden sein können, d. h. weder in einer technischen noch in einer ökonomischen Beziehung zueinander stehen müssen. Auch zeigen (andere) empirische Beobachtungen, dass sich Unternehmen weniger in der Depressionsphase, sondern eher in der Erholungs- und Aufschwungphase für Innovationen und Investitionen entscheiden.

In Freemans Theorie spielen daher *Neue Technologiesysteme* die entscheidende Rolle im Verlauf der langen Wellen. Diese sind durch folgende Merkmale gekennzeichnet:

- Es handelt sich um Innovationen mit einem breiten Anwendungsbereich und einer Verbindung zu anderen Innovationen in wissenschaftlicher, technischer oder ökonomischer Hinsicht. Technologische Komplementaritäten und intersektorale Abhängigkeiten vereinen Innovationen zu einem Innovationssystem.

- Es ist nicht das Auftreten einzelner Basisinnovationen, das zu makroökonomischen Effekten führt, sondern der folgende Diffusionsprozess, in dessen Verlauf es durch die Lernprozesse mit der neuen Technologie zu Folgeinnovationen kommt.

Die Erklärung der langen Wellen erfolgt ähnlich wie in der Theorie von Mensch, wobei dem Arbeitsmarkt nun eine stärkere Bedeutung zukommt. Auch entstehen in der Theorie von Freeman *Neue Technologiesysteme* nicht in der Depressionsphase, sondern vor allem in der Erholungsphase, d. h. erst mit einer einsetzenden Erholung der Wirtschaft entscheiden sich Unternehmen für Innovationen und Investitionen (Akzeleratorhypothese). Die neue Technologie wird zunächst durch eine hohe Arbeitsintensität gekennzeichnet sein, da Massenproduktion und Automatisierung (sofern möglich) noch nicht ausgereift sind. Folglich werden beträchtliche Beschäftigungssteigerungen entstehen. In der folgenden Phase des Wachstums des Bruttoinlandsprodukts (Aufschwung) steigt die Arbeitsnachfrage weiter an, wodurch ein Lohnkostendruck entsteht, der von den Unternehmen teils in die Preise weitergegeben wird (und so zu Inflation führt), teils auch einen Rückgang der Gewinne bewirkt. Die steigenden Löhne machen die Ausnutzung der neuen Technologien zunächst noch attraktiver, und es kommt vermehrt zur Ausnutzung steigender Skalenerträge. Positive Beschäftigungseffekte bleiben nun allerdings aus, da es sich vorwiegend um Rationalisierungsinvestitionen handelt. Die Kapitalintensität der neuen Technologien steigt. Mit abnehmenden Produktivitätssteigerungen der neuen Technologien und einsetzenden Sättigungseffekten der gesamtwirtschaftlichen Nachfrage entsteht Stagflation, die den Übergang der Aufschwungs- in die Rezessionsphase bewirkt.

Kritisch an dieser Theorie ist, dass der Übergang von der Depressions- in die Erholungsphase unzureichend erklärt wird. Daneben orientiert sich auch Freeman zu stark an dem Stagflationsphänomen der 1970er Jahre bei gleichzeitiger Vernachlässigung aktueller Entwicklungen, wie z. B. Aufschwungsphasen ohne nennenswerte Beschäftigungseffekte (jobless growth).

Eine über die rein technologische Perspektive hinausgehende Analyse wird von Perez (1985) geleistet, die zwischen zwei Subsystemen in der Volkswirtschaft unterscheidet:

- dem *techno-ökonomischen* Subsystem, gekennzeichnet durch bestimmte Technologien und bestimmte Produktionsweisen (u. a. Stand des Technischen Fortschritts, Verwendung bestimmter Werkstoffe, Grad der Massenproduktion und Automatisierung), und
- dem *sozio-institutionellen* Subsystem, gekennzeichnet durch die gesellschaftliche und politische Organisation (u. a. Größe von Unternehmen, Bankensystem, Eigentumsverhältnisse, politisches System).

Ein harmonisches Verhältnis zwischen den Subsystemen bewirkt einen Aufschwung. Das techno-ökonomische Subsystem entwickelt sich ständig weiter, erreicht auf dem Höhepunkt der langen Welle aber die Grenzen seines Entwicklungspotentials, da ein Antagonismus zwischen dem „fortschrittlichen" techno-ökonomischen Subsystem und dem beharrlichen, aber „veralteten" sozio-institutionellen Subsystem entstanden ist. Eine volkswirtschaftliche und gesellschaftspolitische Krise führt zu einer Reform der Institutionen. Wenn dann die beiden Subsysteme wieder zusammenpassen, kann eine neue Erholungs- und Aufschwungphase entstehen.

Kritisch an dieser Theorie ist vor allem, dass die Kausalität von dem technologischen zu dem sozio-institutionellen System einer Volkswirtschaft geht, eine Annahme, die z. B. wenig Raum lässt für Einflüsse von Institutionen (u. a. Ausbildungs- und Forschungslandschaft einer Volkswirtschaft) auf den Technischen Fortschritt.

Rosenberg und Frischtak kamen 1984 zu der pessimistischen Schlussfolgerung, dass keine der gegenwärtigen Theorien der langen Wellen mit Technischem Fortschritt die folgenden vier Anforderungen angemessen erfüllt:

(1) Kausalität: Die Theorien müssen zeigen, dass letztlich immer und ausschließlich die Innovationstätigkeit für die Schwankungen im Bruttoinlandsprodukt verantwortlich ist.

(2) Zeitlicher Ablauf: Die Theorien müssen zeigen, dass der Technische Fortschritt zu Zyklen von einer bestimmten Länge, d. h. von ca. 45 bis 60 Jahren, führt. Das bedeutet z. B., dass für die Erholungs- und Aufschwungsphase erklärt wird, wieso sich die positive Wirkung der Technologien auf das Bruttoinlandsprodukt gerade nur auf eine Länge von ca. 20 bis 30 Jahre ausdehnt.

(3) Gesamtwirtschaftliche Auswirkungen: Die einzelnen Innovationen müssen wahrnehmbare Wirkungen auf das Sozialprodukt haben, indem über Input-Output-Verknüpfungen eine Vielzahl von Sektoren durch die Innovationen stimuliert werden. So kann z. B. die Investitionsgüterindustrie über die Produktion der Maschinen, die die Innovation inkorporieren, angeregt werden. Es kann z. B. auch eine zusätzliche Nachfrage nach Komplementärprodukten zu einer Produktinnovation entstehen.

(4) Zeitliche Wiederkehr der langen Welle: Es muss gezeigt werden, dass ein kontinuierlicher Wellenverlauf existiert, d. h. die Innovationen oder ihre Determinanten müssen sich zyklisch verhalten.

Das Grundproblem scheint darin zu liegen, dass es keine einheitliche Erklärung und keine einheitlichen Kausalitäten für den Verlauf aller langen Wellen in den letzten zwei Jahrhunderten gibt, sondern dass jede Epoche vielmehr ihre ganz spezifischen Merkmale und Einflussfaktoren hat. Gleichwohl dürften lange Wellen der Konjunktur und die damit verbundenen Szenarien auch im Jahrhundert nach Schumpeter nicht an Attraktivität verlieren. Dies dokumentiert u. a. das bereits im einsetzenden, durch die neuen Informationstechnologien (mit-)ausgelösten New Economy-Boom erschienene Buch des russischen Technologieexperten Nefiodow *Der sechste Kondratieff* (1996), bei dem in etwa zwei bis drei Jahrzehnten die grundlegenden Innovationen in den Bereichen Biotechnologien, Umwelttechnologien, neue optische Technologien und im Gesundheitssystem sowie insgesamt eine bessere Nutzung „weicher Faktoren" erfolgen sollen.

6.6 Literatur

Abramovitz, M. (1968), The Passing of the Kuznets Cycle. *Economica* 35, 349–367.

Aghion, P. und Howitt, P. (1998), *Endogenous Growth Theory.* Cambridge, MA.

Balabkins, N. W. (2003), Adaptation Without Attribution? The Genesis of Schumpeter's Innovator. In: Backhaus, J. (Hrsg.), *Joseph Alois Schumpeter: Entrepreneurship, Style and Vision,* Boston et al., 203–220.

Böhm-Bawerk, E. (1898), Rezension von Eugen von Bergmann, *Die Wirtschaftskrisen: Geschichte der Nationalökonomischen Krisentheorieen*, Stuttgart 1895. *Zeitschrift für Volkswirtschaft, Sozialpolitik und Verwaltung* 7, 132–133.

Borchardt, K. (1961), Albert Schäffle als Wirtschaftstheoretiker. *Zeitschrift für die gesamte Staatswissenschaft* 117, 610–634.

Clemence, R. V. (1951), *Essays of Joseph A. Schumpeter on Entrepreneurs, Innovations, Business Cycles, and the Evolution of Capitalism*, Cambridge, MA: Addison-Wesley Press; with a new introduction by R. Swedberg, New Brunswick – Oxford 1989.

Dal-Pont, M. und Hagemann, H. (2005), Business Cycles in Juglar and Schumpeter. Beitrag zur Session „From Crisis Theory to Business-Cycle Theory: The Contribution of Clément Juglar (1819–1905)" der 9. Jahrestagung der European Society for the History of Economic Thought, University of Stirling.

Easterlin, R. A. (1968), *Population, Labor Force and Long Swings in Economic Growth: The American Experience.* New York.

Ellis, H. S. (1934), *German Monetary Theory: 1905–1933.* Cambridge, MA.

Freeman, C. (1982), *The Economics of Industrial Innovation*, 2. Aufl. London.

Freeman, C. und Louçã, F. (2001), *As Time Goes By: From the Industrial Revolutions to the Information Revolution.* Oxford.

Haberler, G. (1937), *Prosperity and Depression.* Genf.

Hagemann, H. (2002), *Business Cycle Theory: Selected Texts 1860–1939. Vol. II: Structural Theories of the Business Cycle.* London.

Hagemann, H. und Landesmann, M. (1996), Sombart and Economic Dynamics. In: Backhaus, J. G. (Hrsg.), *Werner Sombart (1863–1941) – Social Scientist.* Bd. II: *His Theoretical Approach Reconsidered*, Marburg, 179–204.

Hagemann, H. und Landesmann, M. (1998), Lowe and Structural Theories of the Business Cycle. In: Hagemann, H. und Kurz, H. D. (Hrsg.), *Political Economics in Retrospect: Essays in Memory of Adolph Lowe,* Cheltenham, 95–130.

Hahn, A. (1920), *Volkswirtschaftliche Theorie des Bankkredits.* Tübingen. 2. Aufl. 1924, 3. Aufl. 1930.

Hahn, L. A. (1923), Artikel „Kredit" In: Elster, L., Weber, A. und Wieser, F. (Hrsg.), *Handwörterbuch der Staatswissenschaften,* 4. Aufl., Bd. 5, Jena, 944–953.

Harris, S. E. (1951), *Schumpeter: Social Scientist.* Cambridge, MA.

Holtfrerich, C.-L. (1989), Zur Entwicklung der monetären Konjunkturtheorien: Wicksell, Schumpeter, Hahn, Mises und Hayek. In: Schefold, B. (Hrsg.), *Studien zur Entwicklung der ökonomischen Theorie, Schriften des Vereins für Socialpolitik*, Bd. 115/VIII, Berlin, 103–140.

Juglar, C. (1862), *Des Crises commerciales et de leur retour périodique en France, en Angleterre et aux États Unis.* 2. Aufl. Paris, 1889.

Keynes, J. M. (1930), *A Treatise on Money.* Bd. 2: *The Applied Theory of Money.* London, 1971.

Kitchin, J. (1923), Cycles and Trends in Economic Factors. *Review of Economic Statistics* 5, 10–16.

Kondratieff, N. (1926), Die langen Wellen der Konjunktur. *Archiv für Sozialwissenschaft und Sozialpolitik* 56, 573–609; gekürzte engl. Übers.: The Long Waves in Economic Life, *Review of Economic Statistics* 17, 1935, 105–115.

Kuznets, S. (1930), *Secular Movements in Production and Prices: Their Nature and Their Bearing upon Cyclical Fluctuations.* Boston.

Kuznets, S. (1940), Schumpeter's "Business Cycles". *American Economic Review* 30, 257–271.

März, E. (1965), Zur Genesis der Schumpeterschen Theorie der wirtschaftlichen Entwicklung. In: *On Political Economy and Econometrics: Essays in Honour of Oskar Lange*, Warschau, 363–388.

Mensch, G. (1975), *Das Technologische Patt: Innovationen überwinden die Depression.* Frankfurt am Main.

Mises, L. von (1912), *Theorie des Geldes und der Umlaufsmittel*, München und Leipzig. 2. Aufl. 1924.

Nefiodow, L. (1996), *Der sechste Kondratieff.* St. Augustin.

Perez, C. (1983), Structural Change and the Assimilation of New Technologies in the Economic and Social Systems. *Futures* 15, 357–375.

Roscher, W. (1849), Die Productionskrisen mit besonderer Rücksicht auf die letzten Jahrzehnte. In: *Die Gegenwart: Eine encyclopädische Darstellung der neuesten Zeitgeschichte für alle Stände*, Bd. 3, Leipzig, 721–758.

Rosenberg, N. und Frischtak, C. (1984), Technological Innovation and Long Waves. *Cambridge Journal of Economics* 8, 7–24.

Samuelson, P. A. (1943), Dynamics, Statics and the Stationary State. *Review of Economic Statistics* 25, 58–68.

Samuelson, P. A. (1982), Schumpeter as an Economic Theorist. In: Frisch, H. (Hrsg.), *Schumpeterian Economics*, New York, 1–27.

Schäffle, A. E. F. (1867), *Die nationalökonomische Theorie der ausschliessenden Absazverhältnisse insbesondere des litterarisch-artistischen Urheberrechtes, des Patent-, Muster- und Firmenschuzes nebst Beiträgen zur Grundrentenlehre.* Tübingen.

Schneider, E. (1951), Schumpeter's Early German Work, 1906–17. *Review of Economics and Statistics* 33, 104–108.

Schumpeter, J. A. (1908), *Das Wesen und der Hauptinhalt der theoretischen Nationalökonomie.* Leipzig.

Schumpeter, J. A. (1910), Über das Wesen der Wirtschaftskrisen. *Zeitschrift für Volkswirtschaft, Sozialpolitik und Verwaltung* 19, 271–325.

Schumpeter, J. A. (1914–1915), Die Wellenbewegung des Wirtschaftslebens. *Archiv für Sozialwissenschaft und Sozialpolitik* 39, 1–32.

Schumpeter, J. A. (1927a), Sombarts dritter Band. *Schmollers Jahrbuch* 51, 349–369.

Schumpeter, J. A. (1927b), The Explanation of the Business Cycle. *Economica* 7, 286–311.

Schumpeter, J. A. (1927c), Unternehmer. In: Elster, L., Weber, A. und Wieser, F. (Hrsg.), *Handwörterbuch der Staatswissenschaften*, 4. Aufl., Bd. VIII, Jena, 476–487.

Schumpeter, J. A. (1928), The Instability of Capitalism. *Economic Journal* 38, 361–386.

Schumpeter, J. A. (1931), The Theory of the Business Cycle. *Keizaigaku Ronshu – The Journal of Economics* 4, 1–18.

Schumpeter, J. A. (1939), *Business Cycles: A Theoretical, Historical and Statistical Analysis of the Capitalist Process*, 2 Bde., New York. Dt. Übersetzung: *Konjunkturzyklen*, Göttingen, 1961.

Schumpeter, J. A. (1942), *Capitalism, Socialism, and Democracy.* New York – London; dt. Übersetzung: *Kapitalismus, Sozialismus und Demokratie*, München – Basel, 1950.

Schumpeter, J. A. (1954), *History of Economic Analysis.* London.

Schumpeter, J. A. (1987), *Theorie der wirtschaftlichen Entwicklung.* München – Leipzig: Duncker & Humblot, 1. Aufl. 1911; 2. überarb. Aufl. 1926; 7. Aufl. 1987 (unveränderter Nachdruck der 4. Aufl. von 1934); engl. Übersetzung: *The Theory of Economic Development: An Inquiry into Profits, Capital, Credit, Interest, and the Business Cycle*, Cambridge, 1934.

Schumpeter, J. A. (2000), *Briefe/Letters.* Ausgewählt und herausgegeben von U. Hedtke und R. Swedberg, Tübingen.

Solow, R. M. (1991), New Directions in Growth Theory. In: Gahlen, B., Hesse, H. und Ramser, H. J. (Hrsg.), *Wachstumstheorie und Wachstumspolitik: Ein neuer Anlauf*, Tübingen, 3–17.

Sombart, W. (1902), *Der moderne Kapitalismus: Historisch-systematische Darstellung des gesamteuropäischen Wirtschaftslebens von seinen Anfängen bis zur Gegenwart.* 2 Bände, Leipzig; 3 Bände, München – Leipzig, 1916–1927.

Sombart, W. (1904), Versuch einer Systematik der Wirtschaftskrisen. *Archiv für Sozialwissenschaft und Sozialpolitik* 19, 1–21.

Spahn, H.-P. (1984), Marx – Schumpeter – Keynes: Drei Fragmente über Geld, Zins und Profit. *Jahrbücher für Nationalökonomie und Statistik* 199, 237–255.

Spiethoff, A. (1902), Vorbemerkungen zu einer Theorie der Überproduktion. *Jahrbuch für Gesetzgebung, Verwaltung und Volkswirtschaft im Deutschen Reich* 26, 721–759.

Spiethoff, A. (1903), Die Krisentheorien von M. Tugan-Baranowsky und L. Pohle. *Jahrbuch für Gesetzgebung, Verwaltung und Volkswirtschaft im Deutschen Reich* 27, 679–708.

Spiethoff, A. (1925), Krisen. In: *Handwörterbuch der Staatswissenschaften*, VI, 8–91; engl. Übersetzung: Business Cycles, in: *International Economic Papers* 3, 1953, 75–171.

Stolper, W. F. (1982), Schumpeters Theorie der Innovation. *Ifo-Studien* 28, 239–270.

Stolper, W. F. (1994), *Joseph Alois Schumpeter: The Public Life of a Private Man.* Princeton, N. J.

Streissler, E. (1982), Schumpeter's Vienna and the Role of Credit in Innovation. In: Frisch, H. (Hrsg.), *Schumpeterian Economics*, New York, 60–83.

Streissler, E. (1994), The Influence of German and Austrian Economics on Joseph A. Schumpeter. In: Shionoya, Y. und Perlman, M. (Hrsg.), *Schumpeter in the History of Ideas*, Ann Arbor, 13–40.

Tichy, G. (1984), Schumpeter's Business Cycle Theory: Its Importance for Our Time. In: Seidl, C. (Hrsg.), *Lectures on Schumpeterian Economics: Schumpeter Centenary Memorial Lectures Graz 1983*, Berlin et al., 77–88.

Tugan-Baranowsky, M. (1901), *Studien zur Theorie und Geschichte der Handelskrisen in England,* Jena; deutsche Übersetzung von *Promyshlennye krizisy v sovremennoi Anglii,* St. Petersburg, 1894.

Van Duijn, J. (1983), *Long Waves in Economic Life.* London.

Kapitel 7

Ordnungspolitische Ansichten der „Austrian Economics“

Karl Socher

7.1 Ordnungspolitik der „Austrian Economics“

7.1.1 Problemstellung

Die Ansichten der Vertreter der Österreichischen Schule der Nationalökonomie über die Wirtschaftspolitik gehen weit auseinander. Die einzige Monographie über die Wirtschaftspolitik von einer Vertreterin dieser Schule, die *Theorie der staatlichen Wirtschaftspolitik* von Martha Stephanie Braun (1929, später Browne), beschäftigt sich im Wesentlichen mit einzelnen Maßnahmen der heute so genannten Ablaufspolitik mit Hilfe der Ziel-Mittel-Analyse, wie sie dann später Tinbergen (1952) formalisierte, der den Nobelpreis erhielt. In dieser Analyse geht man von gegebenen Zielen aus und untersucht die zur Erreichung notwendigen wirtschaftspolitischen Instrumente mit ihren Wirkungen. Braun baut dabei auf der Wert- und Preistheorie der Österreichischen Schule auf und untersucht einzelne staatliche Maßnahmen zur Nachfrage-, Angebots- und Preisgestaltung. Von anderen Vertretern der Österreichischen Schule, wie vor allem Ludwig von Mises und seinem Schüler Friedrich August von Hayek, werden diese punktuellen ablaufspolitischen Maßnahmen im Wesentlichen abgelehnt und eine liberale Ordnungspolitik begründet, die nur die Rahmenbedingungen für das Funktionieren einer Marktwirtschaft gestaltet. Diese wirtschaftspolitischen Lehren von Vertretern der Österreichischen Schule sind seit etwa 1970 im angloamerikanischen Raum als „Austrian Economics“ bekannt geworden.

Die früher häufige Bezeichnung „Wiener Schule“ (als Gegensatz zur Lausanner Schule) möchte ich deshalb nicht verwenden, weil wichtige Vertreter dieser Schule, wie Eugen Böhm von Bawerk, nicht nur in Wien wirkten und sich heute die Bezeichnung „Österreichische Schule“ (auch im Gegensatz zur Deutschen Historischen Schule) durchgesetzt hat. Außerdem betraf diese Bezeichnung vor allem die wirtschaftstheoretischen Lehren (die manchmal auch als Grenznutzenschule bezeichnet wurden). In den letzten Jahren hat sich der Begriff „Austrian Economics“ (vor allem für die Lehren von L. von Mises und F. A. von Hayek) von den angloamerikanischen Ländern immer weiter ausgebreitet, sodass sich heute

Vertreter dieser Richtung sowie Mises- und Hayek-Institute in vielen Ländern finden.

Innerhalb dieser „Austrian Economics“ lassen sich wieder zwei Schulen unterscheiden: einerseits die fundamental liberale Richtung, die Erich Streissler einmal als „paläo-liberal“ bezeichnet hat. Zu ihr gehören vor allem Ludwig von Mises und sein Schüler Murray Rothbard (auch David Friedman, Sohn von Milton Friedman), während ein anderer Schüler von Mises, Friedrich August von Hayek, der sich selbst als Neo-Liberaler sah, staatliche Regeln auf mehreren Gebieten durchaus akzeptiert und einige als notwendig ansieht (er soll deswegen von Ludwig von Mises als „Sozialist“ beschimpft worden sein).

Im Folgenden wird von den Hayekschen Ansichten ausgegangen, die mit denen der deutschen Ordo-Liberalen verglichen werden, weil deren Ordnungstyp „Soziale Marktwirtschaft“ nicht nur in Deutschland, sondern auch in Österreich vielfach als Leitbild diente. Ordnungspolitik ist nach den Vorstellungen der deutschen Neo- oder Ordo-Liberalen (Eucken, Müller-Armack usw.) die Gestaltung der Rahmenbedingungen für das Funktionieren einer „Sozialen Marktwirtschaft“, wofür nach ihrer Ansicht ein starker, ordnender Staat notwendig sei. Diese Forderung nach einem starken Staat wird von den „Austrian Economics“ generell abgelehnt, F. A. von Hayek hat aber mehrere notwendige Staatsaufgaben aufgezeigt und damit Ordnungspolitik im allgemeinen Sinn gefordert. Eine gute Übersicht über seine Lehren findet sich bei Erich und Monika Streissler (1993).

7.1.2 Spontane Entwicklung statt konstruierter Ordnungen

Hayeks Ausgangspunkte für die grundsätzliche Ablehnung von Staatseingriffen sind die Beschränktheit des menschlichen Wissens und die Komplexität sozialer Phänomene. Ein Einzelner kann deshalb nicht optimale Ordnungen konstruieren, wie es etwa die französische Aufklärung oder Karl Marx versuchten. Das ist „Anmaßung von Wissen“, auch wenn man einzelne Teile der marktwirtschaftlichen Ordnung verändern möchte. Die marktwirtschaftliche Ordnung ist nicht „konstruiert“ worden, sie ist ein Ergebnis menschlichen Handelns, aber nicht menschlichen Entwurfs. Sie hat sich in einem Entwicklungsprozess herausgebildet, in dem sich spontane Neuerungen in einem „Trial and error“-Prozess bewährten. Um Raum für diese Weiterentwicklung zu geben, muss so viel Freiheit des Handelns wie möglich vorhanden sein. Durch diese Freiheit können unvorhersehbare und unvorhersagbare Entwicklungen erfolgen, die sich als Vorteil für die menschliche Wohlfahrt erweisen. Für die Handlungsfreiheit ist die Eigenverantwortung wichtig, die es erzwingt, Fehler zu vermeiden und aus Fehlern zu lernen. Für staatliche Handlungen gibt es kein ausreichendes Wissen über die Konsequenzen des Handelns und in vielen Fällen keine Verantwortung für die Folgen.

Um möglichst nützlich für die Gesellschaft frei handeln zu können, braucht es einen Schutz des Privateigentums vor Macht von anderen oder dem Staat. Es wird aber nicht generell ein „Laissez-faire“ vom Staat verlangt, sondern gerade der Schutz des Privateigentums braucht Institutionen, die spontan zustande gekommen sind, weil sie nützlich sind. Auf die einzelnen notwendigen Regeln wird nun näher eingegangen.

7.2 Die Aufgaben des Staates nach Hayek

Während der Paläo-Liberalismus die Aufgaben des Staates – wenn er überhaupt Aufgaben anerkennt – nur auf die Durchsetzung von Privatrechten und die Verteidigung nach außen beschränken möchte, geht Hayek viel weiter. Er zählt in seinem großen dreibändigen Werk in einem Kapitel eine Reihe von legitimen Staatsaufgaben auf und meint dazu: „Eine adäquate Diskussion der Art und Weise, in der die ‚Dienstleistungen reguliert und die Mittel für diese Dienste aufgebracht werden' würde einen weiteren Band [...] erfordern“ (Hayek 1980, S. 68).

Staatsaufgaben werden von ihm auf folgenden Gebieten gesehen:

7.2.1 Rechtsordnung

Eine *Rechtsordnung* für die Funktionsfähigkeit des Marktes muss geschaffen werden. Dazu gehört

- die Vertragsfreiheit,
- die Unverletzlichkeit des Eigentums,
- die Haftung für Schaden.

Diese Voraussetzungen sind auch in konstituierenden Prinzipien von Euckens Ordo-Liberalismus enthalten. Der Schutz des Eigentums kann – nach Hayek – nur dann durch Enteignungen durchbrochen werden, wenn sie aufgrund von allgemein gültigen Rechtsregeln erfolgen, eine volle Entschädigung bieten (was z. B. in Österreich nicht der Fall ist) und die Kontrolle durch unabhängige Gerichte vorhanden ist.

7.2.2 Bereitstellung von Öffentlichen Gütern

Öffentliche Güter sind Güter, die am Markt nicht angeboten werden können, weil z. B. ein Konsument vom Konsum nicht ausgeschlossen werden kann oder eine Bepreisung nur mit hohen Transaktionskosten möglich wäre. Es entsteht das „Trittbrettfahrer-Problem“; keiner möchte allein dazu beitragen, obwohl die Leistung als nützlich angesehen wird. Das beste Beispiel für dieses „Marktversagen“ ist die

Landesverteidigung. Unter dem Titel Öffentliche Güter behandelt Hayek auch die sog. *Externen Effekte*, das sind Wirkungen, die von einer Transaktion auf unbeteiligte Dritte ausgehen, entweder in positiver oder negativer Weise, z. B. Auswirkungen von Abwasser, Rauch und Lärm auf Nachbargrundstücke. Zu den Öffentlichen Gütern gehören nach Hayek auch Schutz vor Epidemien, Lawinen und ähnlichen Katastrophen. Selbst Strassen (soweit sie nicht durch Mauten finanziert werden können) zählt Hayek zu den Öffentlichen Gütern. Bei der Erziehung und Ausbildung sieht er ebenfalls einen Grund für staatliche Unterstützung, weil Minderjährige die nützlichen Folgen der Erziehung noch nicht erkennen können und Eltern nicht immer fähig oder willens sind, den Kindern eine für sie nützliche Bildung von Humankapital zu finanzieren. Außerdem könne dadurch die Entwicklung von Fähigkeiten der Kinder gefördert werden, die nicht bekannt waren. Jedenfalls fordert Hayek nicht eine vollkommene Privatisierung der gesamten Bildung, sondern befürwortet eine öffentliche Finanzierung von Schulen, allerdings ohne eine öffentliche Verwaltung.

7.2.3 Zertifizierungen und Information

Hier weist Hayek auf die Nützlichkeit staatlicher Vorschriften für die *Sicherheit und Gesundheit* hin: etwa Bauvorschriften für Gebäude und öffentlich benützte Einrichtungen wie Sportplätze oder Theater, Vorschriften für die Reinhaltung von Nahrungsmitteln und die Zertifizierung von Berufen wie Arzt, Apotheker, Waffenhandel und Handel mit anderen gefährlichen Gütern. Freilich dürfen diese Zertifizierungen nicht dazu dienen, das Angebot dieser Dienstleistungen zu beschränken. Heute werden diese staatlichen Maßnahmen häufig mit dem Vorliegen von *asymmetrischer Information* begründet. Die Nachfrager sind über Sicherheits- und Gesundheitsaspekte weniger gut informiert als die Anbieter. Manche der von Hayek vorgeschlagenen Zertifizierungen werden dagegen heute abgelehnt, weil am Markt bei entsprechenden Haftungsregeln der einzelne Anbieter im eigenen Interesse auf die Sicherheit und Gesundheit seines Angebots achten würde.

Bei den nächsten drei Staatsaufgaben unterscheidet sich Hayek in wesentlichen Punkten vom deutschen Ordo-Liberalismus, vor allem der „Sozialen Marktwirtschaft".

7.2.4 „Die Illusion der sozialen Gerechtigkeit"

Hayek (1981a, Titel des 2.Bandes) lehnt den Begriff des „Sozialen" als ein inhaltsloses Wort – als „weasel word" – ab. Soziales Verhalten ist nur in der kleinen Gruppe, wie in der Familie oder im kleinen Stamm der menschlichen Urgeschichte (vor der landwirtschaftlichen Revolution), möglich. In dieser kleinen Gruppe kennen die Individuen die Situation ihrer Nächsten und können ihnen gegenüber im Sinne der Nächstenliebe handeln. In der großen Gruppe, der „extended society", in einer weltweiten Marktwirtschaft ist die Anwendung dieser Moral unmöglich, weil weder der Einzelne erkennen kann, was in der Großgruppe „sozial“ ist, noch der Staat, weil auch die Regierung die Umstände und Verhältnisse der Menschen, die „gerecht“ behandelt werden sollten, nicht kennen kann. In der Großgruppe kann es nur eine Verfahrensgerechtigkeit geben, nicht aber eine Gerechtigkeit des Ergebnisses.

Der Versuch, in einer großen Gesellschaft „soziale“ Gerechtigkeit im Sinne einer Moral der kleinen Gruppe einzuführen und die Marktordnung zu korrigieren, wird die Marktwirtschaft zerstören. Schon Ludwig von Mises hat am Beispiel der österreichischen Mietengesetzgebung die „Ölfleck-Theorie“ entwickelt, nach der einzelne Interventionen in einem Bereich die Tendenz haben, sich immer weiter auszubreiten – angefangen von der Mietenregulierung für Kriegerwitwen 1917 bis zum staatlichen Wohnbau und Zuteilung der Wohnungen nach politischen Gesichtspunkten mit unsozialen Wirkungen für junge wohnungssuchende Menschen. Hayek verallgemeinerte diese Erkenntnis zum Aufsehen erregenden Werk *Der Weg zur Knechtschaft* (1945). Dan Usher (1983) hat aufbauend auf Hayek herausgearbeitet, dass Einkommens-Umverteilung in einer Demokratie nicht zu einer Gleichverteilung der Einkommen führt, sondern zu Umverteilungskämpfen, die die Demokratie als solches gefährden. Die Entwicklung in den Ländern, in denen die „Soziale Marktwirtschaft“ als Leitbild galt, hat gezeigt, dass unter dem Titel des „Sozialen“ in der Demokratie eine Umverteilung zustande kommen kann, die auf die Dauer unhaltbar ist, wie das Pensionssystem zeigt. Vor dieser Entwicklung hat Hayek sehr früh gewarnt.

Diese Ablehnung des Begriffs „sozial“ hat Hayek den Vorwurf eingetragen, er würde die sozialen Notsituationen nicht erkennen. Tatsächlich hat aber Hayek (1981b, S. 82 ff.; 1971, Kap. 19) die staatliche Fürsorge für diejenigen, die aus verschiedenen Gründen ihren Lebensunterhalt nicht auf dem Markt verdienen können, wie Kranke, Alte, Behinderte, Arbeitsunfähige, Witwen, Waisen, und für andere Bürger, die keine Leistungen am Markt erbringen können, als legitime Staatsaufgabe und sogar als notwendigen Teil der Marktwirtschaft bezeichnet. (Selbst Vertreter einer „Sozialen Marktwirtschaft“ beziehen manche der von Hayek genannten Kategorien nicht von vornherein in den Kreis für eine solche staatliche Fürsorge ein, z. B. diejenigen, für die Kranken- oder Alterspensions-Versicherungen möglich sind.) Das Existenzminimum muss gesichert werden, ein Mindest- oder *Minimal-Einkommen* (negative Einkommensteuer) vom Staat bezahlt werden. Dieses Minimaleinkommen soll mit zunehmendem Wohlstand der Gesellschaft angehoben werden.

Hayek diskutiert auch drei Probleme, die damit zusammenhängen:

- Die Feststellungen für die Gewährung des staatlichen Minimaleinkommens dürfen nicht in bürokratische Willkür ausarten.

- Die „sozialen" Dienstleistungen des Staates dürfen keine Zwangsmaßnahme sein, wie z. B. ein staatlicher Gesundheitsdienst oder die obligatorische Sozialversicherung mit ihrem Monopol und ihrer politisch bestimmten Umverteilungswirkung. Sie schränkt die persönliche Initiative und Wahlfreiheit ein und schafft eine ineffiziente Bürokratie.

- Drittens könnten hohe Sozialleistungen in einem Land die Notwendigkeit von Einschränkung der Freizügigkeit der Einwanderung bedingen. Hayek gibt keine bestimmte Antwort auf die Frage, ob z. B. freiwillige Übereinkommen, Fremde fernzuhalten, wie sie in Tiroler Dörfern bestanden, anti-liberal oder moralisch gerechtfertigt sind (1981b, S. 214, Anm. 14).

Die Anerkennung der Notwendigkeit eines staatlich gewährten Minimaleinkommens unterscheidet sich von der Forderung Euckens, die Umverteilung in einer „Sozialen Marktwirtschaft" mit Hilfe der progressiven Einkommensteuer vorzunehmen (Eucken 1952, S. 300 f.). Die Steuerprogression lehnt Hayek (1952) aus Gerechtigkeitsgründen ab, denn sie besteuert gleiche Leistungen ungleich. Er hat damit schon früh die heute so genannte „Flat tax" (proportionale Einkommensteuer) vertreten, die nur ab dem nicht besteuerten Existenzminimum eine progressive Wirkung hat. Hayek (1971, Kap. 20) erkennt allerdings auch an, dass eine leichte Progression der Einkommensteuer zur Korrektur der regressiven Wirkung der Umsatzsteuer dienen kann, sodass das gesamte Steuersystem proportional wirkt.

7.2.5 Zwangsabgaben, Steuern und Budgetpolitik

Um die notwendigen Dienstleistungen des Staates zu finanzieren, sind Zwangseinnahmen notwendig. Sie müssen aber begrenzt werden und damit den öffentlichen Bereich einschränken, während in der unbeschränkten Demokratie die Staatsausgaben ausgeweitet und dann die Steuern entsprechend erhöht werden.

Außerdem soll das Steuersystem auf allgemeinen Regeln basieren und keine Ausnahmen für einzelne Gruppen enthalten, wie sie im demokratischen Prozess immer wieder entstehen.

Obwohl eine antizyklische Budgetpolitik à la Keynes von Hayek natürlich abgelehnt wird, findet sich bei ihm der Vorschlag einer antizyklischen Investitionspolitik des Staates (Hayek 1981b, S. 88 f.). Sie soll aufgrund eines längerfristigen (5–7 Jahre) Investitionsplans Beschleunigungen und Verzögerungen der jährlichen Investitionsausgaben erlauben, um in der Konjunkturabschwächung, in der die privaten Investitionen nachlassen und dadurch Arbeit und Ressourcen zu geringeren Kosten zur Verfügung stehen, eine Verbilligung der öffentlichen Investitionen zu erreichen. Allerdings zweifelt Hayek dann daran, ob die staatliche Verwaltung fähig ist, eine solche Steuerung effektiv auszuführen.

7.3 Anforderungen an die Dienstleistungen

Die Dienstleistungen des Staates auf allen diesen Gebieten (Abschnitt 7.2) sollen nach Hayek folgenden drei Anforderungen genügen:

(1) Sie sollten so weit wie möglich *nicht zentral* geregelt werden, sondern föderal, von lokalen Körperschaften. Das hat den Vorteil, auf die lokalen Bedürfnisse einzugehen und auch die Aufbringung der Mittel (Zwangsabgaben) bürgernäher gestalten zu können. (Hayek 1981b, S. 198). Ein weiteres Argument für den Föderalismus ist jetzt aufgrund von Hayekschen Ideen entwickelt worden: Durch den Wettbewerb zwischen den lokalen Angeboten an Dienstleistungen entstehen Innovationen. Der Wettbewerb als Entdeckungsverfahren soll nicht nur im Markt, sondern auch im Bereich der Politik wirken.

(2) Die *Finanzierung* dieser Dienstleistungen muss zwar *durch den Staat* erfolgen, aber *nicht die Produktion* selbst, also die Organisation und das Management. Das kann der Wettbewerbs-Wirtschaft überlassen werden. Als Beispiel nennt Hayek (1981b, S. 90) den Vorschlag von Milton Friedman, Bildungs-Schecks zu verteilen, um frei die beste Ausbildung zu finden, ohne dass der Staat – so wie bis vor kurzem in Österreich – die Ausbildung bis ins einzelne regelt. Inzwischen gibt es für viele Gebiete ähnliche Vorschläge, z. B. Kultur-Schecks.

(3) Nicht zuletzt zu nennen ist die Forderung, dass *kein Monopol* für die staatliche Dienstleistung entstehen darf. Sie muss auch jedem Privaten möglich sein, wodurch z. B. Tätigkeiten des „unabhängigen Sektors" von Kirchen, Stiftungen, Vereinen wie Anonyme Alkoholiker oder vor kurzem die Roten Nasen möglich sind. Ein staatliches Rundfunk- (und TV-) Monopol stellt zudem eine Bedrohung der politische Freiheit dar (Hayek 1981b, S. 200).

7.4 Wettbewerbspolitik

7.4.1 Private Monopole

Der wichtigste Unterschied der „Austrian Economics" zu den vom Ordo-Liberalismus geforderten Staatsaufgaben ist die Wettbewerbspolitik. Der Ordo-Liberalismus fordert vor allem deshalb einen starken Staat, damit er den vollkommenen Wettbewerb durch Verbote von Wettbewerbsbeschränkungen durch Monopole und Kartelle sichert (Eucken, 1952, Kap. XVII, S. 291–299). Damit besteht aber die Gefahr, die für das Wachstum so wichtigen Innovationen einzuschränken. Denn der Anreiz zu Innovationen sind die vorübergehenden Monopolstellungen, die Unternehmensgewinne (im Sinne von Schumpeter) bringen.

Hayek (1981b, S. 111 f.) bestreitet nicht, dass ein Monopol seinem Besitzer auch eine schädliche Macht verleihen kann. Aber die Schädlichkeit liegt nicht in der Macht, die Preise zu bestimmen, denn diese Macht kann jederzeit durch andere Unternehmen im Markt eingeschränkt werden und ist u. U. durch überlegene Leistungen oder Innovationen des Unternehmens entstanden. Schädlich ist ein Monopol in zwei Fällen: wenn es seinen Gewinn auf Kosten von Diskriminierung gegenüber Kundengruppen oder gegen Konkurrenten erzielt, und wenn es durch seine Größe politische Macht erlangt und sich damit Privilegien verschafft.

Die Diskriminierung zwischen Kunden und gegen Konkurrenten sollte aber nicht durch ein allgemeines Verbot der Ungleichbehandlung als strafwürdiges Vergehen bekämpft werden, sondern durch Schadenersatzansprüche der Diskriminierten. Für ein Verbot und Strafe kann eine Behörde nicht über das dafür erforderliche Wissen verfügen. Die potentiellen Konkurrenten sollen also als Wachhund gegen schädliche Praktiken fungieren. Kartelle sollten ebenfalls nicht mit Verboten und Strafen verhindert werden, sondern durch Ungültigkeitserklärung von Kartellverträgen und mehrfachen Schadenersatz für den Diskriminierten (Hayek 1981b, S. 120 ff.).

7.4.2 Abschaffung von Staatsmonopolen

Viele Monopole verdanken ihre Macht dem Staat, wie die Notenbanken, Post, Bahn, Telefon, Elektrizität usw. Auf allen diesen Gebieten, bei denen keine Gründe für ein Marktversagen vorliegen, fordert Hayek zumindest die Zulassung von Wettbewerb ohne Diskriminierung. Bei den öffentlichen Monopolen ist nicht die Macht, hohe Preise verlangen zu können, schädlich, sondern im Gegenteil die durch staatliche Subventionen mögliche Niedrighaltung der Preise, die eine Ressourcenverschwendung bewirkt.

Ein spezielles Problem ist das Geldschöpfungsmonopol, das immer wieder vom Staat zur Geldbeschaffung über Inflation benützt wurde. Von den Vertretern der Österreichischen Schule gibt es mehrere Vorschläge für eine optimale Geldverfassung. L. von Mises sah nur in der Goldwährung einen Schutz vor Inflation; auch Hayek schlug einmal für die Schaffung einer europäischen Währungsunion die Golddeckung vor. Später setzte er sich für Wettbewerb zwischen Währungen ein – z. B. sollte die Verwendung von Schweizer Franken in den damaligen europäischen Inflationsländern erlaubt werden (Hayek 1977). Auch die nationale Geldschöpfung sollte im Wettbewerb der Banken erfolgen, wodurch sich ein wertstabiles Geld im Wettbewerb durchsetzen würde (Hayek 1976). Seit diesen Vorschlägen hat sich allerdings eine „spontane" neue Idee durchgesetzt, die durchaus den Vorstellungen der „Austrian Economics" entspricht: Der Gouverneur der neuseeländischen Notenbank verliert seinen Job, wenn die Inflation über einen bestimmten Prozentsatz steigt.

7.5 Politische Ordnung als Voraussetzung einer freiheitlichen Marktwirtschafts-Ordnung

Die Vertreter der „Austrian Economics“ stehen der unbeschränkten Demokratie kritisch gegenüber. Sie enthält Anreize für Politiker, immer mehr Umverteilung und Interventionen für einzelne Wählergruppen für die Maximierung ihrer Wählerstimmen einzusetzen. Dadurch werden die Freiheit des Einzelnen und sein Eigentum eingeschränkt, der Anreiz geht verloren, das zu tun, was anderen nützt. Die unbeschränkte Demokratie kann die Marktwirtschaft zerstören und damit die Grundlage für die Demokratie (Usher 1983).

Die fundamentale Richtung der „Austrians“, wie Murray Rothbard, will deshalb den Staat radikal beschränken. Hayek (1981b, S. 156 f.) machte Vorschläge für die Reform des Parlament-Systems, um immer weitergehende Einzel-Eingriffe zu vermeiden. Die Parlamentarier sollten in einem reifen Alter von 45 Jahren von ihren Altersgenoss/inn/en gewählt und für eine relativ lange Zeit von etwa 15 Jahren ohne Möglichkeit einer Wiederwahl bestellt werden. Dadurch müssen sie nicht auf eine Partei Rücksicht nehmen. Sie sollten nur allgemeine Regeln beschließen können und nicht, wie heute, in die Verwaltung eingreifen. Eine beschränkte undemokratische Regierung würde Hayek einer unbeschränkten Demokratie vorziehen. Vertreter der „Austrian Economics“ weisen darauf hin, dass in einer konstitutionellen Monarchie die Freiheit durch die längerfristige Sichtweise und Rücksichtnahme auf Minderheiten besser geschützt werden könnte als in einer Republik.

7.6 Das Problem der Transformation

Zuletzt möchte ich noch einen Mangel der „Austrian Economics“ aufzeigen, den man allerdings auch anderen Schulen der Wirtschaftspolitik vorwerfen kann. Viele Ökonomen, wie Marx und Schumpeter, haben sich mit dem Wandel von der Marktwirtschaft zum Sozialismus beschäftigt und die Probleme eines Wandels vom Sozialismus zur Marktwirtschaft vernachlässigt, obwohl gerade Mises als Erster auf den notwendigen Zusammenbruch des Sozialismus hingewiesen hat. Dadurch sind erst auf Grund der schmerzlichen Erfahrungen der Transformationsländer, die mit Ausnahme von China am Beginn des Prozesses Rückgänge des Einkommens bis zu 50 % erlitten, in der letzten Zeit bessere Kenntnisse über einen optimalen Transformationspfad entstanden. Unmittelbar nach dem Zusammenbruch des Sozialismus wurden noch aufgrund der Thesen der „Austrian Economics“ manche Maßnahmen einer staatlichen Transformationspolitik abgelehnt, die sich nachträglich als notwendig erwiesen, wie etwa eine Banken- und Kapitalmarktaufsicht. Dagegen wurde anfänglich, z. B. von Vaclav Klaus (1994; 1996, S. 19), damals Ministerpräsident der Tschechischen Republik, ein konstruktivistischer „Blueprint“ für den gesamten Transformationsprozess abgelehnt und neben einigen zentralen

Staatsaufgaben (wie Privatisierung, Preisfreigabe, Abschaffung von Subventionen, ausgeglichenes Budget, Unabhängigkeit der Notenbank) auf eine spontane Entwicklung der notwendigen Institutionen vertraut. Aber eine vom Staat angeordnete Übernahme von den für eine Marktwirtschaft auch von Hayek als notwendig angesehenen Regeln und Institutionen kann keinesfalls als ein „Konstruktivismus" bezeichnet werden, denn sie haben sich ja im Evolutionsprozess entwickelt und bewährt.

7.7 Literatur

Braun, M. St. (1929), *Theorie der staatlichen Wirtschaftspolitik.* Wien: Deuticke.

Eucken, W. (1952), *Grundsätze der Wirtschaftspolitik.* Zitiert nach 6. Aufl., 1990, Tübingen: UTB.

Hayek, F. A. von (1945), *Der Weg zur Knechtschaft.* Erlenbach. Engl. *The Road to Serfdom*, London–Chicago, 1944.

Hayek, F. A. von (1952), Die Ungerechtigkeit der Steuerprogression. Referat 5.7.1952, veröffentlicht vom Carl Menger Institut, Wien, 1986.

Hayek, F. A. von (1971), *Die Verfassung der Freiheit.* Tübingen: Mohr Siebeck.

Hayek, F. A. von (1976), *A Choice in Currency: A Way to Stop Inflation.* London: IEA.

Hayek, F. A. von (1977), *Entnationalisierung des Geldes.* Tübingen: Mohr Siebeck.

Hayek, F. A. von (1980), *Recht, Gesetzgebung und Freiheit*, Bd. 1: *Regeln und Ordnungen.* München: Verlag Moderne Industrie.

Hayek, F. A. von (1981a), *Recht, Gesetzgebung und Freiheit*, Bd. 2: *Die Illusion der sozialen Gerechtigkeit.* München: Verlag Moderne Industrie.

Hayek, F. A. von (1981b), *Recht, Gesetzgebung und Freiheit*, Bd. 3: *Die Verfassung einer Gesellschaft freier Menschen.* München: Verlag Moderne Industrie.

Klaus, V. (1994), Systemic Change: A Delicate Mixture of Intentions and Spontaneity. Rede vor der Mont-Pelerin-Society Generalversammlung, Cannes, 1994.

Klaus, V. (1996), Die Österreichische Schule und ihre Bedeutung für die Transformationsprozesse der heutigen Welt (Böhm-Bawerk-Vorlesung, Innsbruck). In: Leube, K. R. (Hrsg.), *Die Österreichische Schule der Nationalökonomie*, Internationales Institut „Österreichische Schule der Nationalökonomie", Wien: Manz.

Streissler, E. und Streissler, M. (1993), *Friedrich August von Hayek, Denker der Freiheit*. Sankt Augustin: COMDOK-Verlagsabteilung.

Tinbergen, J. (1952), *On the Theory of Economic Policy*. Amsterdam.

Usher, D. (1983), *Die ökonomischen Grundlagen der Demokratie*. Frankfurt: Campus. Engl. *The Economic Prerequisites to Democracy,* Columbia Univ. Press, 1981.

Kapitel 8

Hayeks Theorie der Marktordnung als Beispiel für die Theorie komplexer adaptiver Systeme*

Karen I. Vaughn

8.1 Einleitung

In den letzten Jahren hat sich ein neuer Ansatz in der Volkswirtschaftslehre entwickelt, der Volkswirtschaften als sich entwickelnde komplexe Systeme statt als Optimierungsprobleme modelliert. Obwohl immer mehr verbreitet, wird dieser Ansatz – eine Anwendung der allgemeineren, ebenfalls in der jüngeren Zeit entwickelten, von ihren Anwendern als „Komplexitätstheorie" bezeichneten Wissenschaft – weitgehend mit dem Institut von Santa Fe und den Arbeiten von Brian Arthur in Verbindung gebracht. In einem Interview über diese neue Wissenschaft wurde Arthur wie folgt zitiert: „Right after we published our first findings [about the implications of complexity theory for economics], we started getting letters from all over the country saying, ‚You know, all you guys have done is rediscover Austrian economics' [...] I admit I wasn't familiar with Hayek and von Mises at the time. But now that I've read them, I can see that this is essentially true."[1] Ziel der vorliegenden Arbeit ist es, zu untersuchen, in welchem Ausmaß Arthurs Behauptung selbst „im Wesentlichen stimmt", zumindest hinsichtlich der Wirtschaftstheorie von Friedrich Hayek. Erfasst die Komplexitätstheorie wirklich ein Hayeksches Verständnis einer Marktwirtschaft?

Die „Österreicher" (Vertreter der Österreichischen Schule) könnten der Behauptung einer Verbindung zwischen Hayek und der Komplexitätstheorie durchaus skeptisch gegenüber stehen. Die Komplexitätstheorie ist sowohl mathematisch aus-

* Dieser Beitrag ist erstmals im *Journal des Economistes et des Etudes Humaines* 9, Nr. 2/3, Juni/September 1999, S. 241–256 in englischer Sprache erschienen. Übersetzung: Christina Kopetzky.

[1] Tucker (1996, S. 38). Deutsch: „Sobald wir unsere ersten Ergebnisse [über die Implikationen der Komplexitätstheorie für die Wirtschaftswissenschaften] veröffentlicht hatten, bekamen wir Briefe aus dem ganzen Land, die sagten ‚wisst Ihr, was Ihr da gemacht habt, ist letztlich nur eine Neuentdeckung der Österreichischen Schule der Nationalökonomie' [...] ich gebe zu, dass ich damals mit Hayek und von Mises nicht vertraut war. Nachdem ich sie aber nun gelesen habe, sehe ich, dass das im Wesentlichen stimmt."

geklügelt als auch weitgehend das Ergebnis der Entwicklung von immer größeren und schnelleren Computern, die Lösungen für umfangreiche Systeme nichtlinearer Gleichungen berechnen können. Als solche setzt die Komplexitätstheorie Analysetechniken ein, die den traditionellen Erklärungsansätzen der „Österreicher" völlig fremd sind. Darüber hinaus setzt die Komplexitätstheorie darauf an, Ähnlichkeiten in einem breiten Spektrum von Wissenschaftsgebieten von Astronomie bis Physik über Biologie und nun auch Ökonomie zu finden. Demzufolge neigten einige – und nicht nur die „Österreicher" – dazu, ein theoretisches Gebilde, das behauptet, scheinbar alles von Interesse in der Welt erklären zu können, eher als Werbegag denn als ernst zu nehmende Wissenschaft abzutun.[2] Der Skeptizismus der „Österreicher" könnte durch die Tendenz einiger Komplexitätstheoretiker wie Arthur oder in jüngerer Zeit Paul Krugman zusätzlich noch weiter erhöht werden, die Komplexitätstheorie dafür zu verwenden, immer mehr Fälle potentiellen Marktversagens aufzudecken. Trotz dieser sehr realen Sorgen scheint es jedoch unausweichlich, dass Arthurs Feststellung über die „Neuentdeckung" der Österreichischen Schule oder zumindest der Hayekschen Theorie weitgehend richtig ist.

Im vorliegenden Beitrag werde ich zeigen, dass die Theorie komplexer adaptiver Systeme nicht nur die Hauptmerkmale von Hayeks Theorie der spontanen Marktordnung erfasst, sondern dass es überraschend wäre, wenn sie es nicht täte. Tatsächlich war Hayek selbst gewissermaßen ein Pionier für die Entwicklung der Theorie komplexer Systeme in den 1950er Jahren, als die wissenschaftlichen Probleme, die die Vorläufer der modernen Komplexitätstheorie waren, diskutiert wurden. Ich werde weiters argumentieren, dass die Theorie komplexer adaptiver Systeme eine nützliche Analogie für die Erklärung der Theorie der spontanen Marktordnung für wissenschaftlich Veranlagte liefern und insbesondere Hayeks Kritik an der Zentralverwaltungswirtschaft stützen kann. Schließlich werde ich zeigen, dass Hayeks Erkenntnisse über spontane Marktordnungen selbst helfen können, die Ergebnisse der Komplexitätstheorie bei deren Anwendung auf reale Bedingungen zu interpretieren.

8.2 Was ist die Komplexitätstheorie?

Als Komplexitätstheorie wird eine Reihe von Konzepten bezeichnet, die in den letzten Jahrzehnten aus verschiedenen Disziplinen wie der Informatik, Informationstheorie, Evolutionsbiologie und kognitiven Psychologie entstanden sind.[3] Im

---

[2] Siehe z. B. Horgan (1995).

[3] Es gibt nicht eine universell akzeptierte Definition eines komplexen Systems, sondern eher eine sehr allgemeine Definition von Rosser (1999, S. 4), „dass ein dynamisches System komplex ist, wenn es endogen nicht asymptotisch zu einem Fixpunkt, einem Grenzzyklus oder einer Explosion tendiert", die den Großteil dessen erfasst, was gemeint wird, wenn man von komplexen Systemen

Allgemeinen behandelt die Komplexitätstheorie nichtlineare Systeme mit vielen voneinander abhängigen Variablen. Aufgrund der Nichtlinearität von komplexen Systemen ist die Entwicklungsgeschichte der Komplexitätstheorie eng mit der Entwicklung der Computertechnologie verbunden. Ohne Computer sind die meisten komplexen Systeme nicht erforschbar.[4] Informatiker stellten vor ein paar Jahrzehnten fest, dass sie nicht in der Lage waren, einen Computer so zu programmieren, dass er die optimale Lösung zu einem großen System nichtlinearer Gleichungen direkt berechnen kann. Infolgedessen begannen sie, derartige Systeme mittels genetischer Algorithmen indirekt zu analysieren, nämlich Aktionsregeln, die Wettbewerb zwischen künstlichen Subjekten nachahmen, die über alternative Strategien für das Erreichen bestimmter Ziele verfügen. Diese künstlichen Subjekte stehen im Wettbewerb um Rechenzeit, und jene Strategien, die die höchsten Auszahlungen erzielen, dominieren dann bei den Lösungsmöglichkeiten. Sogar diese indirekteren Lösungsmethoden für nichtlineare Systeme sind höchst rechenintensiv und liefern keine klar definierten Maxima, aber sie erzielen dennoch bessere Lösungen als alle möglichen Alternativen.[5] Der Anspruch besteht darin, dass derartige künstliche Subjekte, die aufgrund lokaler Informationen gemäß festgelegten Regeln agieren, viele komplexe Systeme, die in der Natur zu finden sind, wie z. B. Wettermuster, die Bewegungen von astronomischen Körpern, chemische Interaktionen, biologische Systeme und sogar einige menschliche Institutionen, nachahmen.

Ob kosmologisch, biologisch oder künstlich, alle komplexen Systeme weisen einige gemeinsame Eigenschaften auf. Wie John Holland es beschreibt, sind alle komplexen Systeme Netzwerke vieler unabhängiger „Subjekte“, die gemäß einem internen Satz von Regeln oder Strategien miteinander interagieren.[6] Auf der ein-

---

spricht. Meine Darstellung der Komplexitätstheorie ist sowohl enger als auch historischer angelegt und ergibt sich direkt aus Coveney und Highfield (1995) und Waldrop (1992).

[4] Nichtlineare Gleichungen generieren mit Zunahme der Variablenzahl exponentiell Mehrfachlösungen. Ein Gleichungssystem mit nur 10 Variablen kann in etwa 181.440 mögliche Lösungen generieren, wobei jede davon ein Maximum sein könnte.

[5] Ein einfaches Beispiel für einen derartigen Ansatz, mit dem Volkswirte vertraut sind, ist Axelrods Arbeit über das Zustandekommen von Kooperation, aus der die „Wie du mir, so ich dir“-Strategie entstand (Axelrod 1984). Ein weiteres Beispiel ist die Arbeit von Robert Axtell (1998), in der er Unternehmen durch das vermögensmaximierende Verhalten von unabhängigen künstlichen Subjekten mit einer Präferenz für Wohlstand und Freizeit generiert.

[6] Während die für die Beschreibung des Verhaltens von komplexen adaptiven Systemen verwendete Sprache dazu tendiert, anthropomorph zu sein, sollte betont werden, dass die so genannten „Subjekte“ in diesen Modellen im Allgemeinen nicht bewusst und reflektierend Strategien wählen und Rückwirkungen interpretieren. Sie sind Elemente, die bestimmten Handlungsregeln folgen, von Molekülen bis zu lebenden Organismen. In Computersimulationen sind die Regeln in das Subjekt einprogrammiert; die entstehenden tatsächlichen Verhaltensmuster sind nicht vorhersehbar, da sie ausschließlich von der Anwendung der Regeln auf die unmittelbare Umgebung durch das Subjekt abhängen.

fachsten Ebene in der Biologie zum Beispiel werden Moleküle von anderen Molekülen in einer bestimmten Umgebung entweder angezogen oder abgestoßen, während komplexere Ansammlungen von Molekülen auf ein ganzes Repertoire an Strategien zurückgreifen können, um durch ihre Umwelt zu navigieren und sich zu reproduzieren. Die Interaktion dieser Subjekte führt zur Entwicklung von „emergenten Eigenschaften", die sich von den Eigenschaften der einzelnen Subjekte unterscheiden und nicht einfach mit Bezug auf die Eigenschaften der sie bildenden Subjekte zu erklären sind. Wir wissen zum Beispiel recht viele Einzelheiten über die einzelnen Wassermoleküle, und wir wissen, dass Wolken aus Wasserdampf bestehen. Wir können jedoch nicht das Verhalten von Wolken erklären, indem wir uns ausschließlich auf die Eigenschaften von Wassermolekülen beziehen, weil das Verhalten der Wolken von der Interaktion zwischen den Molekülen abhängt.

Emergente Eigenschaften gelten als Konsequenz der Selbstorganisation, weil sie ausschließlich aus den inhärenten Verhaltensstrategien der Subjekte, die aufgrund ihrer örtlichen Kenntnisse agieren, entstehen: Es gibt keine zentrale Steuerung, die den Subjekten „sagt", dass sie größere Einheiten bilden sollen, und die einzelnen Subjekte haben keine umfassende Kenntnis der ihre Aktionen umgebenden Bedingungen.

Komplexe Systeme tendieren oft dazu, hierarchisch zu sein, und zwar in dem Sinn, dass jede Ebene emergenter Eigenschaften als Bausteine für noch komplexere Anordnungen dient. Gene sind in Chromosomen organisiert, die wieder die Bauelemente von Zellen bilden, die die Bauelemente von Geweben sind, die sich als Organe organisieren, die Körper bilden, die sich als soziale Gruppen organisieren. Jede Ebene besteht aus Elementen der nächst einfacheren Ebene. Darüber hinaus ist eine komplexere Ebene nur aufgrund der vorherigen Organisation der einfacheren Ebene möglich. Offensichtlich impliziert die hierarchische Natur komplexer adaptiver Systeme, dass der Entwicklungslauf pfadabhängig ist: Die Merkmale einer Ebene hängen von den emergenten Merkmalen der einfacheren Ebene ab.[7]

Am wichtigsten für unsere Zwecke ist, dass komplexe Systeme auch dazu tendieren, *adaptive* Systeme zu sein. Das heißt, dass die Subjekte in diesen Systemen gewissermaßen lernen, mit ihrer Umgebung besser umzugehen. Sie organisieren und reorganisieren andauernd ihre Bausteine je nach den Auszahlungen, die sie aufgrund ihrer Aktivitäten lukrieren, d. h. gemäß dem reproduktiven Erfolg ihrer

[7] Man beachte, dass komplexe Systeme nicht immer zu einer zunehmenden Hierarchie führen. In manchen Fällen kann die komplexe Hierarchie in kleinere Einheiten aufbrechen, wenn die Hierarchie nicht mehr die besten bekannten Lösungen für die Probleme der Subjekte liefert. Siehe Axtell (1998) für eine Simulation, die zeigt, wie Unternehmen größenmäßig wachsen und schrumpfen, wenn sich die Auszahlungen der Subjekte verändern.

neuen Organisation. Nachdem die von den Subjekten realisierten Auszahlungen sehr stark von den Aktionen anderer Subjekte abhängen, tendieren sie dazu, einerseits mit anderen Subjekten zu kooperieren, andererseits mit anderen in Wettbewerb zu treten, um ihre Anpassungsfähigkeit an ihre Umgebung zu verbessern. Die primäre Antriebskraft für ein derartiges Verhalten ist die Fähigkeit der Subjekte, von ihrer Umgebung zu lernen.

Das Lernen steht im Mittelpunkt der Theorie komplexer adaptiver Systeme. *Was* die Subjekte in einem komplexen System lernen, sind neue Aktionsstrategien. Wenn man Strategien als „Vorhersagen" der Konsequenzen ihrer Aktionen betrachtet („wenn ich *x* mache, tritt *y* ein"), hängt die Korrektur von Strategien vom Feedback ihrer Aktionen ab („ich habe *x* gemacht, aber *z* ist eingetreten, also versuche ich *w* stattdessen"). Wo es Feedback gibt, wird das System immer weiter wechselseitig adaptiert.

Wie in der genetischen Evolution ist Adaptationsfähigkeit eigentlich nur ein anderes Wort für das, was in einer bestimmten Umgebung funktioniert – was zu reproduktivem Erfolg führt. Da in komplexen adaptiven Systemen die Umgebung jedoch aus anderen Subjekten besteht, die alle ihre eigenen Strategien verfolgen, ist ein hoch adaptives System ein System, in dem sich die Subjekte den Strategien der Anderen mittels Wettbewerb oder Kooperation anpassen.[8] Dieser dauernde Prozess von Vorhersagen (d. h. das Auswählen einer verfügbaren Strategie, um den Umständen zu entsprechen) und Feedback (der Erhalt von Auszahlungen für die Strategie) führt zu immer höheren Ebenen der Organisation. Er führt auch zu mehr Variation im System, da die adaptiven Strategien einiger Subjekte Nischen für die Nutzung durch andere Subjekte eröffnen. Infolgedessen pendeln sich komplexe adaptive Systeme nie bei einem bestimmten Gleichgewicht ein. Sie erzeugen ständig Neues über Gelegenheiten, die von anderen Subjekten genutzt werden, in einem Verfahren, das die „Österreicher" an den Kirznerschen Unternehmer erinnern wird.[9]

Natürlich gibt es augenscheinliche Ähnlichkeiten zwischen Hayeks Darstellung einer Marktwirtschaft und den Hauptsätzen der Komplexitätstheorie. Die Komplexitätstheorie behandelt die Selbstorganisation von individuellen Einheiten in unerwartete Gruppierungen, die Eigenschaften über die beschreibenden Merkmale der Einheiten hinaus aufweisen. Hayeks Theorie der „spontanen Ordnung" befasst sich mit der Erklärung der sozialen Ordnung als unintendiertes, ungeplantes Ergebnis zielgerichteten menschlichen Handelns. Die Komplexitätstheorie handelt

---

[8] Das offensichtlichste Beispiel für ein komplexes adaptives System ist natürlich die evolutionäre Biologie. Während die Erforschung von komplexen adaptiven Systemen in der Physik und Kosmologie weit verbreitet und mit den Versuchen, künstliche Intelligenz zu schaffen, eng verbunden ist, stammt der Großteil des Sprachgebrauchs und der Terminologie direkt aus der Biologie.

[9] John Holland, wie in Waldrop (1992, S. 145–147) zusammengefasst.

im Wesentlichen von Informationen, deren Organisation, Kommunikation und Evolution, während Hayeks Wissenschaftstheorie, seine Theorie des Gehirns, seine Konzeption einer Markwirtschaft und seine Theorie der sozialen Evolution sich alle um seine wichtigsten Erkenntnisse über die Natur und die Grenzen des menschlichen Wissens drehen. Die Komplexitätstheorie basiert auf nichtlinearen Beziehungen zwischen vielen Variablen, für die es keine eindeutige Lösung gibt; Hayek hat lange argumentiert, dass die Volkswirtschaftstheorie aufgrund ihrer Komplexität keine prognostizierende Wissenschaft sein kann. Und schließlich beschäftigt sich die Komplexitätstheorie mit Systemen, die die Fähigkeit haben, sich zu verändern, zugleich aber durch Regeln eingeschränkt werden, die die Evolution noch komplexerer Anordnungen fördern – eine sehr suggestive Parallele zu Hayeks Theorie über die Evolution von Regeln der sozialen Ordnung.

Die Überlappung zwischen Komplexitätstheorie und Hayeks Theorie der spontanen sozialen Ordnung ist jedoch mehr als nur eine oberflächliche Ähnlichkeit. Aufgrund der Art und Weise, wie Hayeks Gedanken zu diesem Thema entstanden sind, erscheint es tatsächlich logisch, zu argumentieren, dass Hayeks Theorie der spontanen Marktordnung eine verbale Beschreibung eines komplexen adaptiven sozialen Systems war, die zumindest teilweise ihre Inspiration in der frühen wissenschaftlichen Literatur fand, die letztendlich zur Entwicklung der Komplexitätstheorie führte.

8.3 Hayek und die Planwirtschaft

Es ist nun wohlbekannt, dass Hayek zur Entwicklung seiner Theorie der spontanen sozialen Ordnung infolge seiner Einbindung in die Debatte über die Wirtschaftlichkeitsrechnung im Sozialismus inspiriert wurde. Der gegenständliche Hauptpunkt war, ob ein sozialistisches System zu wirtschaftlichen Preisen ohne Privateigentum und ohne Tausch über Märkte gelangen könnte oder nicht. Es wurde eine Reihe von Lösungen angeboten, die im Wesentlichen auf der traditionellen Wirtschaftstheorie aufbauten, um zu zeigen, wie Preise mathematisch, statistisch oder über ein Verfahren, bei dem sich die Zentralverwaltung durch Versuch und Irrtum einer „Lösung" annähert, bestimmt werden könnten. Für die traditionellen Wirtschaftswissenschaftler galt das ökonomische Problem des Sozialismus als gelöst, solange gezeigt werden konnte, dass die Gleichgewichtspreise logisch nicht inkonsistent mit sozialistischen Institutionen waren.[10]

Für Hayek schafften es die so genannten Lösungen für das Problem, rationale Entscheidungen in einer sozialistischen Wirtschaft zu treffen, nicht einmal, das Problem richtig zu identifizieren, geschweige denn es zu lösen. Der Kernpunkt seiner

[10] Vaughn (1980, 1994), Lavoie (1985).

Kritik an den sozialistischen Plänen betraf immer das Problem des Wissens: Wie könnten die Planer jemals genug wissen, um das Handeln sämtlicher Teilnehmer einer Volkswirtschaft zu steuern und zu koordinieren? Zu sagen, dass die Lösungen mathematisch konsistent sind, argumentierte Hayek, sei nicht das gleiche wie zu sagen, dass sie auf die reale Welt individueller Akteure mit heterogenem, verstreutem und unvollkommenem Wissen anwendbar seien. Marktwirtschaften funktionieren, weil Individuen in der Lage sind, ihr eigenes Handeln aufgrund ihrer lokalen Kenntnis von „Zeit und Ort" zu planen und ihre eigenen Pläne angesichts neuen Wissens zu revidieren. Das Preissystem ist das Mittel, durch das die Individuen ihr Handeln untereinander trotz begrenzten Wissens koordinieren können. Infolgedessen ermöglicht es der Tausch über Märkte indirekt einem Wirtschaftssystem, von viel mehr Wissen zu profitieren, als jemals von einem zentralen Planer eingesetzt werden könnte.

Stillschweigend in Hayeks Kritik der sozialistischen Planwirtschaft inbegriffen war eine Kritik an der naiven Art und Weise, wie die Wirtschaftswissenschafter zu dieser Zeit versuchten, die walrasianische Theorie des allgemeinen Gleichgewichts anzuwenden, um die Institutionen der Gesellschaft umzugestalten. Die Theorie des allgemeinen Gleichgewichts setzt voraus, dass jegliches Wissen jedem Subjekt gleichermaßen zur Verfügung steht und bekannt ist. Wäre dies der Fall, hätte die Zentralverwaltung relativ geringe Schwierigkeiten, die Schattenpreise zu ermitteln, um die Ressourcen dem Verwendungszweck mit dem jeweiligen höchsten Nutzwert zuzuweisen. Hayek argumentierte jedoch, dass das wirkliche Problem nicht darin bestand, was zu tun war, wenn der Planer über vollkommenes Wissen verfügte, sondern vielmehr darin, wie ökonomische Entscheidungen zu treffen seien, wenn niemand allein über perfektes Wissen verfügt. Das Problem für die Gesellschaft, argumentierte er, sei: „How can the combination of fragments of knowledge existing in different minds bring about results which, if they were to be brought about deliberately, would require a knowledge on the part of the directing mind which no single person can possess?"[11] Märkte sind das Ergebnis einer gewaltigen Anzahl von Individuen, die ihre eigenen Zwecke verfolgen und Entscheidungen mit nur bruchstückhafter Kenntnis der relevanten Fakten treffen müssen. Die Aufgabe des Ökonomen liegt darin, zu erklären, wie individuelle Pläne koordiniert werden können, sodass jede Person ihre Ziele in Verbindung mit dem Handeln anderer am besten erreichen kann. Die traditionelle Volkswirtschaftstheorie behandelte diese Frage schlichtweg nicht.

Zwar wurden Hayeks Argumente nicht von vornherein von seinen Kollegen abgetan, aber als entscheidende Kritik der Planwirtschaft wurden sie auch nicht be-

[11] Hayek (1948, S. 54). Deutsch: „Wie kann die Kombination von Wissensfragmenten, die in verschiedenen Gehirnen existieren, zu Ergebnissen führen, die – wenn sie mit Absicht herbeigeführt werden sollten – ein Wissen seitens des steuernden Gehirns voraussetzen, über das keine einzelne Person jemals verfügen kann?"

trachtet. Sogar Ökonomen, die Hayeks politischen Schlussfolgerungen zustimmten, glaubten nicht, dass die Wissensproblematik ernsthafte Probleme für die sozialistische Planung darstellen würde (Knight 1940, Schumpeter 1942). Rückblickend scheint Hayeks Kritik als weniger bedeutend betrachtet worden zu sein, weil er sich implizit damit abmühte, eine Darstellung der Marktwirtschaft zu artikulieren, die nicht gut in die konventionelle Theorie des allgemeinen Gleichgewichts passte. Es überrascht daher nicht, dass sich Hayek der Untersuchung der methodologischen und philosophischen Grundlagen seiner Darstellung von Marktwirtschaften zuwandte. Was aus diesen methodologischen Arbeiten entstand, war eine Ansammlung von Ideen, die den Weg in Richtung einer Theorie der Volkswirtschaft als eines komplexen Systems weist.

8.4 Die Theorie komplexer Phänomene

Hayeks methodologische Aufsätze stammen aus der Mitte der 1940er bis Anfang der 1960er Jahre. Darin bearbeitet Hayek ein Thema immer wieder, und zwar das besondere Wesen eines sozialen Systems mit einem Zusammenhalt, der das Ergebnis eines einzelnen Plans zu sein scheint, jedoch tatsächlich die unintendierten Konsequenzen der Aktionen vieler unabhängig agierender Subjekte darstellt. In *The Counter-Revolution in Science*[12] zum Beispiel macht Hayek auf die ungeplante Natur des Ergebnisses von menschlichem Handeln[13] aufmerksam und argumentiert, dass eine Sozialtheorie erklären muss, wie individuelles Handeln zu unintendierten kollektiven Ergebnissen führen kann. Er beruft sich sowohl auf Adam Smith als auch auf Carl Menger als Sozialwissenschafter, die verstanden, wie „spontan gewachsene Institutionen" sich als Nebenprodukt menschlichen Handelns entwickeln und dennoch wie für einen bestimmten Zweck gebildet erscheinen können.[14]

Ein Merkmal dieser unintendierten Ordnungen ist, dass sie aus dem Handeln einer großen Anzahl unabhängiger Variablen entstehen. Das bedeutet: „The number of separate variables which in any particular social phenomenon will determine the result of a given change will as a rule be far too large for any human mind to master and manipulate them effectively."[15] Infolgedessen wird der Wissenschaftler selten in der Lage sein, mehr zu tun, als „das Prinzip, nach dem bestimmte Phäno-

[12] Hayek (1952b).

[13] Hayek (1952b, S. 38–39).

[14] Hayek (1952b, S. 83).

[15] Hayek (1952b, S. 42). Deutsch: „Die Anzahl der verschiedenen Variablen, die in einem bestimmten sozialen Phänomen das Ergebnis einer gegebenen Veränderung bestimmen, wird in der Regel viel zu groß sein, um von einem einzelnen menschlichen Gehirn gemeistert und effizient manipuliert werden zu können."

mene entstehen", zu erklären.[16] Hayek weist darauf hin, dass sich die „Erklärung des Prinzips" nicht auf die Sozialwissenschaft beschränkt, sondern auch auf die evolutionäre Biologie anwendbar ist.[17] Man kann die Beziehungen zwischen den Variablen erklären, einen Prozess den Fakten nach beschreiben, man kann aber keine präzisen Ergebnisse vorhersagen. In der Volkswirtschaftstheorie, argumentiert er, ist das beste Beispiel einer „Erklärung des Prinzips" das walrasianische allgemeine Gleichgewicht. Man sieht daher, dass Hayeks Einwand gegen eine sozialistische Volkswirtschaftslehre, die zur Steuerung und Vorhersage auf dem allgemeinen Gleichgewicht beruht, durch ein allgemeines Prinzip davon, was in einer bestimmten Kategorie von Wissenschaften theoretisch möglich ist, unterstützt wird: Das allgemeine Gleichgewicht eignet sich nur zur Erklärung des Prinzips, wonach Preise und Waren in einer Marktwirtschaft zueinander in Verhältnis stehen. Dies impliziert, dass es kein geeignetes Werkzeug zur Steuerung der wirtschaftlichen Aktivitäten als solche ist.[18]

Hayeks Auffassung, dass in manchen Wissenschaften die „Erklärung des Prinzips" das Beste ist, was man erreichen kann, erscheint neuerlich in einem Artikel „Degrees of Explanation" aus dem Jahr 1952. Darin verknüpft er ausdrücklich die „Erklärung des Prinzips" mit der Komplexität des zu erklärenden Phänomens und argumentiert, dass im Zuge der wissenschaftlichen Fortschritte bei der Erklärung von komplexen Phänomenen die „Erklärung des Prinzips" von der Ausnahme zur Regel werden könnte. Von besonderer Bedeutung für unser Argument ist seine Feststellung: „Certain developments of recent years, such as cybernetics, the theory of automata or machines, general systems theory, and perhaps also communication theory, seem to belong to this kind."[19] Jeder dieser theoretischen Bereiche hat irgendwie zur modernen Komplexitätstheorie beigetragen. Da Hayek offensichtlich Schwierigkeiten hatte, das Wesen einer sozialen Ordnung zu definieren, griff er auf diese verwandten Bereiche zurück, um seine Auffassung eines komplexen Systems zu veranschaulichen.[20]

---

[16] Hayek (1952b, S. 42).

[17] Wie Wirtschaftssysteme sind biologische Systeme ein Bereich, in dem es intuitiv ansprechend ist, auf Zweckmäßigkeit zu schließen, wo es keine gibt: „[...] in biological organisms we often observe in spontaneous social formations that the parts move as if their purpose were the preservation of the whole" (Hayek, 1952b, S. 82). Deutsch: „[...] in biologischen Organismen beobachten wir oft in spontanen sozialen Gebilden, dass sich die Teile bewegen, als ob ihr Zweck im Erhalt des Ganzen bestünde."

[18] Hayek (1967, S. 43).

[19] Hayek (1952b, S. 20). Deutsch: „Bestimmte Entwicklungen der letzten Jahre, wie etwa die Kybernetik, die Theorie der Automaten oder Maschinen, die allgemeine Systemtheorie und vielleicht auch die Kommunikationstheorie, scheinen zu dieser Art dazuzugehören."

[20] Was Hayek zu den Vorläufern der Komplexitätstheorie führte, war zweifellos seine Arbeit *The Sensory Order*, die in den gleichen Jahren wie *The Counter-Revolution in Science* veröffentlicht

Der Einfluss der Vorläufer der Komplexitätstheorie ist in Hayeks Aufsatz „The Theory of Complex Phenomena“ aus dem Jahr 1964 noch stärker ausgeprägt.[21] Darin beschreibt Hayek eine Reihe von Eigenschaften für komplexe Phänomene, die mit einigen Eigenschaften von komplexen Systemen, wie sie von Theoretikern wie John Holland und Stuart Kauffman definiert wurden, identisch sind. Hayeks Kernargument war erneut, dass einige Phänomene so komplex sind, dass Modelle bestenfalls zur Erklärung vergangenen Handelns und Vorhersage von Ergebnismustern dienen, jedoch keinesfalls Einzelereignisse vorhersagen können. Er führte insbesondere die evolutionäre Biologie und Wirtschaftssysteme als Beispiele für komplexe Phänomene an.

Systeme werden vom Menschen als Ereignismuster wahrgenommen, die einer Erklärung bedürfen. Die Komplexität eines Systems, argumentierte Hayek, ist abhängig von „the minimum number of elements of which an instance of the pattern must consist in order to exhibit all the characteristic attributes of the class of patterns in question.“[22] Je mehr zugehörige Elemente zur Beschreibung eines Systems notwendig sind, desto komplexer ist es. Komplexe Systeme weisen darüber hinaus „emergente Eigenschaften“[23] auf, d. h. das System hat Merkmale, die nicht einfach auf eine Wiedergabe seiner Einzelteile reduziert werden können. Es scheint eine Kette „zunehmender Komplexität“ in der Natur zu geben, die von den einfachsten leblosen Systemen über komplexere biologische Systeme bis zu den komplexesten Systemen, den menschlichen Sozialsystemen, reichen.[24]

Auch hier nahm Hayek die evolutionäre Biologie als vorrangiges Beispiel eines komplexen Phänomens, um sein Argument zu veranschaulichen, dass das exakte Ergebnis der Evolution von Beziehungen zwischen einer überwältigenden Anzahl von Variablen abhängt, deren exakten Beziehungen untereinander niemals vollständig spezifiziert werden könnten. Ähnlich sind Theorien sozialer Strukturen ebenfalls so komplex, dass sie keine Vorhersagekraft im konventionellen Sinn

---

wurde. *The Sensory Order* war ein Beitrag zu der später als kognitive Psychologie bezeichneten Wissenschaft, die das Gehirn selbst als etwas mit spontaner Ordnung beschreibt. Die Frage war, wie Menschen Sinneswahrnehmungen verarbeiten und kategorisieren und wie sie diese Wahrnehmungen zur Lösung neuartiger Probleme einsetzen. Zur Unterstützung seiner Argumente zitiert er die gleichen Autoren im Bereich der Informationstheorie, Systemtheorie und Evolutionsbiologie, auf die er in diesem Artikel verweist. Siehe Weimer (1982).

[21] Wiederabdruck in Hayek (1967).

[22] Hayek (1967, S. 25). Deutsch: „[...] der Mindestanzahl an Elementen, aus denen ein Einzelfall eines Musters bestehen muss, um alle charakteristischen Merkmale der fraglichen Kategorie von Mustern aufzuweisen.“

[23] Hayek (1967, S. 26).

[24] Man beachte die Ähnlichkeit zu John Hollands Beschreibung von emergenten Eigenschaften, die Bausteine noch komplexerer Systeme bilden, weiter oben.

haben können. Sie können jedoch bestimmte Handlungsmuster erklären und unmögliche Zukunftsereignisse ausschließen.[25]

Wie in seinem vorherigen Aufsatz verwendet Hayek erneut das walrasianische allgemeine Gleichgewicht als Beispiel für ein Komplexitätssystem in den Sozialwissenschaften. Das allgemeine Gleichgewicht beschreibt ein bestimmtes, in der realen Welt mehr oder weniger beobachtetes Muster von Preisbeziehungen; die Theorie selbst kann jedoch niemals tatsächliche Preise vorhersagen, da die Ausgangsbedingungen niemals zur Gänze spezifiziert werden können. Der primäre Wert der Theorie des allgemeinen Gleichgewichts, argumentiert er, bestehe nicht darin, den künftigen Verlauf von Ereignissen vorherzusagen, sondern eine allgemeine Beschreibung einer bestimmten Art von Ordnung zu liefern.

Während Hayeks Beschreibung komplexer Phänomene späteren Darstellungen komplexer adaptiver Systeme sehr ähnlich ist, ist die Verwendung des allgemeinen Gleichgewichts als Beispiel für die Wirtschaftswissenschaften eher schlecht gewählt. Es stimmt zwar, dass walrasianische Systeme des allgemeinen Gleichgewichts aus einer großen Anzahl unabhängiger Subjekte bestehen, die Beziehung zwischen diesen Subjekten ist jedoch ziemlich einfach. Im Gegensatz zu modernen komplexen adaptiven Systemen interagieren die Subjekte im allgemeinen Gleichgewicht selbst niemals mit einander, sondern maximieren lediglich ihre eigenen Zielfunktionen in Abhängigkeit von allen Subjekten bekannten Parametern. Da die Parameter allen gleichermaßen bekannt sind, verfügt jedes Subjekt im Wesentlichen über umfassendes Wissen über den „wahren" Wert der möglichen Lösungen. Darüber hinaus müssen die die Subjekte darstellenden Gleichungen linear sein, wenn eine eindeutige Lösung gefunden werden soll. Das bedeutet, dass Systeme des allgemeinen Gleichgewichts im Prinzip in Hinblick auf ein Optimum unter Verwendung von Techniken der linearen Programmierung gelöst werden können, solange die Gleichungen vollständig spezifiziert sind.

Durch die ausschließliche Konzentration auf die Anzahl der Variablen in einem System und die Schwierigkeit, die Gleichungen zu spezifizieren, als Kennzeichen für ein komplexes System identifizierte Hayek nicht die *bezeichnenden* Merkmale moderner komplexer adaptiver Systeme: die Nichtlinearität der Elemente und die pfadabhängigen Interaktionen zwischen ihnen. Angesichts der Tatsache, dass Hayeks verbale Beschreibungen der Wirtschaftsordnung sehr stark im Geiste der modernen Komplexitätstheorie liegen, überrascht dies. Darüber hinaus liefen viele von Hayeks späteren Kritiken des allgemeinen Gleichgewichts auf Angriffe auf die „Linearität" der angenommenen Beziehungen hinaus, viel mehr als auf die

[25] Wie die Evolutionstheorie kann auch die Wirtschaftstheorie bestimmte Ergebniskategorien als unmöglich ausschließen, weil deren „empirischer Inhalt daraus besteht, was sie verbietet" (Hayek 1967, S. 32). Die Regeln der genetischen Variation und die Selektionsregel schließen die Möglichkeit aus, dass ein Pferd ein Fohlen mit Flügeln in die Welt setzen könnte.

Schwierigkeit, die Ausgangsbedingungen zu spezifizieren. Tatsächlich deutet Hayeks gesamte spätere Betonung des Prozesses des Lernens in einem Markt auf Nichtlinearität und Pfadabhängigkeit hin. Warum also verwendete er das allgemeine Gleichgewicht als Beispiel für ein komplexes Phänomen? Der nahe liegende Grund war, dass Hayek an diesem Punkt seiner intellektuellen Reise kein anderes voll entwickeltes Modell als das des allgemeinen Gleichgewichts zur Verfügung stand, um die Grundzüge eines Wirtschaftssystems zu beschreiben.[26] Erst in seinen späteren Arbeiten, in denen er seine Theorie der Marktordnung erarbeitete, ließ er alle Verweise auf das allgemeine Gleichgewicht fallen.

Trotz der Ungeeignetheit seiner Darstellung des allgemeinen Gleichgewichts als komplexes System im modernen Sinn besteht kein Zweifel daran, dass Hayek versuchte, die Marktordnung als komplexes System im modernen Sinn zu definieren. Wie wir gesehen haben, war er tief in die frühe Literatur, die zur Komplexitätstheorie führte, eingedrungen. In „The Theory of Complex Phenomena" zitiert er von Neumanns bedeutenden Artikel über „The General and Logical Theory of Automata", einen klassischen Beitrag zur Theorie der künstlichen Intelligenz, L. von Bertalanffy über die Komplexität biologischer Systeme, Lloyd Morgan über die Natur von „emergenten" Eigenschaften, Steven Toulmin über die Fähigkeit der Biologie, mögliche Zukunftsereignisse auszuschließen, sowie Noam Chomsky über die Methode der Linguistik als mit der Ökonomie verwandt. Hayeks Vertrautheit mit dieser Literatur, wie sie in vielen seiner methodologischen Arbeiten nach 1952 zu sehen ist, ist wichtig, weil er zu dieser Zeit begann, seine Theorie der Evolution von sozialen Regeln zu entwickeln.[27] Während der Haupteinfluss auf Hayeks Sozialtheorie vermutlich die biologische Evolution war,[28] ist die biologische Evolution selbst eines der überzeugendsten Beispiele für ein komplexes adaptives System im modernen Sinn.

---

[26] Es ist klar, dass Hayek mit der Art, wie das allgemeine Gleichgewicht das ökonomische Problem darstellte, nicht zufrieden war. Während es jedoch stimmt, dass Hayek die vereinfachende Anwendung der Theorie des allgemeinen Gleichgewichts auf sozialistische Volkswirtschaften in der Sozialismusdebatte kritisierte, gab er das Modell als Erklärungsansatz bis zu seinem Artikel „Competition as a Discovery Procedure" aus dem Jahre 1969 nicht auf (Hayek 1978, S. 184). Für eine ausführlichere Diskussion über Hayeks schrittweise Aufgabe der Gleichgewichtstheorie siehe Vaughn (1999a).

[27] In „Notes on the Evolution of Systems of Rules of Conduct" in Hayek (1967) zitiert er auch L. S. Penrose über „Self-Reproducing Machines" aus 1959, einen bedeutenden Beitrag zur Entwicklung der Theorie komplexer adaptiver Systeme (Hayek 1967, S. 66).

[28] Siehe insbesondere „Notes on the Evolution of Systems of Rules of Conduct" (Hayek 1967, S. 66–81), in denen die Analogien zwischen biologischen Systemen und menschlichen Kulturen durchgehend vorhanden sind, mit zahlreichen Verweisen auf Experten im Bereich von Tiergesellschaften.

8.5 Hayek und die spontane Marktordnung

Der Großteil von Hayeks Arbeiten in den 1960er Jahren war eine Vorbereitung für sein dreibändiges Meisterwerk *Law, Legislation and Liberty* (*Recht, Gesetzgebung und Freiheit*). Der Dreh- und Angelpunkt seiner „Darstellung der liberalen Grundsätze der Gerechtigkeit und politischen Ökonomie" war sein Konzept der spontanen Ordnung.[29] Spontane Ordnungen sind soziale Muster, die als „Ergebnis menschlichen Handelns, nicht jedoch menschlicher Absicht" entstehen, d. h. „von unten nach oben" durch die auf ihre eigenen Zwecke gerichteten Handlungen von Individuen. Die spontane soziale Ordnung ist in dem Sinn ungeplant, als sie nicht von einer höheren Intelligenz oder einem zentralen Planer gestaltet wurde. Der Grund, weshalb eine Ordnung aus den selbstzentrierten Handlungen von Individuen entstehen kann, liegt darin, dass einzelne Akteure nicht nur zweckgerichtet handeln, sondern auch Regeln befolgen.[30] Es ist das Verhalten der Regelbefolgung der Menschen, das jene Ordnung erzeugt, die eine Gesellschaft erst möglich macht. Mehr noch, die spontane soziale Ordnung ist ein evolutionärer Prozess, in dem die Regeln, die eine Gesellschaft ermöglichen, aus einem Selektionsmechanismus entstehen, der Gruppen, die erfolgreichere Regeln befolgen, belohnt.[31] Diese Regeln bestehen aus Gesetzen, Bräuchen und Gewohnheiten (den Institutionen einer sozialen Ordnung), die als unintendierte Konsequenz individuellen Handelns entstehen – „emergente Eigenschaften" in der Sprache der Komplexitätstheorie.

Hayek betrachtet die Volkswirtschaft (oder Katallaxie, wie er sie lieber nannte)[32] als einen Sonderfall spontaner sozialer Ordnung, einer Ordnung, die durch Eigentums-, Straf- und Vertragsrecht gelenkt wird. Das heißt, diese Gesetze sind die Regeln, die die Subjekte befolgen müssen, um die Entstehung einer spontanen Ordnung zu ermöglichen. Wie in seinen früheren ökonomischen Aufsätzen betonte Hayek die Streuung und die Heterogenität des Wissens, die Märkte erforderlich machen, und argumentierte, dass eine Koordination des Systems durch den Wettbewerb der Subjekte um Gewinne mit Unterstützung des Preissystems zu-

[29] Obwohl Hayek mit einer systematischen Untersuchung der Natur von unintendierten Ordnungen in „The Counter-Revolution in Science" begann, führte er den Terminus der „spontanen Ordnung" erst in *The Constitution of Liberty* (*Die Verfassung der Freiheit*) ein, wo er den Begriff Polanyi zuordnet (Hayek 1960, S. 160).

[30] Hayek (1973, S. 38–46). Für eine ausführlichere Diskussion der Bedeutung von Regeln für die spontane Ordnung siehe Vanberg (1994). Für mehr Details über die Rolle der Regelbefolgung in Hayeks System siehe Vaughn (1999b).

[31] Hayek (1973, S. 44), Hayek (1967, S. 68–81). Während Hayeks Griff zur Gruppenselektion, um die Evolution von Regeln zu erklären, vielfach kritisiert wurde, argumentiere ich in Vaughn (1999b), dass die Gruppenselektion eine notwendige Implikation der sozialen Natur von Regeln in Hayeks System ist.

[32] Hayek (1976, S. 108).

stande kommt. Abgesehen von seiner nachdrücklichen Hervorhebung der Natur der Katallaxie als Interaktionen zwischen Individuen, die kein gemeinsames Ziel verfolgen, ist seine Darstellung des „Katallaxie-Spiels“[33] leider zu begrenzt in ihrer Zielsetzung, als dass sie eine vollständige Darstellung der Marktordnung als komplexes adaptives Systeme liefern könnte. Wenn man jedoch Hayeks Beschreibungen einer Markwirtschaft aus seinen verschiedenen Arbeiten zusammenstückelt, scheint es klar, dass seine Auffassung von Märkten wesentlich mehr einem komplexen adaptiven System entspricht als einem Beispiel des walrasianischen allgemeinen Gleichgewichts.[34]

(a) Wie alle komplexen adaptiven Systeme besteht eine Katallaxie aus vielen verschiedenen Subjekten, die nach ihrem eigenen Vorteil trachten. Es gibt keine objektiv bestimmte Hierarchie der Ziele.[35]

(b) Es gibt kein global verfügbares Wissen: Die Individuen tappen immer in ihren lokalen Umgebungen mit beschränktem Wissen von „Zeit und Ort“ umher.[36] Das ökonomische Problem ist daher ein Interaktionsproblem zwischen unabhängigen Subjekten, die nach ihrem jeweiligen Optimum streben; es ist kein einfaches globales Maximierungsproblem.

(c) Weil „[...] one person's actions are the other person's data“,[37] lernen die Subjekte, ihre Pläne (bzw. Strategien) zu revidieren, um ihre Zwecke besser zu erfüllen. Daraus ergibt sich, dass die Subjekte aus ihren Erfahrungen lernen und daher besser angepasst werden;[38] das heißt, die Individuen lernen, ihre Fähigkeit, Vermögen zu bilden, zu verbessern, indem sie lernen, was funktioniert und was nicht. Sie lernen durch Versuch und Irrtum, wie sie Nischen in ihren Umgebungen ausnutzen können.

(d) Dies führt zur Entstehung neuer Strukturen bzw. „emergenter Eigenschaften“ in Form von neuen Produkten, neuen Technologien, neuen Unternehmen, neuen Marktgepflogenheiten.[39] Keine dieser emergenten Eigenschaften kann einzig und allein durch die einzelnen Handlungen, die zu ihnen geführt haben, erklärt werden. Darüber hinaus erlauben diese gewachsenen Strukturen die

[33] Hayek (1976, S. 115).

[34] Für eine ausführlichere Darstellung von Hayeks ausgereifter Auffassung einer Marktwirtschaft siehe Vaughn (1999a).

[35] Hayek (1978, S. 109).

[36] Hayek (1948, S. 80).

[37] Hayek (1948, S. 38). Deutsch: „[...] die Handlungen einer Person die Daten der anderen Person darstellen“.

[38] Hayek (1948, S. 46).

[39] Hayek (1948, S. 92–106).

Entwicklung immer komplexerer und spezialisierterer Formen und Institutionen. Eine moderne industrialisierte Volkswirtschaft ist wirklich ein Netz ineinander greifender und unterstützender Märkte und Institutionen.

(e) Schließlich bedeutet die durch das Lernen der Subjekte verursachte ständige Veränderung, dass Katallaxien pfadabhängig sind. Was Leute lernen, hängt davon ab, was sie wissen und mit welcher Art von Problemen sie konfrontiert werden. Der bestehende Kapitalstock beeinflusst sehr stark die Form neuer Investitionen, so wie die zu einer bestimmten Zeit verfügbaren Werkzeuge und Produktionstechniken die spezifische Natur der stattfindenden technologischen Innovation beeinflusst.[40]

Es scheint offensichtlich, dass all diese Elemente sich zu einer hinreichend vollständigen Beschreibung der Katallaxie als komplexes adaptives System zusammenfügen.

8.6 Anwendungsmöglichkeiten der Komplexitätstheorie für die Österreichische Nationalökonomie

Auch wenn es stimmt, dass Hayeks Darstellung der Katallaxie eine verbale Beschreibung eines komplexen adaptiven Systems nach dem heutigen Verständnis war, ist das von Bedeutung? Ist insbesondere irgendetwas Wichtiges aus dem Studium dieser relativ neuen Wissenschaft zu gewinnen, oder sind die verbalen Analysen, mit denen sich die „Österreicher" begnügten, ausreichend für die Praktizierung der Österreichischen Nationalökonomie?

Obwohl viele skeptisch bleiben,[41] bin ich vorsichtig optimistisch, dass sich die Wissenschaft von der Komplexität durch ihre Klarstellung der Charakteristika nichtlinearer adaptiver Systeme als Hilfe herausstellen kann, ein stärker Hayek-orientiertes Verständnis der Marktordnung zu formulieren. Die ausgereifte Theorie komplexer adaptiver Systeme kann zum Beispiel Hayeks Kernargument gegen die Zentralplanung unterstützen.

Man betrachte die „mathematische Lösung", wonach alles, was man bräuchte, das Aufstellen eines Systems simultaner Gleichungen wäre, um Gleichgewichtspreise zu bilden, die die Planer leiten könnten.[42] Zur Zeit der Debatte über die Wirtschaftsrechnung waren keine Computer verfügbar, um diese Gleichungen aufzustellen und zu lösen, sodass sich sogar die sozialistischen Sympathisanten einig waren, dass ein derartiges Vorhaben „praktisch" unmöglich war, zumindest in der

[40] Hayek (1960, S. 27).

[41] Siehe Boettke (1997).

[42] Dickinson (1933).

unmittelbaren Zukunft. Oskar Langes „Versuch und Irrtum"-Lösung des Problems der Faktorpreisbildung war eine Ausweichlösung, um das gleiche Ziel ohne Computer zu erreichen.[43] Lange gab jedoch nie die Hoffnung auf, dass Computer eines Tages dazu verwendet werden könnten, um eine zentral geplante Wirtschaft zu lenken, wodurch seine schwerfällige Lösung des Versuchs und Irrtums obsolet würde.[44] Die Komplexitätswissenschaft kann endlich dieser Fantasie ein Ende bereiten und zugleich Hayeks Erkenntnisse untermauern.

Wir erinnern uns, dass die Informatiker aus Erfahrung lernten, dass nichtlineare Mehrgleichungssysteme nicht durch eine Programmierung „von oben nach unten" gelöst werden können. Die beste Annäherung an eine Lösung seitens der Computer besteht im Wesentlichen darin, Lösungen auszuprobieren und sie miteinander zu vergleichen. Sogar dann ist eine indirekte Vorgangsweise die am besten funktionierende Methode beim „Vergleich" der Lösungen. Das heißt, Informatiker nähern Lösungen für diese komplexen Probleme an, indem sie künstliche Subjekte erfinden, denen einfache, aber variierende Entscheidungsregeln und somit bestimmte Auszahlungen für ihre verschiedenen Handlungen vorgegeben werden, und diese gegeneinander um Rechnerzeit in Wettbewerb treten lassen. In einem Verfahren, das Wirtschaftssubjekten beim Versuch, einen Gewinn zu erzielen, erstaunlich ähnlich ist, erhalten die „erfolgreichsten" künstlichen Subjekte mehr Zeit, wenn sie mit immer besseren Lösungen für das spezifizierte Problem aufwarten können. Der Punkt ist, dass die Programmierer, um wesentlich einfachere als die von einer großen Volkswirtschaft gestellten Probleme zu lösen, marktähnliche Aktivitäten simulieren mussten, um praktikable Lösungen zu finden. Anstatt dass also Computer Märkte ersetzen, um Simulationen von Volkswirtschaften laufen zu lassen, mussten Märkte in Computerprogramme eingebaut werden, um weitaus weniger komplizierte Probleme als die von realen Wirtschaftssystemen gestellten zu lösen. Um die relative Effizienz einer Markwirtschaft zu reproduzieren, würde ein Programm vonnöten sein, das so kompliziert wie der Markt selbst sein müsste, mit Subjekten, die so intelligent wie der Mensch sein müssten. Aber auch dann könnte es weniger zur Prognose und Planung als zur Erklärung genutzt werden. Es scheint, dass Hayek bei der Behauptung, dass die „mathematische Lösung" einer Optimierung einer Sozialen Zielfunktion einfach nicht mit dem realen Problem, mit dem Märkte konfrontiert werden, zurecht kommt, richtiger lag, als er selber vermutete.

Die Herausforderung für die Österreichischen Nationalökonomen heute ist jedoch nicht mehr die Bedrohung durch eine Zentralverwaltung. Heutzutage rechtfertigt die angenommene Verbreitung von Marktversagen den staatlichen Interventionismus. Leider können Modelle komplexer Systeme positive Rückkoppelungen und

[43] Lange und Taylor (1938).

[44] Kohler (1997).

Pfadabhängigkeiten integrieren, die ineffiziente Marktergebnisse aufzuzeigen scheinen, die regelrecht nach staatlicher Abhilfe schreien. Brian Arthurs Arbeit über Netzwerkexternalitäten und technologische Zugangsbeschränkungen[45] ist ein typisches Beispiel dafür.[46] Wenn wir jedoch mit den Komplexitätstheoretikern übereinstimmen, dass Volkswirtschaften eher nichtlinearen als linearen Systemen ähneln, was soll ein Österreichischer Nationalökonom aus diesen Beweisen für neue Möglichkeiten machen, in denen Märkte dem neoklassischen Ideal nicht entsprechen?

Das ist ein Gebiet, auf dem die Komplexitätstheoretiker von Hayek lernen können. Vielleicht ist die einfachste Antwort: „Warum sollte das neoklassische Ideal ernst genommen werden, wenn man die reale Natur eines komplexen Marktsystems kennt?" Perfekte vollständige Märkte sind eine analytische Fiktion, die nicht auf die reale Welt anwendbar ist, genauso wenig wie sie auf das Problem sozialistischer Planung anwendbar ist. „Marktversagen" ist lediglich Versagen beim Erreichen des Ergebnisses eines nicht anwendbaren Modells. Der springende Punkt ist, dass einzelne in einem Eigentums- und Vertragsregime agierende Subjekte durch Handel untereinander in der Lage sind, trotz ihrer Beschränkungen eine stets wachsende Menge an Vermögen zu generieren. Die zu stellende Hayeksche Frage lautet nicht, auf wie viele Arten Märkte versagen können, sondern warum sie – als Gegenstand empirischer Beobachtungen – so oft Erfolg haben. Oder, um es in der Sprache der Komplexitätstheorie zu formulieren, warum scheinen Märkte so oft wie einfache lineare Systeme zu funktionieren, wenn doch die Nichtlinearität die wesentlich realistischere Annahme für menschliche Interaktionen zu sein scheint?

Kürzlich kommentierte Stephen Margolis, dass der nützliche Aspekt von Brian Arthurs Arbeit über Pfadabhängigkeiten und Zugangsbeschränkungen nicht das Hervorheben eines potentiellen Marktversagens war, sondern dass sie uns dazu zwingt, uns zu fragen, wie Unternehmer das Problem handhaben.[47] Wenn Zugangsbeschränkungen und Netzwerkexternalitäten potentiell existieren können, wir aber nur wenige oder keine Beispiele in der realen Welt finden, muss dies bedeuten, dass Unternehmer Wege für Neuzugänge gefunden haben müssen, die Wettbewerbsvorteile aus dem Erstzugang in einem neuen Markt auszugleichen. Durch die Identifikation eines potentiellen Problems für Märkte, wie etwa Netzwerkexternalitäten, erklären wir vielleicht ein auf die Lösung eines Problems gerichtetes Verhalten, das zuvor eventuell nicht verständlich war. Vergünstigte Probepackungen könnten zum Beispiel eine Möglichkeit sein, Zugangsbeschränkungen

[45] Arthur (1989).

[46] Siehe auch Krugman (1994).

[47] Vortrag beim Seminar über die Österreichische Nationalökonomie an der George Mason-Universität, Oktober 1997.

zu überwinden, während die Bündelung von Dienstleistungen eine Netzwerkexternalität ausschalten könnte. Die Menschen sind nicht perfekt, aber sie suchen immer nach Wegen, ihre Beschränkungen zu überwinden. Modelle, die Nichtlinearitäten integrieren, geben uns mehr Werkzeuge zur Identifikation von Problemen, zu deren Lösung Institutionen der realen Welt entstanden sind.

Dieser Ansatz wurde von Axel Leijonhufvud bewusst verfolgt. Leijonhufvud untersuchte kürzlich, was er als außergewöhnliche Situationen bezeichnet, wie Hyperinflation, Situationen, die ihm zufolge durch Nichtlinearitäten und positive Rückkoppelungen charakterisiert sind.[48] Er argumentiert, dass die Analyse derartiger Situationen uns hilft, ein besseres Verständnis für jene Aspekte der Wirtschaft zu bekommen, die wir für selbstverständlich erachten. Seine Arbeit über hohe Inflation zeigt zum Beispiel, dass intertemporale Märkte aller Arten bei steigender Inflation verschwinden, und straft somit die neoklassische Vorhersage Lügen, wonach Märkte Möglichkeiten finden, auch bei steigender Unsicherheit über die künftigen Preise zu Abschlüssen zu kommen. Dies betont die Bedeutung von vorhersagbaren Institutionen und insbesondere vorhersagbarem Geldwert für intertemporale Planung. Darüber hinaus suggeriert seine Analyse eine wichtige neue Theorie darüber, wie notwendig Preisstabilität auf bestimmten Märkten ist, um die Planung weiter in die Zukunft zu verlängern.

Sowohl Margolis' Kommentar wie Leijonhufvuds jüngere Arbeiten legen eine sinnvolle Anwendung der Komplexitätstheorie nahe. Zumindest kann sie in diesem Stadium ihrer Entwicklung als Grundlage für die Untersuchung der Charakteristika realer Wirtschaftssysteme dienen. Das heißt, sie könnte durchaus eine Alternative zu Mises' „Gleichmäßig Rotierender Wirtschaft" liefern, die es uns ermöglicht, kompliziertere Marktphänomene als sein einfaches Modell anzusprechen. Indem eine Reihe möglicher unerwünschter Ergebnisse aus angenommenen nichtlinearen Beziehungen aufgezeigt werden, werden die Wirtschaftswissenschaftler angeregt, nach jener besonderen Institution oder Praxis zu suchen, die Individuen für die Lösung des Problems gefunden haben.

Darüber hinaus kann die Komplexitätstheorie, indem sie eine Reihe gemeinsamer Charakteristika für alle komplexen adaptiven Systeme formuliert, dazu beitragen, die Österreichische Analyse des Marktprozesses zu verfeinern. Indem sie die Verfahren beschreibt, durch die sich andere Systeme anpassen und verändern können, kann sie eine Analogie liefern, die für den speziellen Fall sozialer Veränderungen adaptiert werden kann. Sicher hat eine Theorie, die Lernen und Veränderungen, die Evolution neuer Formen und zunehmende Vielfalt beinhaltet, den Wirtschaftswissenschaften viel zu mehr zu bieten als jede bislang verwendete wissenschaftliche Analogie. Wie alle Analogien sind Vergleiche von Volkswirtschaften mit

[48] Leijonhufvud (1997).

dem künstlich generierten komplexen adaptiven System von Computersimulationen unvollständig und müssen mit Vorsicht gehandhabt werden. Aber auch unvollständige Analogien sind oftmals lehrreich. So lange die Österreichischen Nationalökonomen nicht die schlechte neoklassische Angewohnheit, zu denken, dass die Analogie mit der realen Welt äquivalent ist, übernehmen und versuchen, die Welt zu ändern, damit sie ins Modell passt, kann man vorsichtig die Handelsgewinne aus einem Erfahrungsaustausch mit der neuen Wissenschaft von der Komplexität erkunden.

8.7 Literatur

Anderson, Ph. W., Arrow, K. J. und Pines, D. (1988), *The Economy as an Evolving Complex System.* Santa Fe Studies in the Sciences of Complexity, Bd. 5. Addison-Wesley Publishing Company.

Arthur, B. (1989), Competing Technologies, Increasing Returns, and Lock-In by Historical Events. *Economic Journal* 99, 116–131.

Axelrod, R. (1984), *The Evolution of Cooperation.* New York: Basic Books.

Axtell, R. (1998), The Emergence of Firms in a Population of Agents: Local Increasing Returns, Unstable Nash Equilibrium and Power Law Size Distributions. Manuskript.

Bergson, A. (1948), Socialism. In: Ellis, H. (Hrsg.), *A Survey of Contemporary Economics*, Bd. I, Homewood, Ill.: Richard D. Irwin, 412–488.

Boettke, P. (1997), Big Think, Hype Think: Complexity and its Relationship to Austrian Economics. Manuskript.

Coveney, P. und Highfield, R. (1995), *Frontiers of Complexity: the Search for Order in a Chaotic World.* Fawcett Columbine: Ballantine Books.

Dickinson, H. D. (1933), Price Formation in a Socialism Community. *Economic Journal* 43, 237–250.

Hayek, F. A. von (1948), *Individualism and Economic Order.* Chicago: University of Chicago Press.

Hayek, F. A. von (1952a), *The Sensory Order.* Chicago: University of Chicago Press.

Hayek, F. A. von (1952b), *The Counter-Revolution in Science.* Glencoe, Ill.: Free Press.

Hayek, F. A. von (1960), *The Constitution of Liberty.* Chicago: University of Chicago Press.

Hayek, F. A. von (1967), *Studies in Philosophy, Politics and Economics*. Chicago: University of Chicago Press.

Hayek, F. A. von (1973, 1976), *Law, Legislation and Liberty*. Bde. I und II, Chicago: University of Chicago Press.

Hayek, F. A. von (1978), Competition as a Discovery Procedure. In: Hayek, F. A. von, *New Studies in Philosophy, Politics, Economics and the History of Ideas,* Chicago: University of Chicago Press, 179–190.

Heyman, D. und Leijonhufvud, A. (1995), *High Inflation*. Oxford: Clarendon Press.

Horgan, J. (1995), From Complexity to Perplexity. *Scientific American* (http://www.scientificamerican.com/explorations/0695.trends.html).

Kauffman, S. A. (1999), Antichaos and Adaptation. *Scientific American* (http://www.scientificamerican.com/explorations/062496kaufman.html).

Knight, F. (1940), Socialism: The Nature of the Problem. *Ethics* 50.

Kohler, H. (1997), *Economic Systems and Human Welfare: A Global Survey*. South-Western College Publishing.

Krugman, P. (1994), The Economics of QWERTY. In: Krugman, P., *Peddling Prosperity,* New York: Norton, 221–244.

Lange, O. und Taylor, F. (1938), *On the Economic Theory of Socialism*. New York: McGraw-Hill Company.

Lavoie, D. (1985), *Rivalry and Central Planning*. Cambridge: Cambridge University Press.

Leijonhufvud, A. (1997), Macroeconomics and Complexity: Inflation Theory. In: Arthur, W. B., Durlauf, S. N. und Lane, D. A. (Hrsg.), *The Economy as an Evolving Complex System II*, Reading: Addison-Wesley, 321–335.

Polanyi, M. (1951), *The Logic of Liberty*. Chicago: University of Chicago Press.

Rosser, J. B. (1998), On the Complexities of Complex Economic Dynamics. Manuskript.

Schumpeter, J. (1942), *Socialism, Capitalism and Democracy*. New York: Harper and Row.

Tucker, W. (1996), Complex Questions: The New Science of Spontaneous Order. *Reason*, Januar.

Vanberg, V. (1994), *Rules and Choice in Economics*. London: Routledge.

Vaughn, K. I. (1980), Economic Calculation under Socialism: The Austrian Contribution. *Economic Inquiry* 18, 535–554.

Vaughn, K. I. (1994), *Austrian Economics in America: The Migration of a Tradition*. Cambridge: Cambridge University Press.

Vaughn, K. I. (1999a), Hayek's Implicit Economics: Rules and the Problem of Order. *Review of Austrian Economics* 11, 129–144.

Vaughn, K. I. (1999b), Institutions and the Coordination of Plans in Hayekian Economics: A Preliminary Look. Manuskript.

Waldrop, M. M. (1992), *Complexity*. Touchstone: Simon und Schuster.

Weimer, W. B. (1982), Problems of Complex Phenomena: An Introduction to the Theoretical Psychology of the Sensory Order. In: Weimer, W. B. und Palermo, D. S. (Hrsg.), *Cognition and the Symbolic Processes*, Bd. 2, Lawrence Erlbaum Associates, 241–285.

Kapitel 9

Die wirtschaftspolitische Enthaltsamkeit der Wiener Schule der Nationalökonomie

Erich W. Streissler

9.1 Volkswirtschaftstheorie und Volkswirtschaftspolitik

Die weltberühmte Wiener Schule der Nationalökonomie währte, vom Gründungswerk Carl Mengers, *Grundsätze der Volkswirthschaftslehre*, Wien 1871, an gerechnet, rund achtzig Jahre – bis in die 1950er Jahre. Sie umfasste etwa drei bis vier Dutzend teilweise international hochbedeutsame, teilweise auch lediglich gute, lokal bemerkenswerte, habilitierte Wissenschaftler.

Die Wiener Schule der Nationalökonomie besetzte den Lehrstuhl für Volkswirtschafts*theorie* an der Universität Wien. Die Professoren für Volkswirtschafts*politik* hingegen entstammten anderen, stärker praktisch orientierten Fachrichtungen. Volkswirtschaftstheorie ist eine Beschreibung des *Seins*, eine Beschreibung, wie die wirtschaftliche Welt funktioniert und welche Effekte in ihr auftreten. Volkswirtschaftspolitik hingegen befasst sich grundsätzlich mit dem *Sollen*: Sie untersucht, ob es *wünschenswert* ist, dass der Staat handelt, bestimmte Absichten der Wirtschaftssubjekte *fördert*, andere *unterbindet*. Die zwei wirtschaftlichen Subdisziplinen, Volkswirtschaftstheorie einerseits, eine heute an mathematischen Modellen reiche Seinslehre, und Volkswirtschaftspolitik andererseits, eine Summe von Vorschlägen an die Politiker, haben somit *anscheinend überhaupt nichts* gemein; sie können, voneinander unabhängig, nebeneinander von verschieden gearteten Wissenschaftlern betrieben werden. Zumindest scheint es der deutschsprachigen Wissenschaftstheorie so. Für diese sind Sein und Sollen ganz verschiedene Dinge. Es sei in der Ökonomie so wie oder so ähnlich wie in der Physik, wo der Theoretische Physiker nur ein Blatt Papier benötigt, auf welchem er abstrakt rechnet, während der Angewandte Physiker an hoch komplizierten und sündteuren Geräten und Anlagen werkt und an diesen konkrete Experimente durchführt.

Blicken wir näher zu, so ist es in der Tat so, dass gerade die Mitglieder der Wiener Schule der Nationalökonomie sich fast nur mit abstrakter ökonomischer Theorie beschäftigten und mit wenigen Ausnahmen sich so gut wie jeder *direkten* wirtschaftspolitischen Aussage enthielten. Ihre berühmten hauptsächlichen wissenschaftlichen Arbeiten zeugen geradezu demonstrativ von ihrer *wirtschaftspolitischen Enthaltsamkeit*, wie es ja ihrer Fachzugehörigkeit zu den rein theoretischen Lehrstühlen entsprach. Und nun kommen wir zu einem erstaunlichen *Paradoxon*: Gerade ihren so theoretischen Überlegungen war lang anhaltender *wirtschaftspolitischer* Einfluss beschieden, bis in unsere Gegenwart herein, während die sehr zeitbedingten wirtschaftspolitischen Rezepte ihrer Kollegen auf den Parallel-Lehrstühlen längst vergessen sind. *Anscheinend* reine Theorie erwies sich politisch als *überlebensfähiger* als ausdrückliche Politik.

9.2 Wilhelm Roscher

Dieser scheinbare Widerspruch wurde durch den deutschen Lehrer der Schule, Wilhelm Roscher in Leipzig, vorbereitet. Roscher prägte durch die 26 Auflagen seines mehrbändigen Lehrbuchs der Volkswirtschaftslehre und -politik das Denken der deutschsprachigen Nationalökonomie insbesondere im dritten Viertel des 19. Jahrhunderts, also knapp bevor die Wiener Schule der Nationalökonomie entstand. Der Gründer der Schule, Carl Menger, kannte Roscher zwar zunächst nicht persönlich, widmete diesem jedoch sein erstes Werk, die schon genannten *Grundsätze der Volkswirthschaftslehre* aus 1871, und wurde auch gleich von Roscher in den wiederholten Auflagen von dessen Lehrbuch sehr anerkennend siebenmal zitiert. Menger war 1840 geboren, somit 23 Jahre oder eine Generation jünger als Roscher. Carl Mengers zwei Mitstreiter und dann bald jüngere Kollegen, Eugen von Böhm-Bawerk und Friedrich von Wieser, nochmals elf Jahre jünger als Menger, hatten sogar bei Roscher in Leipzig studiert.

Roschers Lehre war traditionellerweise voll wirtschaftspolitischer Vorschläge, zugleich aber von *großer Skepsis* bezüglich deren Umsetzungsmöglichkeiten. Diese Skepsis, die seinen wirtschaftspolitischen Aktionismus außerordentlich mäßigte, beruhte auf *zwei Argumenten*: Erstens würden die Beamten, die Wirtschaftspolitik konzipieren und dann durchführen müssten, die wirtschaftspolitischen Zusammenhänge oft *nicht richtig verstehen* und deshalb mit ihren Maßnahmen danebengreifen. Das war das zwar nicht theoretisch ausgeführte, aber immer wieder vorgebrachte *praktische* Argument. Roschers grundsätzliches zweites Argument war eines der *historischen Entwicklung*: Im Zuge des Wirtschaftswachstums würden die Wirtschaftssubjekte immer *kenntnisreicher und besser entscheidungsfähig*. Sie bedürften also immer weniger der staatlichen Unterstützung. Es entspricht Roscher genau, wenn wir seine historische Entwicklungstheorie als eine entwicklungsphysiologische des menschlichen Lebens deuten: Nur in seiner Kindheit und frühen Jugend bedarf der Mensch der bevormundenden Erziehung durch Eltern und Lehrer, obwohl selbst diese Erziehung oft daneben geht, weil die Eltern und Lehrer keine wirklichen Erziehungsexperten sind und, selbst wenn sie es wären, zeitbedingte Fehler machen. Ist der Mensch aber erst einmal erwachsen, so ist er der Erziehung durch andere überhaupt nicht mehr zugänglich.

Diese Argumente sogen die Mitglieder der Wiener Schule der Nationalökonomie in ihren Grundstudien ein. Sie beschreiben den wirtschaftenden Menschen wie selbstverständlich nur mehr in seinem *gesellschaftlichen Reifestadium*. Das bezeichnete Schumpeter dann als „methodologischen Individualismus“: Die Wirtschaft besteht aus nichts als selbständig denkenden und handelnden Einzelmenschen. Jeder strebt im eigenen Interesse nach seinem eigenen Vorteil. Der eigene Vorteil liegt darin, gerade im eigenen Interesse auch für die Mitbürger wirtschaftlich bestmöglich zu sorgen; denn man bedarf ja deren steter Hilfe. Das war schon das Argument, das hundert, später hundertfünfzig Jahre vor ihnen der große Schotte Adam Smith vertreten hatte. Die Wirtschaft der zu eigener Entscheidung fähigen, sittlich reifen Wirtschaftstreibenden läuft von selbst. Und wo bleibt die Wirtschaftspolitik? Wozu Wirtschaftspolitik, hätte die Gegenfrage der Mitglieder der Wiener Schule gelautet. Die braucht man doch gar nicht! Lassen wir den Staat doch beiseite. Alles läuft von selbst wie am Schnürchen, wenn es der Staat nur nicht stört. Implizit liegt dahinter ein großer Optimismus im Hinblick auf die segensvollen Wirkungen des Privatinteresses der einzelnen und eine große Skepsis gegenüber der Tollpatschigkeit von Bürokraten oder Politikern.

9.3 Mengers Argumente gegen wirtschaftspolitische Eingriffe

Das, was ich soeben dargestellt habe, ist freilich eher noch Adam Smith aus 1776, welcher freilich gerade von den Mitgliedern der Wiener Schule in besonderer Weise rezipiert wurde; und das insbesondere vom Gründer der Schule, Carl Menger, und dann sechzig Jahre später von dem erst vor wenigen Jahren verstorbenen Nobelpreisträger Friedrich August von Hayek. Aber schon der Gründungslehrer Menger fügte zwei weitere, sich harmonisch einfügende Argumente hinzu. Ich zitiere Menger aus 1871:

> „ ‚Die größte Zunahme in der hervorbringenden Kraft der Arbeit’, sagt Adam Smith, ‚und die Vermehrung der Geschicklichkeit, Fertigkeit und Einsicht, womit die Arbeit überall geleitet oder verrichtet wird, scheint eine Wirkung der Arbeitstheilung gewesen zu sein’ und ‚die grosse, durch die Arbeitstheilung herbeigeführte Vermehrung der Producte in den verschiedenen Gewerben bewirkt in einer gut geführten Gesellschaft jene allgemeine Wohlhabenheit, welche sich bis in die untersten Volksschichten erstreckt.’
>
> Adam Smith hat solcherart die fortschreitende Arbeitstheilung zum Angelpuncte des wirthschaftlichen Fortschrittes der Menschen gemacht [...] Ich glaube indess, dass der ausgezeichnete Forscher [...] nur eine einzelne Ursache des fortschreitenden Wohlstandes der Menschen an's Licht gezogen hat [...]
>
> Je weiter die Menschen [...] fortschreiten, um so vielfältiger werden die Güterarten, umso vielfältiger in Folge dessen die Verrichtungen [...]

> Die fortschreitende Erkenntniss des ursächlichen Zusammenhanges der Dinge mit ihrer Wohlfahrt und die fortschreitende Bemächtigung der entfernteren Bedingungen derselben haben demnach die Menschen aus dem Zustande der Rohheit und des tiefsten Elendes emporgeführt zu der gegenwärtigen Stufe ihrer Cultur und Wohlfahrt [...]"[1]

Soweit Menger im Original. Man kann Menger stets kürzer und griffiger formulieren. Nach ihm geht es gar nicht so sehr oder nur um die physische Arbeitsteilung. Es geht vor allem im Laufe der Entwicklung um die geistige *Wissensteilung*. Wissensteilung bedeutet aber auch, dass Beamte und Politiker nie nachkommen mit ihrem Verständnis des so rasch fortschreitenden Wirtschaftsprozesses. Alles wird viel zu *komplex,* als dass es ein einzelner durchschauen könnte – das betonte F. A. von Hayek in seinem Beitrag zur Festschrift für Karl Popper, „The Theory of Complex Phenomena".[2] *Information*, ihre Gewinnung und ihre wirtschaftliche Verwertung, werden dabei zur vornehmlichen Aufgabe der Unternehmer, eine Aufgabe, welcher Beamte und Politiker nie ausreichend nachkommen können. „Die Unternehmertätigkeit umfaßt a) die Information über die wirthschaftliche Sachlage, b) die sämmtlichen Berechnungen, welche ein Productionsprocess [...] zu seiner Voraussetzung hat, oder mit anderen Worten das wirthschaftliche Calcül", sagt Menger.[3] Das erfordert seltenes *Spezialwissen*, das notwendig nur auf *wenige*, jeweils eng qualifizierte Wirtschaftsexperten verteilt bleiben muss. Unternehmertätigkeit ist nach Joseph A. Schumpeter das Wagnis nur einiger weniger[4] *großer Neuerer* – oder, nach Hayek, ein dauernder Prozess von sehr vielen und unendlich *kleinen Schritten*.[5] Neuerungen im wirtschaftlichen Produktionsprozess hervorzubringen gelang einer Bürokratie noch nie, außer in einem Bereich, der Militärtechnologie, wo es auf die Kosten ihrer Entwicklung nicht ankommt.

Mengers erstes Argument gegen die Effizienz staatlicher Eingriffe in den Wirtschaftsprozess ist also, dass in modernen Wirtschaften die erforderliche Information viel zu komplex ist, als dass Bürokraten oder Politiker sie besitzen könnten. Freilich wurde dieses Argument nie ausgesprochen, sondern blieb rein implizit als nahe liegende, leicht zu ziehende *Folgerung* aus der Beschreibung des so komplexen Wirtschaftsprozesses.

Ein Beispiel für die *gelegentliche* Richtigkeit seiner Darstellung – denn das ist das Problem der meisten ökonomischen Überlegungen: Sie sind oft richtig, manchmal aber auch falsch – zeigte sich bei dem Versuch der Einführung der PVC-Produktion in Österreich vor gut vierzig Jahren, die mir durchaus noch präsent ist. PVC

---

[1] Menger (1871, S. 26–29).

[2] Hayek (1964).

[3] Menger (1871, S. 137).

[4] Schumpeter (1912).

[5] Hayek (1945).

war damals ein neuer Kunststoff, von welchem maßgebende Bürokraten meinten, auch Österreich müsste diese neue Wundersubstanz produzieren, und zwar in den verstaatlichten Werken der „Chemie Linz". Guter Weise kam es nicht dazu. Denn bis Bürokraten erkannt hatten, dass PVC ein viel versprechender neuer Kunststoff sei, war dessen Produktion schon längst in anderen Ländern vorangetrieben worden und der Markt mit PVC bereits übersättigt. Außerdem wissen wir heute alle, aber damals wusste es noch so gut wie niemand, dass PVC eine Zeitbombe werden würde, nicht verrottbar und daher aufwendig bei der Abfall-Lagerung und hochgiftig bei der Verbrennung. Heute ist die Produktion von PVC, damals einem Wundermittel, weitgehend verboten.

Menger hatte noch ein *zweites Argument* gegen wirtschaftspolitische Eingriffe, welches er gar nicht publizierte, denn es war rein wirtschaftspolitisch; er trug es vielmehr nur seinem Zögling, dem damals 16jährigen Kronprinzen Rudolf von Österreich, vor: Wirtschaftspolitische Förderung durch die Staatsorgane würde die selbständigen Wirtschaftstreibenden zur *Unselbständigkeit* verführen. Sie ruiniere somit die Unternehmerinitiative. Statt dass die Wirtschaftstreibenden sich etwas Erfolg versprechendes Neues einfallen lassen, deformiere eine wirtschaftspolitische Förderung sie zu *Subventions-Tigern*, die nur um die Füllhörner der öffentlichen Mittelvergabe herumschleichen würden.

Ich fasse diese erste Argumentationskette der Wiener Schule der Nationalökonomie zusammen: Ihre Darstellung des Wirtschaftsprozesses suggerierte, dass wirtschaftspolitische Eingriffe *erstens überflüssig* sind, weil der Wirtschaftsprozess auch ohne Politik von selbst laufe; *zweitens unsinnig*, ja letztlich unmöglich, weil Bürokraten und Politiker nie genug Information hätten, um sinnvoll in den Wirtschaftsablauf einzugreifen; schließlich *drittens demotivierend* und verbildend, weil sie zu unselbständigem Herumbetteln statt zur Eigeninitiative erziehen würden. Die Wiener Schule von Wirtschaftstheoretikern war beruflich genötigt, sich der wirtschaftspolitischen Urteile zu enthalten; sie lehrte letztlich aber implizit auch alle Nicht-Mitglieder, dass es am besten sei, in allem und jedem wirtschaftspolitische Enthaltsamkeit zu üben.

9.4 Wirtschaftspolitische Positionen der Mitglieder der Wiener Schule der Nationalökonomie

Diese anerzogene Haltung wirtschaftspolitischer Enthaltsamkeit ist um so erstaunlicher, als sehr viele prominente Mitglieder der Wiener Schule der Nationalökonomie schließlich wirtschaftspolitisch tätig waren. Mit Böhm-Bawerk, Wieser und Mataja stellte die Schule in der Spätphase der Habsburger Monarchie drei kaiserliche Minister – Böhm-Bawerk dabei dreimaliger Finanzminister mit insgesamt mehr als fünf Amtsjahren. Menger selbst war in der Monarchie Erzieher des Kronprinzen und wäre politisch tätig geworden, wenn nicht dieser so vorzeitig gestorben wäre. Schumpeter folgte als Finanzminister in den frühen Jahren der Ersten Republik. In dieser Zwischenkriegszeit wurde Reisch Präsident der Nationalbank, und Schüller hatte eine fast einem Staatssekretär entsprechende Stellung als Sektionschef für Außenhandelspolitik im Außenministerium während fast der gesamten Ersten Republik. In den späteren 1960er Jahren wurde die Stellung des Präsidenten der Oesterreichischen Nationalbank zumindest zwei jüngeren Mitgliedern der Schule angeboten. Ludwig von Mises nahm ebenfalls eine wirtschaftspolitische Schlüsselstellung ein: als Chefbeamter der in der Ersten Republik noch dominierenden Wiener Handelskammer. Wie erklärt sich diese Fülle von wirtschaftspolitischen Positionen von Mitgliedern einer Schule, die wirtschaftspolitische Enthaltsamkeit predigte?

Zuerst einmal war die Wiener Schule eine großartige Rekrutierungsstätte für Spitzenbegabungen und Spitzenintellektuelle. Sie war gewissermaßen ein weit über die Universitäten hinausreichendes Trainingslager und ein sich daraus bildendes „Old Boys Network" von sich wechselseitig unterstützenden, einflussreichen Persönlichkeiten während der letzten dreißig Jahre der Monarchie und in der Ersten Republik vor deren allerletzten Jahren. (Das dauerte sogar über den Zusammenbruch der Ersten Republik hinaus an, als Mitglieder einflussreichste Professuren in London und der ersten US-amerikanischen Universität, nämlich in Harvard, erhielten.) Das intellektuelle Training dieser Schule von auch praktisch-politisch einflussreichen Persönlichkeiten war die reine Wirtschaftstheorie, die auch die Grundlage zur wirtschaftspolitischen Skepsis legte. Die wirtschaftspolitische Enthaltsamkeit bedeutete schließlich, dass die Mitglieder als Politiker in jeder Tageskonstellation verwendbar waren. Als Skeptiker waren sie auf keine Position im Vorhinein festgelegt und daher, als nicht abgestempelt, höchst vielseitig einsetzbar.

Zweitens bedeutete die skeptische Haltung, dass die Mitglieder der Schule nie modischen wirtschaftspolitischen Patentrezepten verfielen. Jegliche Politik anzweifelnd waren sie zur kritischen Sichtung und Prüfung des allenfalls im Moment doch noch am ehesten Wirkungsvollen und Verheißungsträchtigen besonders geeignet.

Schließlich ist in der Politik vielleicht nichts so wichtig wie das Nein-Sagen-Können. Besonders gilt das vom Finanzminister, der immer mit einer Überfülle von Ausgabenwünschen konfrontiert ist. Die Schule prädestinierte zum Verständnis dafür, dass viele öffentliche Ausgabenwünsche letztlich unsinnig sind, genauer gesagt: jeweils nur einigen wenigen Interessenten nützen. Besonders groß im Nein-Sagen war das im Staatsdienst erfolgreichste Mitglied der Schule, der Finanzminister und spätere Präsident der kaiserlichen Akademie der Wissenschaften in Wien, Eugen Böhm von Bawerk. Der berühmte, ehemals russische, dann in Österreich lebende, später US-amerikanische Wirtschaftshistoriker Gerschenkron warf in einem Alterswerk, genannt *The Spurt that Failed*,[6] Böhm-Bawerk vor, er hätte im Jahre 1903 eines der größtangelegten und zukunftsträchtigsten Infrastrukturprojekte Österreichs, den Donau-Oder-Kanal, umgebracht. Ob nicht gerade der Neinsager Böhm-Bawerk und nicht Gerschenkron Recht hatte, sei noch dahingestellt. Bis heute ist ja trotz einiger Anläufe der Donau-Oder-Kanal nicht gebaut. Auf alle Fälle können wir zusammenfassen: Die *wirtschaftsliberalen* Lehren der Wiener Schule der Nationalökonomie prädestinierten zur staatlichen *Sparsamkeit* und zum wirtschaftspolitischen *Attentismus* im Gegensatz zu einem hektischen Aktionismus.

9.5 Eugen von Böhm-Bawerk

Wenden wir uns etwas ausführlicher dem soeben genannten Eugen Böhm von Bawerk zu. Er schrieb tatsächlich eine eindeutig wirtschaftspolitische Arbeit, „Unsere Passive Handelsbilanz", 1914. Da diese wirtschaftspolitisch intendiert war, veröffentlichte er sie nicht in einer wissenschaftlichen Zeitschrift, sondern in drei Folgen in einer Tageszeitung, der *Neuen Freien Presse*.

Der Artikel enthält freilich auch zum ersten Mal eine neue, große wirtschaftstheoretische Idee: Übermäßige Staatsausgaben führen nur zu leicht zu einem *Handelsbilanzdefizit* gegenüber dem Ausland. Diese Idee ist unter dem Titel „The Twin Deficits" in den USA in den späten 1980er, frühen 1990er Jahren populär geworden. (Heute reden die Amerikaner nicht mehr von dieser Möglichkeit, praktizieren sie hingegen umso ungenierter.) Böhm-Bawerk attackierte in seinem Beitrag die erhöhten Rüstungsausgaben Österreichs knapp vor dem Ersten Weltkrieg. Erstaunlicherweise wurden diese letztlich auch schon damals vom Ausland finanziert. Sie führten zum Defizit in der Handelsbilanz.

Aber dieser neue Gedanke war nur eine – wenn freilich durchaus bedeutsame – wirtschaftspolitische Eintagsfliege im Denken Böhm-Bawerks. Weit wichtiger ist die Tatsache, dass Böhm-Bawerk nach Mengers beiden Zentralthesen eine *dritte Begründung* für zu empfehlende wirtschaftspolitische Enthaltsamkeit vorlegte. Dies geschah in dem groß angelegten und berühmten Aufsatz „Macht oder ökonomisches Gesetz", 1914.[7] Darin wird argumentiert, dass wirtschaftspolitische Maßnahmen vielfach nur *sehr kurzfristig* greifen. Längerfristig würden sie durch die auf sie antwortenden Reaktionen der Wirtschaftstreibenden *unwirksam* oder *gar in ihr Gegenteil verkehrt* werden. Diskutiertes Beispiel war eine staatlich dekretierte *Erhöhung der Löhne* der Arbeiter über das hinaus, was die Unternehmer ihnen zu zahlen bereit waren. Zuerst müssten dann die Unternehmer zwar höhere Löhne auszahlen. Sie würden aber bald teurer gewordene Arbeit durch Kapital ersetzen,

[6] Gerschenkron (1977).

[7] Böhm-Bawerk (1914).

keine neuen Arbeiter mehr einstellen, es käme zu Arbeitslosigkeit, und letztendlich würden die Löhne wieder sinken, möglicherweise unter das Ausgangsniveau. Der wirtschaftspolitische Regulierungseingriff würde nur zu Verzerrungen führen und wäre langfristig gesehen so gut wie *nutzlos, wenn nicht kontraproduktiv*. Bald nach diesem Artikel spielte die Wiener Mietenregulierung dem Österreicher eine ähnlich misstönige Melodie vor. Und in den 1970er Jahren nahm der amerikanische Nobelpreisträger Robert Lucas Böhm-Bawerks Argumentation in etwas abgewandelter Form wieder auf: in seiner *These von der Politik-Ineffizienz*.

9.6 Friedrich August von Hayek

Durch den Nobelpreisträger und Parade-Liberalen Friedrich August von Hayek wurde das Gebot der Wiener Schule zur wirtschaftspolitischen Enthaltsamkeit zu einem letzten Höhepunkt geführt – als Hayek sich als der große Gegner von Keynes sah. In Wahrheit hatte er zwei verschiedene, im Grunde sich durchaus widersprechende Argumentationsketten.

Die eine haben wir schon kurz erwähnt. Sie ist in seinem Artikel aus 1945, „The Use of Knowledge in Society", zusammengefasst. Nur die vielen, jeweils in ihrer kleinen Sphäre tätigen Wirtschaftssubjekte werden im Eigeninteresse bestrebt sein, alle für sie relevante Information zu sammeln und zu verwerten. Dieses verstreute Wissen ist gar nicht zentralisierbar, weil nämlich den einzelnen Wirtschaftern in Wirklichkeit gar nicht bewusst ist, welches Wissen sie verwerten. Dem Bürokraten oder dem Politiker ist somit das relevante Wirtschaftswissen der einzelnen nicht zugänglich. Man kann versuchen, Information durch Statistik zu sammeln. Aber ganz abgesehen davon, dass dies nur eine bruchstückhafte Information sein wird, dauert es viel zu lange, bis Information so kommuniziert wird. Hayek wurde auf diese Weise *zum großen Kritiker jeder staatlichen Planwirtschaft*, keineswegs nur der kommunistischen. 1944, als sein berühmtes Buch *The Road to Serfdom*[8] (deutsch 1945 als *Der Weg zur Knechtschaft*) erschien, glaubten ihm wenige. Damals erschien gerade Planung rational. „Planung ist der große Zug unserer Zeit", schrieb ein führender deutscher Jurist noch 1963. Erst 1989 brachen die europäischen kommunistischen Wirtschaften zusammen. Aber das ergibt sich gerade aus einer richtigen Interpretation von Hayeks Idee. Solange nämlich Wirtschaften sehr einfach und primitiv oder, anders gesagt, arm sind, lassen sie sich durchaus planen. Je komplexer sie werden, desto schwieriger wird es hingegen, sie zu planen. Insbesondere sind Planwirtschaften weitgehend unfähig zur Innovation, und zwar vor allem zur wirtschaftlichen Innovation. Sie fallen daher gegenüber hoch entwickelten Marktwirtschaften immer weiter zurück. Und ganz nach Hayek hatten unsere östlichen Nachbarn, als sie noch mehr oder weniger Planwirt-

[8] Hayek (1944).

schaften waren, etwa eine doppelt so große Wirtschaftsbürokratie – teils staatlich, teils in den Unternehmen selbst –, wie marktwirtschaftlich organisierte Wirtschaftssysteme sie haben. Planung ist teuer. Unternehmer verwerten gleichsam nebenbei viele ihnen kostenlos zukommende Information.

Ursprünglich hatte Hayek noch eine zweite, letztlich informationsbasierte Theorie, die er in seiner Konjunkturtheorie, im Wesentlichen publiziert in seinem Buch *Preise und Produktion*, 1931,[9] darlegte. Hier sind es in Marktwirtschaften die *Banken*, die fehlplanen. Sie gehen nämlich in der Hochkonjunktur mit den Zinsen ihrer Kredite nicht genügend hoch, sondern bieten den erzeugenden Unternehmern Kredite zu geringeren Zinsen an, als die Erträge in dieser guten Zeit ausmachen. Die Unternehmer nehmen daher gierig Kredite auf und überexpandieren in der Hochkonjunktur. Aber die Banken können diese zu niedrigen Zinsen nicht lange genug durchhalten. Die folgende Krediteinschränkung führt zu Zusammenbrüchen und Rezession. Konjunkturschwankungen entstünden also dadurch, dass die Banken in der Hochkonjunktur relativ zu den Gewinnchancen zu billige Kredite anböten und zur Überexpansion verleiten und in der Rezession zu teure Kredite und damit die Rezession verschärften.

Wie kommt Hayek zu der anti-privatwirtschaftlichen Idee, dass private Banken die Ursache des Übels scharfer wirtschaftlicher Auf- und Abschwünge seien? Ist das nicht, politisch gesehen, ein Widerspruch zu seinem sonstigen Denken? Ich glaube, es ist keiner. Es erklärt sich das aus seiner damaligen Erfahrung, der österreichischen Bankwelt der 1920er Jahre: Hayek sah die Banken gar nicht als private Unternehmen, sondern als Handlanger staatlicher Planung, als im Grunde schon damals verstaatlichte Machtinstrumente.

9.7 Ergebnis

Ich fasse zusammen: Gerade aus der wirtschaftstheoretischen Sicht der Wiener Schule ergaben sich massive wirtschaftspolitische Schlussfolgerungen, die Enthaltsamkeit des Staates empfahlen. Hayek hat das in den Spätphasen seines Wirkens auch überdeutlich ausgesprochen. Der Staat möge sich jeder so genannten *Ablaufpolitik* enthalten; und das ist eine solche, die auf regelnden Eingriffen der staatlichen Verwaltung beruht. Er möge nur den *rechtlichen Rahmen* für das Wirtschaftsleben vorgeben, somit nur so genannte *Ordnungspolitik* betreiben; und das ist eine solche, die auf selten aktiv werdender *Gesetzgebung* beruht, und vor allem auf der Aktivität der *Gerichte* in privatwirtschaftlichen Prozessen.

Freilich beruht dieses ganze Gedankengebäude auf einigen unausgesprochenen Grundannahmen. Die einzige Form der Marktorganisation ist eine solche der so

[9] Hayek (1931).

genannten *vollkommenen* Konkurrenz. Übermächtige Großunternehmen gibt es nicht. Auch gibt es keine grundlegenden Informationsmängel der Wirtschaftssubjekte. Und schließlich hat der einzelne Wirtschaftstreibende keine Möglichkeit, andere zu schädigen oder zu belasten: Es gibt keine so genannten „externen Effekte" der Wirtschaftstätigkeit. Wann immer man versuchte, derlei Fragen mit Hayek zu diskutieren, wich er aus und vertröstete auf später.

Manchmal, zumal wenn wirtschaftlich alles gut läuft, ist das eine durchaus angemessene Sicht; zu anderen Malen ist sie grundfalsch. Vielleicht schließen wir am besten mit dem Urteil, das Keynes in einem Brief an Hayek über dessen *Weg zur Knechtschaft* abgab. Keynes schrieb darin, er würde die gesamte Diagnose von Hayek voll unterschreiben, nur würde er daraus ganz andere Schlüsse ziehen.[10] So ist eben Wirtschaftswissenschaft: komplex und in ihren Aussagen sehr zeitabhängig. Somit liegt einmal Keynes richtig, ein anderes Mal die Wiener Schule der Nationalökonomie.

9.8 Literatur

Böhm-Bawerk, E. von (1914), Macht oder ökonomisches Gesetz? *Zeitschrift für Volkswirtschaft, Sozialpolitik und Verwaltung* 23, 205–271.

Gerschenkron, A. (1977), *An Economic Spurt That Failed: Four Lectures in Austrian History*. Princeton.

Hayek, F. A. von (1931), *Prices and Production*. London. Deutsch als: Preise und Produktion, Wien 1931.

Hayek, F. A. von (1944), *The Road to Serfdom*. London–Chicago. Deutsch als: *Der Weg zur Knechtschaft*, Erlenbach 1945, Neuübersetzung Bonn 1971.

Hayek, F. A. von (1945), The Use of Knowledge in Society. *American Economic Review* 35.

Hayek, F. A. von (1964), The Theory of Complex Phenomena. In: Bunge, M. (Hrsg.), *The Critical Approach to Science and Philosophy: Essays in Honor of Karl R. Popper*, New York, 332–349.

Keynes, J. M. (1980), *Activities 1940–46*. In: Moggridge, D. (Hrsg.), *Collected Works of J. M. Keynes*, Bd. XXVI, Cambridge.

[10] Der lange Brief von Keynes an Hayek ist natürlich komplexer als diese zugespitzte Aussage. Siehe Keynes (1980, S. 385–388), Brief vom 28. Juni 1944. Immerhin enthält dieser Brief die Worte (S. 387): „I should therefore conclude your theme rather differently. I should say that what we want is not no planning, or even less planning, indeed I should say that we almost certainly want more"; und das, nachdem Keynes am Briefanfang betont hatte, er sei mit dem genannten Buch „not only in agreement [...] but in deeply moved agreement" (S. 385).

Menger, C. (1871), *Grundsätze der Volkswirthschaftslehre*. Wien.

Schumpeter, J. A. (1912), *Theorie der Wirtschaftlichen Entwicklung*. Leipzig.

Autorenverzeichnis

o. Univ.-Prof. Dr. Harald Hagemann, Institut für Volkswirtschaftslehre, Universität Hohenheim, 70593 Stuttgart, Deutschland

ao. Univ.-Prof. Dr. Hansjörg Klausinger, Department für Volkswirtschaft, Politische Ökonomie, Internationale Wirtschaft und Entwicklung, Wirtschaftsuniversität Wien, Augasse 2–6, 1090 Wien, Österreich

ao. Univ.-Prof. Dr. Karl Milford, Institut für Volkswirtschaftslehre, Universität Wien, Hohenstaufengasse 9, 1010 Wien, Österreich

o. Univ.-Prof. Dr. Reinhard Neck, Institut für Volkswirtschaftslehre, Alpen-Adria-Universität Klagenfurt, Universitätsstraße 65–67, 9020 Klagenfurt, Österreich

em. o. Univ.-Prof. Dr. Karl Socher, Institut für Wirtschaftstheorie, -politik und -geschichte, Leopold-Franzens-Universität Innsbruck, Universitätsstraße 15, 6020 Innsbruck, Österreich

em. o. Univ.-Prof. Dr. Erich W. Streissler, Institut für Volkswirtschaftslehre, Universität Wien, Hohenstaufengasse 9, 1010 Wien, Österreich

em. o. Univ.-Prof. Dr. Karen I. Vaughn, Department of Economics, George Mason University, 4400 University Drive, Fairfax, Virginia 22030, USA

Schriftenreihe der Karl Popper Foundation Klagenfurt

Herausgegeben von Reinhard Neck

Band 1 Reinhard Neck (Hrsg.): Altern und Alterssicherung aus wissenschaftlicher Sicht. 2003.

Band 2 Reinhard Neck / Kurt Salamun (Hrsg.): Karl R. Popper – Plädoyer für kritisch-rationale Wissenschaft. 2004.

Band 3 Manfred Lube: Karl R. Popper Bibliographie 1925–2004. Wissenschaftstheorie, Sozialphilosophie, Logik, Wahrscheinlichkeitstheorie, Naturwissenschaften. 2005.

Band 4 Reinhard Neck (Hrsg.): Die Österreichische Schule der Nationalökonomie. 2008.

Band 5 Reinhard Neck (Hrsg.): Was bleibt vom Positivismusstreit? 2008.

www.peterlang.de

www.ingramcontent.com/pod-product-compliance
Ingram Content Group UK Ltd.
Pitfield, Milton Keynes, MK11 3LW, UK
UKHW021906290926
8980IPUK00015B/1086

9 783631 546680